北京理工大学（珠海）"五个一百"系列丛书

百支实践团队践初心

高校实践育人的逻辑理路与创新探索

史建伟　张　恩　颜　笑
崔光奔　杨军伟　冯佑源　◎编著

北京理工大学出版社
BEIJING INSTITUTE OF TECHNOLOGY PRESS

版权专有　侵权必究

图书在版编目（CIP）数据

百支实践团队践初心：高校实践育人的逻辑理路与创新探索 / 史建伟等编著. -- 北京：北京理工大学出版社，2025.7.
ISBN 978-7-5763-5639-7

Ⅰ.G649.2

中国国家版本馆 CIP 数据核字第 2025L943H5 号

责任编辑：申玉琴　　　**文案编辑**：申玉琴
责任校对：周瑞红　　　**责任印制**：李志强

出版发行 / 北京理工大学出版社有限责任公司
社　　址 / 北京市丰台区四合庄路 6 号
邮　　编 / 100070
电　　话 / (010) 68944439（学术售后服务热线）
网　　址 / http://www.bitpress.com.cn

版 印 次 / 2025 年 7 月第 1 版第 1 次印刷
印　　刷 / 北京虎彩文化传播有限公司
开　　本 / 710 mm×1000 mm　1/16
印　　张 / 21
字　　数 / 363 千字
定　　价 / 86.00 元

图书出现印装质量问题，请拨打售后服务热线，负责调换

序　言

实践育人是"三全十育人"体系中的重要育人环节，是新形势下高校教育教学工作的重要载体，是推动形成全员全程全方位育人的有效途径：引导学生走出去，将思想与实践相结合，走出校园深入社会，对中华传统文化、社会民生、热点问题进行实地调研走访，切实在社会大课堂中受教育、长才干、做贡献；以理想信念教育为核心，以社会主义核心价值观为引领，以全面提高人才培养质量为关键，以"五个一百"为抓手，打通实践育人最后一公里，形成全员全程全方位育人格局，着力培养德智体美劳全面发展的社会主义建设者和接班人。

本书是北京理工大学（珠海）"五个一百"育人系列的阶段性成果。通过打造优秀社会实践团队，引导广大青年自觉担当重任，深入基层一线，助力乡村振兴，主动服务国家发展战略，在大湾区发展中找到定位，收获成就。学校以实践育人为核心，以培养学生实践创新能力为目标，以寒暑期社会实践为依托，以协同联动为机制，以国家、省级和校级实践成果评比为抓手，探索形成了具有时代性、时效性、长效性的实践育人模式。学校多次获评全国"最佳实践大学"、广东省大中专学生志愿者暑期"三下乡"社会实践活动优秀单位、"携手奔小康 共筑中国梦"大学生暑期社会实践活动优秀组织单位以及"多彩乡村"主题教育实践活动优秀组织单位等荣誉称号。

习近平总书记在党的二十大报告中指出，必须坚持科技是第一生产力、人才是第一资源、创新是第一动力，深入实施科教兴国战略、人才强国战略、创新驱动发展战略，开辟发展新领域新赛道，不断塑造发展新动能新优势。学校根据"青春报国 复兴有我"主题教育方案，积极落实和凝练创新实践育人特色品牌项目，孵化百项双创成果，实现"第二课堂"全覆盖。坚持"以赛育人"，通过"挑战杯""攀登计划""国创赛""校园学术科技节"等课外学术创新实践活动，引导广大青年走在创新创造前列，让理想信念在创业奋斗中升华，让青春在创新创造中闪光。

史建伟

目　录

生态文明推动绿色发展
　　——河北雄安科技赋能绿色发展社会实践项目 ………………………… 1

科技赋能，农创未来
　　——"乡村振兴"揭阳农业现代化社会实践项目 ……………………… 12

模型探析，粤剧传情
　　——"行为机制"广佛粤剧社会实践项目 ………………………………… 21

延安精神，代代相传
　　——"延安精神"社会实践项目 ……………………………………………… 42

美育兴乡，振兴动力
　　——珠海市斗门区八甲村社会实践项目 ………………………………… 66

新媒体助西洋菜推广，调研行促产业宣传进阶
　　——清远市阳山县社会实践项目 …………………………………………… 84

寻访探忆逐航空，学思践行为传承
　　——"航空精神"社会实践项目 …………………………………………… 108

志愿服务实地考察调研报告
　　——清远市阳山县社会实践项目 …………………………………………… 116

践行"千万工程"经验，擘画"五位一体"蓝图
　　——佛山市南海区社会实践项目 …………………………………………… 146

解析党史教育模式，深研红色文化传承
　　——河南安阳红旗渠社会实践项目 ·············· 156
深耕"清远样板"模式，探索乡村振兴路径
　　——清远市英德市社会实践项目 ·············· 178
借数学建模之力，启茶旅融合景区发展新程
　　——潮州市上饶镇社会实践项目 ·············· 190
直击乡村振兴难题，深度剖析建言献策
　　——河源市连平县社会实践项目 ·············· 201
"红色文旅+绿色产业"促进乡村振兴
　　——云浮市新兴县社会实践项目 ·············· 220
从"点上出彩"到"面上开花"的实践与对策研究
　　——中山市南朗街道乡村振兴社会实践项目 ·············· 239
乡村非遗弘扬与传承的优化发展策略研究
　　——中山市南朗街道崖口村飘色文化社会实践项目 ·············· 263
溯源潮汕戏曲，洞察当下发展
　　——潮州市社会实践项目 ·············· 270
寻脉饶平探古韵，创承兴产启新程
　　——潮州市饶平县社会实践项目 ·············· 282
调研特色乡村振兴模式，汲取经验促发展
　　——高州市杏花村社会实践项目 ·············· 301
聚焦广绣非遗，解析技艺传承与产业发展
　　——广府之绣社会实践项目 ·············· 310
洞察永兴文旅生态，规划服务设计蓝图
　　——遵义市湄潭县社会实践项目 ·············· 323

生态文明推动绿色发展

——河北雄安科技赋能绿色发展社会实践项目

摘　要：生态文明建设是中华民族千年发展大计，而引导和培育公众牢固树立绿色发展理念是构建生态环境和全民行动体系的根本保障。绿色生态建设也与公民生态文明意识密不可分，逐步成为新兴热点，吸引了众多学者的广泛关注。本文通过"调查问卷"+"走访调研"的模式，以河北雄安居民生态文明意识为例，通过实地走访调研，深入嘎子村、白洋淀纪念馆、容东智慧体验中心、雄安规划馆、雄安区块链实验室、安西镇西里街村、三台镇大头北村、长城汽车公司等地进行调研分析，深刻剖析"推广绿色发展"的痛点难点，系统探索"推广绿色发展"的方法路径，从而提出如何更好更快更高质量地推广绿色发展理念的策略，为宣传习近平生态文明思想，广泛传播和弘扬绿色发展理念，推动全民参与生态文明建设可持续、高质量发展提供范例。

关键词：绿色发展；可持续发展；居民生态文明意识；路径探析

一、实践调研背景与目的

党的十八大以来，以习近平同志为核心的党中央，将生态文明建设提升到关系人民福祉与民族未来长远大计的重要地位，把生态文明建设作为统筹推进"五位一体"总体布局和协调推进"四个全面"战略布局的重要内容，推动我国生态环境保护从认识到实践发生了历史性、全局性变化。党的十九大以来，围绕满足人民日益增长的优美生态环境需要，习近平总书记提出了一系列新理念新思想新战略，带来了发展理念和执政方式的深刻转变，为实现人与自然和谐发展、建设美丽中国提供了思想指引、实践遵循和前进动力。因此，培养公民生态环境意识，充分发挥人民群众的积极性和能动性，不断调整经济活动和社会行为，培养人与自然和谐共生的自觉性，倡导勤俭节约、绿色低碳的生活和消费习惯，促进公众参与生态环境治理，推动全民参与生态文明建设，成为可持续发展的必然要求。

2021年，《"美丽中国，我是行动者"提升公民生态文明意识行动计划（2021—2025年）》，进一步明确了提升公民生态文明意识的行动计划和行为准则。公众是环境问题的主要影响对象和环境治理的参与主体，因此如何引导和鼓励公众提升生态环境意识成为推动全民参与生态文明建设的关键，同时也是制定和加强生态文明宣传教育政策的前提与基础。

公众环境意识的缺乏，是现代生态环境问题频发的社会性根源。而着力解决当前突出的环境问题，需要继续坚持"人与自然和谐共生"的环保理念，不断增强公众环境保护意识，持续推进公众生活方式的绿色化转变。起笔是世界眼光，落笔为时代标杆，走笔成千年大计。

雄安新区，以先进理念，创美好未来。绿色生态已经成为雄安的重要名片和符号。雄安以"一张蓝图绘到底"的决心，以更大力度推进生态宜居城市建设，让新区的天更蓝、水更清、地更绿、城更美。社会实践团队响应以"绿色长征，和谐先锋"为主题的号召，选取河北雄安为调研地点，以雄安居民生态文明意识为调研目标，以探寻推广绿色发展理念路径为着眼点，探讨与之相适应的创新实践模式，促进公众参与生态环境治理，推动全民参与生态文明建设。

二、存在的问题

当前气候变化异常、能源危机迫在眉睫、生态系统退化、外来物种入侵等生态问题愈发突出，种种严峻的考验无不昭示着世界各国命运紧密相连、人类命运休戚与共。鉴于此，全体社会成员应牢固树立生态文明理念，建构生态正义观念。

现以雄安居民日常生态行为为重点，选取与生态文明意识关联度高的问题，通过"调查问卷"+"走访调研"的模式了解居民生态意识状况。

（一）雄安居民生态意识的现状

1. 人与自然关系的认知

2021年4月，习近平总书记在领导人气候峰会上发表重要讲话，首次系统阐述"共同构建人与自然生命共同体"。人与自然是相互作用、相互促进的共生关系。调查发现93%的受访者认为人与自然是生命共同体，要坚持人与自然和谐共生，7%的受访者认为一切都以人类社会发展的需要为遵循。通过调查可见，仍有少数人认为自然环境与我无关；而大多数公民在问卷中还表明愿意参加与生态文明建设相关的志愿服务活动。

2. 低碳出行

随着生产力不断高速发展，汽车产业也得到了极大发展。在各种交通工具带来快捷和方便的同时，也引起能源消耗和空气污染等环境问题。为尽可能保护生态环境，人们应尽量采用清洁能源及能效高、污染小、效率高的出行方式。对绿色低碳出行态度的调查显示，有76%的人认同低碳出行的方式并且能做到身体力行，7%的人表明认同低碳出行的方式，但不确定是否能特意选择绿色低碳出行方式。在绿色低碳出行的频率方面，总是、经常、偶尔会选择绿色出行的占比分别为23%、48%、26%。可见，绿色低碳出行的理念已被大多数公民认可，但在践行绿色低碳出行的频率上仍有所欠缺。

3. 节能设备使用

节能环保、清洁能源、低碳经济和可持续发展已经成为当今世界关注的焦点、居民节能设备的使用对于实现能源可持续发展和减少环境影响非常重要，在减少温室气体排放、节省能源和降低能源成本等方面都发挥了重要作用。关于"在购买家用电器时，会把产品能效标准作为重要参考条件"的调查显示，近76%的调查者会将能效标准作为购买的重要参考条件，有不到8%的人不会将能效标准作为购买的重要参考条件。由此可见，大多数居民会有意识地主动使用节能设备。

4. 外出购物时使用购物袋

塑料购物袋通常由聚乙烯等制成，它们不容易被分解，长时间存在于环境中。大量的塑料购物袋被随意丢弃或进入垃圾填埋场，导致土壤、水域被污染。这对野生动物、海洋生物和生态系统造成了严重的危害。塑料购物袋的大量使用和废弃增加了废物管理的负担，对社会经济和环境可持续发展造成压力。废弃塑料购物袋的处理需要耗费大量的资源和能源，无论是填埋还是回收循环利用，都存在一定的难度和成本。关于外出购物时使用购物袋的调查显示，有51%的调查者经常自备购物袋；有46%的调查者使用的购物袋一半由商家提供，一半自备；有3%的调查者使用的购物袋全部由商家提供。由此可见，还是有部分居民在使用传统的塑料购物袋。

5. 是否食用或者购买野生动物

野生动物作为自然界的一部分，对保持生态平衡和维护生物多样性起着重要作用。过度捕捞、违法猎捕和非法贸易野生动物导致野生动物数量急剧减少，甚至灭绝。这进一步破坏了生态系统，威胁其他物种的生存。此外，野生动物可能携带病原体。食用未经检验的野生动物，可能会导致人类感染病原体，从而引发疾病的传播。在被问及在监管缺失的环境下，是否会猎捕、食用、购买或贩卖野生动物时，有近76%的被调查者持否定态度，有16%的被调查者持不确定态度。由此可见，大部分居民对食用或者购买野生动物态度坚定。作为公民，我们应该支持野生动物保护，遵守相关法律法规，不购买和食用野生动物。同时，有关部门也需要加大监管和宣传教育的力度，增强公众的环保意识，这对于减少野生动物非法贸易和保护生态环境来说至关重要。

6. 是否加入与生态文明相关的社会团体组织

为了推动人与自然和谐共生、可持续发展的理念和实践，在我们的生活中，许多社会团体组织在不同层面开展相关工作：通过宣传教育、项目实施、政策倡导和社区动员等方式推广环保行为；致力于推广有机农业技术、农村生态建设和农业可持续发展的理念；关注保护旅游目的地的自然环境和文化遗产，提倡可持续的旅游经营；等等。在被问及是否加入与生态文明相关的社会团体组织时，有近50%的被调查者并未加入任何与生态文明相关的社会团体组织。值得肯定的是，在被问及是否愿意参加与生态文明建设相关的志愿服务活动时，有近90%的被调查者表明愿意参加与生态文明建设相关的志愿服务活动。这说明与生态文明相关的社会团体组织的创建与组织，未能被大众熟知。

（二）雄安居民生态意识存在的问题

1. 居民对相关政策了解较浅

通过走访调查和分析调查问卷，团队发现，大多数生态环境保护工作都是由政府指导推动的，民间组织和个人参与度不够，参与积极性不高，居民对国家相关政策等了解不深。在调研中，当受访者被问及是否了解《"美丽中国，我是行动者"提升公民生态文明意识行动计划（2021—2025年）》的总体要求和主要任务时，仅有43%的调查者了解；在被问及是否了解"两山理念"时，有20%的被调查者不了解。这说明居民对相关的生态保护政策了解相对缺乏。

2. 生态意识培养相关的配套服务不健全

通过走访调查和问卷调查发现，居民获取有关生态信息的渠道较为单一，有关生态意识的环保宣传大多是贴标语、横幅、新闻、电视网络媒体推送等形式，缺乏吸引力，不够接地气，无法较好地融入居民日常生活，因而导致宣传效果不显著。居民生态行为缺乏正确指导和有效监督，环保法律法规的宣传普及、执行不到位等情况仍然存在。调查显示，23%的被调查者通过新闻推送获取有关生态信息，19%的被调查者通过网络图文信息获取有关生态信息。另外，24%的被调查者缺乏生态环境维权意识，这不利于规范公民行为、培养生态意识。

3. 居民对环保政策落实不到位

实施垃圾分类制度旨在提高废物利用率、减少环境污染，并促进可持续发展。但一些居民缺乏正确的分类知识和习惯。不正确的垃圾分类行为导致可回收物、厨余垃圾等的混合处理，浪费了回收资源的机会并增加了处理成本。调查显示，73%的被调查者能执行居住地的生活垃圾分类投放规定，而23%的被调查者不确定是否能执行居住地的生活垃圾分类投放规定，4%的被调查者无法执行居住地的生活垃圾分类投放规定。为提高垃圾分类落实程度，保定市建立了垃圾分类的监管和奖惩机制。通过建立垃圾分类上报系统、巡查员制度以及奖惩措施，督促居民按规定分类投放垃圾。同时，通过严格执法和罚款等手段，促使居民养成垃圾分类的良好习惯。但仍然存在个别居民对垃圾分类不够认真或存在误区的情况。因此，继续加强垃圾分类宣传、教育和监管，增强居民的垃圾分类意识，将是未来工作的重点。

三、调研数据

（一）雄安生态文明建设

《中共保定市委、保定市人民政府关于加快推进保定生态城市建设的若干意见》（2004年）中指出要建立生态城市建设的社会宣传教育体系。生态宣传教育工作要作为生态城市建设的重要组成部分：制定系统的宣传教育计划和实施方案，加大生态城市建设的宣传教育力度。要将生态市建设纳入各级党校、政校的教学内容，作为各类学校国情教育的重要内容。充分利用新闻媒体，采取各种宣传手段，增强社会各界的环保意识、生态意识和维权意识，要充分调动和发挥乡镇（街道）、村（社区）、工青妇及民间社会团体等社会各种力量，共同参与各项生态保护与建设工程,形成生态建设专门队伍与公众参与相结合的生态保护和建设的良好社会氛围,全面推进生态城市建设。

(二)问卷数据结果

1. 被调查者基本情况

如表1所示,被调查者年龄主要为18~26岁,占比为24.81%,18岁以下的被调查者占比为3.88%,26~34岁的被调查者占比为41.28%,35岁以上的被调查者占比为30.04%,调查者年龄结构符合正态分布;职业方面,被调查者中学生人数占比为17.25%,公司职员/管理人员人数占比为33.91%,自由职业者人数占比为19.96%,企事业单位职工人数占比为28.88%,职业类别涵盖广泛;地区方面,囊括了雄县、容城县、安新县多个县,基本可以反映雄安整体居民情况。

表1 被调查者情况

变量	类别	人数/人	比重/%
年龄	18岁以下	20	3.88
	18~26岁	128	24.81
	26~34岁	213	41.28
	35岁以上	155	30.04
职业	学生	89	17.25
	公司职员/管理人员	175	33.91
	自由职业者	103	19.96
	企事业单位职工	149	28.88
月收入	2 000元以下	79	15.31
	2 000~8 000元	278	53.88
	8 000~15 000元	105	20.35
	15 000元以上	54	10.47
地区	雄县	197	38.18
	容城县	201	38.95
	安新县	118	22.87

2. 被调查者对"生态文明"的了解情况

生态文明是一个综合性概念,旨在实现人与自然和谐共生、可持续发展的理念和实践，强调人与自然和谐共生、可持续发展、生态环境保护和文明发展方式转变。它将社会、经济、环境等因素有机地结合在一起，希望全休居民共同建立一个以保护和提升生态环境为核心的全面发展模式。如图1所示，被调查者中非常了解生态文明的人数占24%，了解生态文明的人数占39%，不了解生态文明的人数占6%，非常不了解生态文明的人数占2%。通过数据可以看出，居民对生态文明了解程度达到了63%，大家对生态文明的概念与内涵有一定的基本认识。

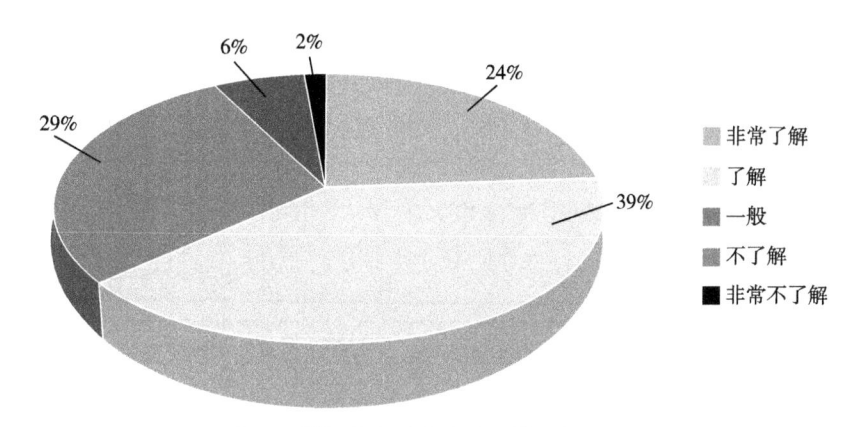

图1 被调查者对生态文明的了解程度

3. 被调查者接触的社会层面组织的生态文明宣传教育形式

生态文明宣传教育形式的重要性在于它能够向公众传递生态文明的理念和价值观，提高公众对生态环境保护和可持续发展的认知和参与度。通过意识塑造和价值观引导，塑造人们的环保意识，引导人们形成尊重自然、注重环境保护的价值观，从而促使个体和社会在行动上更加关注和支持生态文明建设，有助于形成社会共识，将更多的人团结在环保事业中。宣传教育活动可以动员和激励公众参与环境保护行动，倡导采取可持续发展的生活方式和行为习惯，共同为生态文明建设做出贡献。此外，多种形式的生态文明宣传教育可以帮助政府和相关机构宣传推广环保政策和环境法规，引导公众遵守法律法规，积极参与环境治理和保护行动。多种形式的生态文明宣传教育可以提高公众对政策的理解和支持，增加政策的执行力度和效果。如图2所示，被调查者接触的社会层面组织的生态文明宣传教育形式主要是新闻推送、网络图文信息、微视频与漫画读物等新媒体宣传、生态环境保护与志愿服务等实践体验活动等，但先进典型、负面典型等示范效应推广还未普及，相关的节日庆祝文化宣传活动居民参与度不够，相关的讲座、培训较少。而生态文明宣传教育形式的重要性在于通过塑造意识、传播知识、形成共识、推广政策等方式，引导和激励公众积极参与生态文明建设，推动环境保护和可持续发展的实践行动，以实现人与自然的和谐共生。

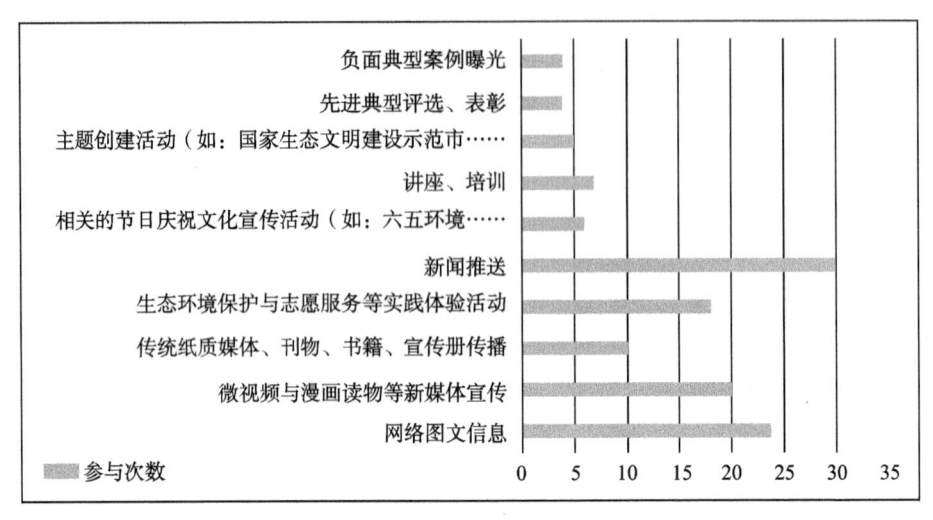

图2　被调查者接触的社会层面组织的生态文明宣传教育形式

4. 受调查者了解生态文明相关信息的渠道

了解生态文明相关信息渠道的重要性体现在知识获取、意识与观念建立、行动指南、共享平台与互动交流，以及影响力扩大等方面。通过获取和应用相关信息，我们可以更好地理解和践行生态文明理念，为环境保护和可持续发展做出积极贡献。如图3所示，受调查者了解生态文明相关信息的渠道类型多样，主要分为线上模式和线下模式两类，线上模式以互联网、手机、电视、广播等为主；线下模式以课堂学习、讲座培训等为主；线上接触占比高于线下接触，可见互联网等媒介传播广泛，是居民们了解生态文明相关信息的重要渠道之一。

5. 受调查者参加与生态文明建设相关的志愿服务活动意愿

受调查者参加与生态文明建设相关的志愿服务活动的意愿可能因个人特点、价值观、生态意识和社会参与度等多种因素而异。有的受调查者可能对环境保护问题有高度的意识和关注，并且希望通过参加志愿服务活动来积极行动，为生态文明建设贡献力量。参加志愿服务活动可以获得学习和成长的机会，培养个人的领导能力、组织能力和团队合作精神，同时增强个人的责任感和社会参与意识。参加志愿服务活动可以带来乐趣和满足感，通过实际行动改善环境、保护生态，感受到自己对社会和自然的影响力，增强自我认同感和成就感。受调查者共有

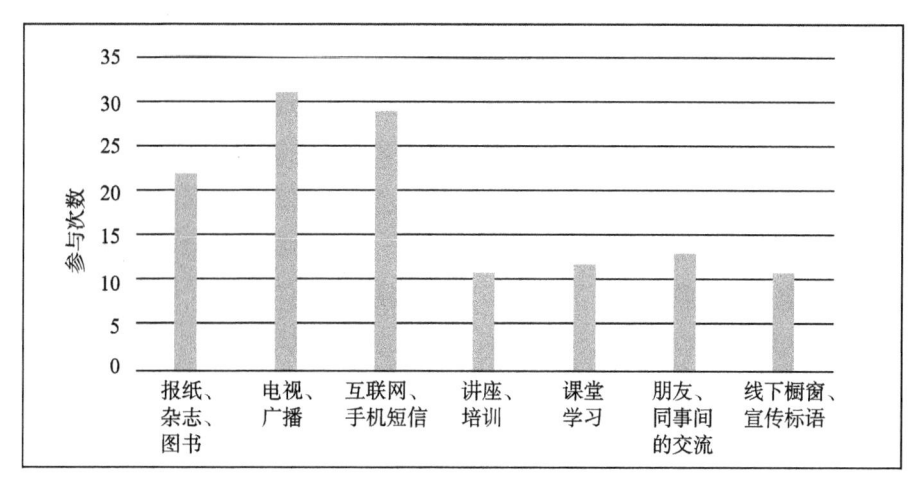

图3 受调查者获取生态文明相关信息渠道的情况

516人，有204人非常愿意参与，287人愿意参与，25人不确定。不同受调查者的意愿和动机有所不同，有些人可能对生态文明建设有很高的热情和参与意愿，而其他人也可能是更关注其他领域的志愿服务活动。总体来说，大部分受调查者都愿意主动参加与生态文明建设相关的志愿服务活动。

6. 受调查者对目前学校和社会组织开展的生态文明宣传教育效果进行整体评价

学校和社会组织开展的生态文明宣传教育对于增强公众环保意识、传递环境保护知识、促进行为改变、培养创新思维以及动员社会力量都具有重要的作用。这些教育举措能够在个人层面上影响行为习惯，而在更大范围上推动社会的可持续发展。而受服务对象对宣传教育效果的反馈也同样重要。在接受调查问卷的516人中，共有314人的反馈为非常好，158人的反馈为好，44人的反馈为一般，好评率为91.47%，这也从侧面说明了目前学校和社会组织开展的生态文明宣传教育效果反馈效果好。

四、措施

（一）完善生态文明教育机制

党的十九大报告指出，人民群众应当自觉践行低碳生活方式，履行环境保护的义务。生态文明建设同每个人息息相关，每个人都应该做践行者、推动者，在全社会牢固树立生态文明理念，形成全社会共同参与的良好风尚。政府及相关部门可以通过教育宣传活动，向公众普及绿色发展理念的重要性和意义。可以在学校、社区、企业等地开展主题演讲、研讨会、宣传展览等活动，增强人们对绿色发展的认知和了解。在学校教育方面，可将绿色发展理念融入学校教育体系，开设环保课程，培养学生的环保意识和绿色习惯。在举办绿色环保活动方面，如在植树节、地球日、低碳日等，可以组织和培训绿色志愿者队伍，让公民参与环保公益活动，为环保事业贡献自己的一份力量，将自身置于其中，全面引导、增强公民的生态环境意识。

（二）建设生态文明思想宣传平台

美丽中国是人民群众共同参与共同建设共同享有的事业。必须加强生态文明宣传教育，牢固树立生态文明价值观念和行为准则，把建设美丽中国化为全民自觉行动。现阶段，我国公民生态环境意识不强的原因主要是认知和习惯问题，部分人群仍秉持人类中心主义思想，认为人是中心，其他生物都为人类生产生活服务，因此不能从维护生态系统的角度去合理利用自然资源。因此为解决这一方面，媒体传播很重要，可以利用广播、电视、报纸、网络等媒体平台，加大对绿色发展理念的宣传力度。制作宣传片、微视频、文章等形式，生动形象地展示绿色发展的成果和价值，吸引更多人参与其中。

（三）重视绿色交互平台的建立

政府部门可以通过政策引导和社交媒体两方面推动绿色交互平台的建立。政策引导方面：出台相关的绿色发展政策，提供税收优惠、补贴和奖励，鼓励和支持企业实践绿色发展理念；打造绿色产品、服务和生产方式，并通过广告、标识等方式展示绿色认证，引导消费者选择环保产品；鼓励绿色技术研发和应用，推动社会各界参与绿色发展。社交媒体方面：借助社交媒体平台，如微信、微博、抖音等，组织线上宣传活动，发布绿色发展相关内容，引导年轻人积极参与绿色行动，形成良好的社会氛围；发展相应的绿色活动组织，吸引更多人参与到环保行动中，增强公众环保意识。

五、结语

绿水青山就是金山银山，公众是环境问题的主要影响对象和环境治理的参与主体，因此如何引导和鼓励公众提升生态环境意识成为推动全民参与生态文明建设的关键，同时也是制定和加强生态文明宣传教育政策的前提与基础。实践团队通过"调查问卷"+"走访调研"的模式，撰写了这篇暑期社会实践调研报告，希望可以为绿色发展理念的推广增加更多的路径，同时希望能够吸引更多人参与到环保行动中。美丽中国，我是行动者！

参 考 文 献

[1] 中国共产党第十九届中央委员会．中共中央关于坚持和完善中国特色社会主义制度推进国家治理体系和治理能力现代化若干重大问题的决定［EB/OL］.（2019 – 11 – 06）［2020 – 01 – 10］. http：//www. comnews. cn/article/pnews/201911/20191100023310. shtml.

[2] 中共中央，国务院．关于加快推进生态文明建设的意见［EB/OL］.（2015 – 05 – 05）［2020 – 10 – 11］. http：//www. xinhuanet. com//politics/2015 – 05/05/c_1115187518. htm.

[3] 吕君，刘丽梅．环境意识的内涵及其作用［J］.生态经济，2006（08）：138 – 141.

[4] 董前程，王慧芬．新时代公民生态文明意识培育的路径探析［J］.枣庄学院学报，2023，40（01）：98 – 105.

[5] 杨静．新时期居民对城市居住环境评价的比较分析［D］.杭州：浙江大学，2006.

[6] 颜澄，谈晓．新时期城市居民生态文明意识调查分析［J］.消费导刊，2009（10）：20 – 21.

[7] 汪祥松，温卓．新时代公民生态环境意识培养路径探析［J］.长白学刊，2020，215（05）：125 – 132.

科技赋能，农创未来

——"乡村振兴"揭阳农业现代化社会实践项目

摘　要：本次调研采用网络问卷调查法和实地考察法，调研了广东省揭阳市龙头企业与合作社在国家助农政策背景下农业自动化的接受度与使用率情况。调研结果表明，目前自动化农业具有生产成本高、转型快、普及率高、资源利用率高等特点，反映了农民支持科技助农，但存在机器搅拌渔业饲料黏结、种植业土壤湿度难以控制、养殖疫病等问题，需进行相关的技术培训和模式升级。

关键词：乡村振兴；科技兴农调研；自动化数字设备

一、调研背景与目的

（一）调研背景

新时代背景下，我国社会主要矛盾为人民日益增长的美好生活需要和不平衡不充分的发展之间的矛盾。国家在不断发展，人民对物质文化的要求也日益增长。

2023年2月13日，中央一号文件发布，提出全面推进乡村振兴，加快建设农业强国。

"民族要复兴，乡村必振兴。"早在2018年全国两会，习近平总书记就对如何推动乡村产业振兴、人才振兴、文化振兴、生态振兴、组织振兴进行了系统的阐释。本实践活动以广东省揭阳市为活动地点，通过"实地考察、采访调研、数据分析"等方式对揭阳市农业养殖业发展情况进行调查。新科技在乡村的发展与应用是考察的重点。调研立足当地特色资源，集思广益，在线上进行宣传推广，帮助大众了解乡村产业建设发展，助力乡村振兴。

（二）调研目的

本次调研旨在全面了解当地农业水平情况，并引导当地从事农业人员积极向高科技高效率的数字化农业转型，助力乡村振兴。

二、调研内容

（一）调研方式

1. 实地考察法

实地考察是一种直接接触目标对象并获取真实信息的调研方法。

2. 网络问卷调研法

网络问卷调研是一种通过互联网平台进行的在线问卷调查。

（二）调研过程

1. 实地考察

（1）考察广东利泰农业开发有限公司。

2023年7月13日上午，团队来到广东省揭阳市普宁市大南山街道陂沟村飞鹅岭广东利泰农业开发有限公司开展考察工作。

广东利泰农业开发有限公司在有土栽培、基质栽培、水培中运用自动化技术。例如，通过电脑监控土壤的EC值，适时适量地补充水分和营养液；通过传感器检测秧苗的生长情况和天气情况，控制器实时调整温室温度与水分，实现经济效益最大化。

农业发展实现数字化、专业化以及可控化。农业发展不只是靠天吃饭，通过大棚和无土栽培，能让一些瓜果蔬菜脱离固有的种植区域，并且能够推广到全国，让人民对蔬菜水果有更多的选择以及以更实惠的价格购买。对于潮汕人民而言，这意味着一年四季市场上都有稳定的蔬菜水果可以选择；对于农民来说，这意味着更加稳定的经济收入。

（2）考察广东省揭阳市吉丰生猪养殖专业合作社。

广东省揭阳市吉丰生猪养殖专业合作社是一家将养殖业与种植业相结合的现代农业一体化的合作社。合作社为了响应国家绿色环保农业的号召，打造现代化养殖基地。养殖场通过过滤装置将猪、牛排泄物中的肥料和废料分离，肥料用作田地的增肥，废料经过处理排入沼气池。这种技术减少了对环境的污染，增加了资源利用率，实现了生态亲和。

合作社内有沼气发电机，园区内的用电可以仅靠发电机供电，无须使用电网，实现了园区内电力自给自足。沼池主要用于储存沼液，沼液经过长时间的沉淀和微生物的分解，会产生植物所需的营养物质。沼池在减少园区废弃物、实现资源的多次利用、减少化肥的使用和减少成本开支方面都有着极其重要的作用。

养殖场内配备了数字化监控系统，用于监测室温、湿度和二氧化碳浓度等。通过数字化监控能够实现实时根据环境情况进行喷灌和调节水肥浓度。

在采访中，陈总经理表达了对新一代青年的期望，希望能够有更多有技术有能力的青年加入到农业生产中。他还指出，现在农业行业出现了断层现象，年青人在这一行业所占的比例越来越低。加快建立现代农业技术体系，跻身现代化农业强国之列，离不开青年农业人才的支撑。

（3）考察广东省揭阳市枫港养殖专业合作社。

广东省揭阳市枫港养殖专业合作社是一个专门养殖虾类的养殖场。养殖场实现了机械设备与电子检测设备联动，同时将检测到的数据和设备的工作情况同步到移动终端，实现远程控制。如养虾池配备了多台打水器和供氧器。在池中的溶解氧的浓度低于正常值时启动打水器和供氧器，维持水中溶解氧浓度到达一个适合虾类活动的浓度。这样能够节省电力并提高机械使用寿命。

团队在与负责人交流中得知，仓库里面放置一台无法使用的智能喂虾机（见图1）。虾类的饲料属于高蛋白质类饲料，这种饲料在搅拌之后黏性很大，很容易在机械内部附着并结块，而这台智能喂虾机没有内置力量足够的振动机，无法将结块的饲料振散，导致一部分饲料积聚在机械内而变质，影响下一次饲料的投喂，且机械的清洗流程长，花费的时间与人工投喂时间相近。该机械还存在无法设置路径，只能沿池边移动，导致水池中间的虾投喂不到等问题。

负责人表示，希望这台机械能够加装振动能力强劲的装置，这样就能振散结块的饲料。因为虾类对饲料的要求很高，每次使用机械都需要清洗，所以这类机械还需要简化清洗流程，实现快捷洁净清洗。同时还应改进路径设置，以使饲料均匀地投入虾池。

图1 智能喂虾机

2. 网络问卷调研

团队采用"问卷星"小程序展开问卷调查。调查目的是全面了解农户如何看待科技在农业中的作用及期望，并为农业科技的发展和国家政策的制定提供有价值的参考；后期根据问卷结果制订相应的策略和行动计划，以满足农户的需求和期望，助力农业科技发展。问题内容根据调查需要分为四个方向，分别为"农户对农业科技的了解程度如何？""农户对科技在农业中的应用程度如何？""农户对未来农业科技的期望是什么？""农户对国家在农业科技方面的支持有何期待？"本次网络问卷调研共收集填写数据问卷408份，其中有效数据问卷402份，最后采纳有效数据问卷402份进行数据分析。填写问卷的人群为农户、农业从业者、农业科技专家和研究人员、农业政策制定者、学生群体。

问卷旨在调查农户对于科技在农业上的接受程度和了解程度，以及他们对未来农业科技的展望。通过百分比数据来评估农户的接受程度和了解程度。预期结果为农户、农业从业者、农业科技专家和研究人员、农业政策制定者与大部分学生群体了解认可科技建设在传统农业转型中的作用，并支持加快数字化自动化农业发展。

三、调研结果

（一）实地考察调研结果

1. 现代农业种植模式转型加快

由单一种植或养殖模式走向多样化的生产模式。如广东省揭阳市吉丰生猪养殖专业合作社，为了响应国家绿色环保农业的号召，打造现代化养殖基地。养殖场通过过滤装置将猪、牛排泄物中的肥料和废料分离，肥料用作田地的增肥，废料经过处理排入沼气池，以减少对环境的污染，提高资源利用率，将养殖场打造成一个生态亲和型企业。鱼菜共生大棚把水产养殖与水耕栽培两种原本完全无关的技术，通过巧妙的生态设计，实现科学的协同共生，从而达到养鱼不换水而无水质忧患，种菜不施肥而正常生长的生态共生效应。

2. 数字化监测使用普及

依靠多种实时监测设备，实现自动化生产模式。如广东省揭阳市枫港养殖专业合作社通过监测溶解氧的浓度，在养虾池内配备了多台打水器和供氧器，并和检测设备联动，实现远程控制。当池中的溶解氧的浓度低于正常值时，启动打水器和供氧器，维持水中溶解氧浓度到达一个适合虾类活动的浓度。这样能够节省电力并提高机械使用寿命。

3. 资源利用率高

通过数字化监测、更科学的农业科技和能源的多级利用，提高能源的利用率。如广东省揭阳市吉丰生猪养殖专业合作社利用储存的沼气发电，满足园区用电需要；同时，沼液经过长时间的沉淀和微生物的分解，产生植物所需的营养物质。

4. 机械化程度高

目前很多农业生产中机械设备渐渐取代了人工。如养殖场内配备有拌料机、肉类加工机等，养虾场配备有打水机、供养机等，蔬菜大棚里面有滴灌机、水肥调节机等。越来越多的机械解放了人力，进一步助力生产企业优化生产成本。

5. 需要进行技术培养

农业公司或大学应对农业从事者进行规范化的技术培训和生产指导，提供先进的生产经验和机械设备，并对先进案例进行分享解析，因地制宜，实现教学结合，以推进农业产业升级。

6. 推进生产模式的升级

推进多种生产模式的结合应用，企业或个人可通过养殖业和种植业相结合，实现能源利用率最大化，降低生产成本，实现绿色化生产，响应国家政策。更多样的生产模式能够提高农户的抗风险能力，提高收益。

7. 机械设备的设计应结合实际需求

目前的渔业机械在小型虾类养殖方面缺少合适的设备。小型养虾场缺少合适的自动化喂虾装置。目前的机械设备并不适合小型虾类养殖场，虾类养殖的饲料蛋白含量更高，无论是拌料还是撒料，都容易在机械内部结块，导致饲料很难投入池塘中。同时，设备使用后的清洗难度大，未清洗的饲料很容易变质，影响下一批饲料的投喂，花费的时间与人工投喂的时间相近。而且目前的机械还无法设置路径，只能沿池边移动，导致水池中间的虾投喂不到等问题。

8. 农业行业缺少新鲜血液

很多农业工作者希望能够有更多有技术有能力的人加入到农业生产之中。同时，农业行业出现了断层现象，从事农业的年轻人的比例较低。

（二）问卷调研结果

1. 科技助农的现状

从本次调查数据看，没听过科技助农的只占1%，对科技助农有着清楚了解的占比高达81%。大部分的调查对象认为科技创新要发挥在农业生产中的积极作用，这可能是因为技术创新可以提高农业生产效率、降低成本、改善农产品质量等。本次实地调研为科技助农的推进提供了一定的参考。

2. 科技助农的方向

本次问卷主要把农业分为种植业、养殖业和渔业进行调查，在调查样本中，病虫危害和气候异常是种植业中经常遇到的主要问题。这些问题可能对农作物的生长和产量产生负面影响。种子质量和劳动力不足也是需要关注和解决的问题。土壤质量问题相对较少被提及，但仍然需要关注。养殖疫病和空气流通不畅是养殖业中经常遇到的主要问题。这些问题可能对养殖动物的健康和生长产生负面影响。养殖环境和饲料管理也是需要关注和解决的问题。鱼苗成活率低和寒冷天气鱼被冻伤冻死是渔业中经常遇到的主要问题。这些问题可能对渔业的产量和经济效益产生负面影响。发生赤潮和暴发疾病也是需要关注和解决的问题。资金缺口相对较少被提及，但仍然需要关注。这些结果可以为农业科技助农的重点方向和解决方案提供一定的参考。

3. 科技助农的运用

参与调查的受访者中，大部分对农业中的新型设备或技术有所了解并使用过，使用过的科技产品主要包括农业机械化设备、养殖自动化设备和渔业智能化设备，使用过农业信息化系统、养殖信息化系统和渔业信息化系统的也占一定比例，还有少部分受访者选择了其他选项。

仍有一部分受访者表示不了解农业中的新型设备，这说明新型设备可能需要进一步的宣传和推广。这些结果可以为科技助农的推广和培训提供一定的参考。还有一部分受访者已经开始使用新型设备或技术来改善农业生产。农业机械化设备、养殖自动化设备和渔业智能化设备是受访者们较为常用的科技产品或技术。

4. 科技助农的培训方式

调查显示，大部分受访者表示愿意接受科技产品或技术的培训，即他们愿意学习和掌握新的科技知识和技能，以提高农业生产效率和质量。一部分受访者表示不愿意接受培训，可能是因为时间、经济或其他原因。受访者对于应用于农业的科技产品或技术的培训方式存在一定的差异。其中，线下课堂培训是最受欢迎的培训方式，可能因为可以面对面地学习和交流。通过网络寻找解决方案是最常见的方式，可能因为网络资源丰富且便捷。向同行请教和请专业人士来解决也是常见的方式，可能因为可以获得更专业和实用的建议和帮助。这些结果可以为农业科技助农的培训方式选择和设计提供一定的参考。

5. 科技助农的发展规划

绝大多数受访者认为政府应该加大对应用于农业的科技产品或技术的支持力度，即他们认为政府的支持可以促进农业科技的发展和应用，提高农业生产效率和质量。这些结果可以为科技助农政策的制定和实施提供一定的参考。受访者对于应用于农业的科技产品或技术在未来的发展前景存在一定的分歧。这些结果反映了对农业科技发展前景的不同看法和预期，可能需要在政策、资金和技术等方面继续努力，以推动农业科技的创新和应用。无人机和大数据分析技术被认为是最适合应用于农业工作的科技。这些结果可以为农业科技助农的发展规划和决策提供一定的参考。

6. 科技助农的政策传播

大部分受访者表示了解党的二十大报告中提出的乡村振兴战略对于农业的科技产品或技术的支持政策。受访者认为最重要的支持措施是政策支持、技术培训和资金支持。

四、总结与展望

团队将关于科技助农普及情况的调研数据进行了归纳分析。数据来自社会实践团队实地调查广东利泰农业开发有限公司、吉丰生猪养殖专业合作社以及揭阳枫港养殖专业合作社，真实反映了受访者对于农业科技的认知、需求和期望。

首先，调查结果显示，大部分受访者认为农业科技的应用对于农业发展具有重要意义。他们认为农业科技可以提高农业生产效率、改善农产品质量、减少农业生产成本，并对农业可持续发展起到积极作用。受访者普遍认可农业科技的重要性，希望政府能够加大对农业科技的支持力度。

其次，调查结果显示，受访者对于国家应用于农业的科技产品或技术的支持政策存在一定的分歧。有一部分受访者认为国家的支持政策足够，认为政府已经采取了一系列措施来促进农业科技的发展和应用。然而，大部分受访者认为国家的支持政策不够，还需要进一步加大支持力度，提供更多的政策、资金和技术支持。这些结果反映了受访者对国家支持农业科技的认可和期望，可能需要政府在政策和资源配置等方面进一步改进和完善，以推动农业科技的创新和应用。

再次，调查结果还显示了受访者对于科技在农业上的应用需要的支持措施。受访者认为政策支持、技术培训和资金支持是最重要的支持措施，需要政府加大政策制定、技术培训和资金投入等方面的力度。市场推广和其他支持措施的重要性相对较低，可能需要进一步探讨和改进。这些结果反映了受访者对于科技在农业上应用的支持措施的需求和优先级。

最后，调查结果还显示了受访者对于科技在农业上应用的一些问题和挑战。其中包括农民对科技的接受度和可信度较低、产品和应用范围不足、操作复杂、缺乏完整的体系和专业指导、缺乏农业人才等。这些问题可能需要政府、科技企业和农业相关机构共同努力，提供更易于接受和使用的科技产品和技术，加强培训和指导，推动科技在农业上的普及和应用。

综上所述，通过团队的调研，我们对应用于农业的科技产品或技术的认知、需求和期望有了更深入的了解。这些调查结果为农业科技助农政策的制定和实施提供了重要的参考。我们希望科技企业和农业相关机构能够根据这些调查结果，加大对农业科技的支持力度，提供更适用、易操作、多功能的科技产品和技术，加强培训和指导，推动科技在农业上的广泛应用，促进农业的可持续发展。

参考文献

[1] 张一弓，贺东昌，马宏斌，等. 科技引领地方农业产业发展的实践与思考——以山西省农业科学院"院县共建"农业科技合作模式为例 [J]. 农业科技管理，2019，38（04）：54-58.

[2] 李军合. 人工智能背景下电气自动化与农业电气化的探索与研究 [J]. 当代农机，2023（04）：58-59.

模型探析，粤剧传情

——"行为机制"广佛粤剧社会实践项目

摘 要：文化是一个民族的精神家园，而传统文化则是民族发展的精华。戏曲是传承中华优秀传统文化的重要媒介，粤剧是其中的重要组成部分，它以独特的地方特色而闻名。然而，当前国内粤剧面临受众狭窄和老龄化等问题，难以广泛吸引大众，急需采取措施来促进其传播与发展。

本研究基于TPB模型和多群组SEM模型，结合实地调研，旨在深入研究大众观看粤剧行为的影响机制。通过这一研究，我们期望能够为粤剧文化的传承和发展提供有价值的参考，同时也为中国传统文化的振兴贡献一份微薄之力。

关键词：乡村振兴；粤剧文化；TPB模型

一、研究背景与目的

随着经济和文化的全球化，虽然将世界紧密地联系起来，物质、文化得到了很好的传播与交流，但也在一定程度上破坏了我国传统文化遗产的生存环境。当前，国内粤剧观众受众面狭窄且老龄化严重等问题逐渐突出。在年轻一代眼中，粤剧剧目老化、演绎方式陈旧、观念不合时宜、不能满足他们对文化产品的需求，致使粤剧舞台日益冷落，日渐式微。

近年来，习近平总书记两次来粤视察时，对文化建设作出重要指示。他指出，要"注重文明传承、文化延续，让城市留住记忆，让人们记住乡愁""加强非物质文化遗产保护和传承，积极培养传承人，让非物质文化遗产绽放出更加迷人的光彩"，为广东高水平推进文化强省建设指明了前进方向、提供了根本遵循。为了全面加强文化强省建设，广东省人民政府陆续出台《广东省人民政府办公厅关于促进地方戏曲传承发展的实施意见》《广东省粤剧保护传承规定》等文件，同时广州、佛山等地结合实际，制定并实施《广州市进一步振兴粤剧事业工作方案》《佛山市人民政府办公室关于促进戏曲传承发展的实施意见》，不断提升粤剧文化创新发展动能，增强岭南文化活力。

关于粤剧发展与保护的方式与政策，团队通过翻阅政策及相关文献发现，虽然当前国家和地方实施多种粤剧保护措施，在一定程度上推动了粤剧的发展，但由于出台的相关政策及研究中缺乏对受众的引导，没有从大众角度探索他们对粤剧的认知情况，没有倾听意愿以及影响他们主动欣赏粤剧的各种因素，粤剧还是不能广泛地为大众所欣赏，粤剧发展所面临的困境还是不能得到真正解决。因此，团队将以探索大众观看粤剧的影响机制为目的，有效推动粤剧艺术的长期稳定发展。

二、研究过程及方法

（一）研究过程

TPB（Theory of Planned Behavior），即计划行为理论，是一种心理学理论，用于解释人们行为的形成和预测。在戏剧、文化遗产等研究领域，TPB 可以用于解释个体对于相关文化现象和事件的态度和行为意愿。例如，在对于运用 TPB 模型对粤剧的研究中，可以使用 TPB 来解释为什么一些人会选择观看粤剧、为什么一些人对粤剧不感兴趣，甚至抵触等。同时，TPB 还可以为粤剧相关的组织和机构提供改进建议和推广策略，以促进粤剧的传承和发展。相比于其他领域的 TPB 研究，运用 TPB 模型对粤剧进行研究具有独特性。首先，粤剧作为中国传统戏曲的一种，其特点和历史文化背景与其他戏曲类型不同，因此需要针对其特点进行研究。其次，粤剧在不同地区和群体中的传承和发展情况也有所不同，因此需要考虑到不同情境和群体的影响因素。本文研究基于"计划行为理论"，利用前期调研成果，根据大众对粤剧的行为意愿进行维度分解，提出研究假设，通过向广州市、佛山市居民发放问卷获取数据，建立并完善粤剧倾听行为的结构方程模型，探索行为发生的路径，通过单因素方差分析、t 检验等工具探究不同人口学特征和地区用户的影响因素差异，最终建立粤剧倾听情况的 TPB 扩展模型。之后，本文将对广州市、佛山市进行实地考察，对部分广州市、佛山市居民进行深度访谈，以加深对定量结果的理解。最后，本文将结合问卷分析结果，提出多方"共建"的政策建议，采用政府＋个人（学生）＋学校＋社会（媒体）的方式让粤剧在粤港澳大湾区的文化遗产中绽放光彩。

（二）研究方法

本文通过文献结合访谈方式，对目前粤剧的环境进行了分析，了解到粤剧的基本组成结构以及粤剧对于广东省的重要意义。通过对已有文献的分析理解，发现计划行为理论十分适合拆解本文的前期调研成果，因此将其拆解为多个维度，以此提出研究假设，从而建立模型。再通过向广州市、佛山市居民发放问卷获取数据，建立粤剧倾听行为的结构方程模型，从而探索行为发生的路径。结合单因素方差分析、t检验等工具探究不同人口学特征和地区用户的影响因素差异，最终建立粤剧倾听情况的TPB扩展模型。最后对广州市、佛山市居民进行深度访谈，结合定量结果的解释，对数据与问卷结果进行分析，从多角度提出意见。

三、调查访问

为了更加深入地了解不同相关主体对粤剧的认知和理解情况，得到可能影响粤剧聆听行为发生的心理和环境因素，本文在前期准备时期对广东粤剧院、凤凰曲艺社、粤剧民间艺人、粤剧爱好者和普通大众进行了线上线下访谈。

下面分别依据不同的访谈结果对调研的成果进行综述。

1. 新媒体支持

访谈对象对使用新媒体手段支持粤剧的看法摘要如下：

"如果宣传比较多的话，多少还是会留意一下吧，毕竟也是我们的地方特色，还是要支持一下。"——个案（普通大众）

粤剧爱好者给出了更为积极的回应：

"我算是学过几年粤剧吧，这两年环境比以前好点了，以前刚学粤剧还被其他同学嘲笑，现在文化推广速度很快，卫视的晚会有粤剧的白蛇传，能在越来越多的地方看到粤剧的身影还是挺欣慰的。"——个案（粤剧爱好者）

从采访个案中可见，部分粤剧固有观众和非粤剧固有观众对利用新媒体技术推广传统粤剧都持有积极态度。

2. 流行文化冲击

不同受众对多元化新兴流行文化的出现、对大众观看粤剧可能造成的影响的看法摘取如下：

"短视频时代好玩儿的东西太多了，不仅是戏曲，电视又有多少年轻人看？视频

时间太长都留不住人，粤剧听起来就很长，很难耐下心来听吧。"——个案（学生）

"平时没事的时候我一般都是刷刷抖音快手，看一些短视频什么的，选择多，又比较方便。"——个案（路人）

从访谈对象的回答中，可以概括出流行文化冲击粤剧文化的两个重要原因：一是文化市场相当繁荣，观看粤剧的可替代选项较多；二是快节奏的生活，视频的长度已然成为影响群众文娱选择的重要因素。

四、调查及研究的结果分析

1. 粤剧的简介

粤剧，又称"广东大戏"或"广府戏"，汉族传统戏曲之一，源自南戏，流行于珠江三角洲等广府民系聚居地。自明朝嘉靖年间开始在广东、广西出现，是糅合唱念做打、乐师配乐、戏台服饰、抽象形体的表演艺术。粤剧每一个行当都有各自独特的服饰打扮。粤剧是广东省最大的地方戏曲剧种，随着粤语华人的移民及其对粤剧的喜爱和传唱，被传播到美国、加拿大、英国、东南亚等广府华侨聚集地，如新加坡素有"粤剧第二故乡"之称。2006年，粤剧经国务院批准列入第一批国家级非物质文化遗产名录。

粤剧有丰富多样的剧目，包括历史传奇、宫廷戏、爱情悲剧、武打戏等。演员通常通过歌唱、念白和表演来展示角色的性格和情感。演出时，演员会戴着具有粤剧特色的脸谱，表现出不同的角色类型，如忠义、奸诈、勇猛等。此外，粤剧的音乐和唱腔也独具风格，常常用悠扬的音乐和多变的音调来表达情感。

粤剧在中国和国际上都有广泛的受众，它是中国戏曲文化的重要组成部分，也是中国非物质文化遗产的代表之一。在现代社会，虽然粤剧面临着许多挑战，但仍然有许多人致力于传承和弘扬这一独特的戏曲艺术形式。

2. 粤剧的历史沿革

粤剧的历史沿革如表1所示。

表1　粤剧的历史沿革

时间段	内容
清代（1735—1796年）	当时称为"粤西腔"或"番腔"。据史料记载，粤剧的形成受到了当时广东本地的地方戏曲和南音的影响。在这个时期，粤剧还未成为一个独立的剧种，而是在广东一带的农民戏和地方戏的基础上发展起来的

续表

时间段	内容
清代末期至民国初期（19世纪末至20世纪初）	粤剧开始逐渐形成独立的戏曲剧种。在这个时期，广东的戏班逐渐兴盛，演员们开始形成一套完整的表演体系和唱腔，并开始表演一些较为成熟的戏曲剧目
民国时期（1912—1949年）	粤剧在这一时期得到了进一步的发展。不仅在广东地区，而且在香港、澳门等地都有演出，逐渐形成了广泛的观众基础。此时，一些著名的粤剧剧目开始诞生，并且一些优秀的演员崭露头角，为粤剧的传承和发展奠定了基础
中华人民共和国成立后（1949年至今）	在中华人民共和国成立后，粤剧遇到了一些挑战。由于国家政策的调整和社会变革，传统戏曲在一段时间内受到了一定的冲击。然而，为了保护和传承中国传统文化，政府采取了一系列措施，支持戏曲艺术的发展，包括粤剧。同时，一些著名的粤剧演员和剧目继续在舞台上演出，并吸引了新的观众
现代发展	在现代社会，随着传媒技术的发展和文化交流的加强，粤剧逐渐面临着新的机遇和挑战。一些创新的表演形式和剧目涌现出来，使得粤剧在年轻观众中也逐渐受到关注。此外，粤剧开始走向国际舞台，参与国际文化交流，为世界了解中国戏曲文化做出了贡献

3. 粤剧的角色行当

粤剧角色原分为末、生、旦、净、丑、外、小、夫、贴、杂10大行，后来演变为生、旦、文武、武生（须生）、公脚、小武、六分、拉扯等行当。戏班实际上只看重武生、小武、小生、花旦和丑5行，其余行当成为次要的行当。

五、大众看待粤剧的普查结果

本研究利用问卷调查法开展数据收集工作，调查时间为2023年7月3—7日，此次调查问卷设计题目37项，问卷的内容主要是针对大众对粤剧的了解情况、熟悉程度、喜爱程度、意义进行调查。本文一共收集有效问卷688份。本文基于688份问卷的数据，以TPB模型为理论研究框架，运用SPSS和Amos软件对问卷数据进行检验与分析，探究大众观看粤剧行为影响机制。

TPB模型对大众观看粤剧行为影响机制问题具有较强的解释力，符合经典的TPB模型。大众的态度、主观规范和感知行为控制对观看粤剧行为影响更为显著，具有互相影响效应。影响大众观看粤剧行为的因素中，影响程度最大的是态度，其次是感知行为控制，最后是主观规范。态度对观看粤剧的影响最大，说明大众对粤剧了解是观看的主要原因。感知行为控制对观看粤剧行为产生的影响，说明大众观看粤剧行为是源于自身的周边环境。主观规范同样对观看粤剧产生影响，说明大众观看粤剧的行为会受到周边人际关系的影响。

信度检验用于研究定量数据的回答准确性。Cronbach's Alpha 系数是一种常用的信度检验方法，用于评估问卷数据中各项之间的内部一致性。如果 Cronbach's Alpha 系数的数值较高，意味着问卷中各项之间的相关性较强，即问卷测量的是同一个概念或主题，且测量结果较为可靠。

因此，本研究调查问卷的信度较高，说明问卷中各项问题之间的相关性较强，可以更加可靠地测量粤剧文化相关的各种因素，如人们对粤剧的态度、观看习惯、文化认同等。这样的问卷数据可以用于深入分析粤剧文化的各种特征和影响因素，以及为相关文化遗产保护和传承提供参考依据和决策支持。

本研究以 TPB 为基础，选取行为态度（AB）、主观规范（SN）、感知行为控制（PBC）、行为意向（BI）4 个潜在变量。由于潜在变量难以直接观察到大众的心理特征，因此从多个维度对其进行了多指标描述，如图 1 所示。

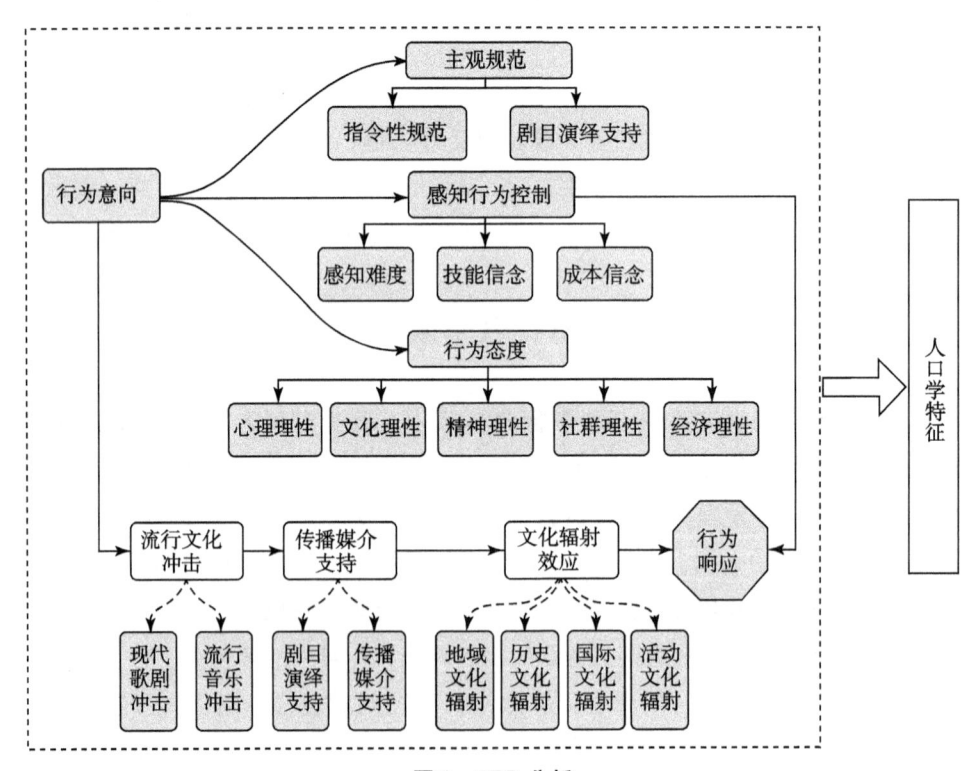

图 1　TPB 分析

（一）描述统计分析

调查人群的基本分析如下：

1. 性别比例

性别比例如图2所示。

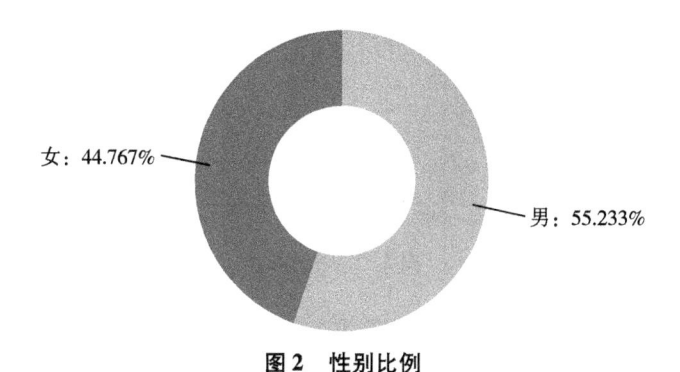

图2 性别比例

由性别频数分析结果显示：男性频数为380，所占百分比为55.233%；女性频数为308，所占百分比为44.767%。本次调查问卷中男性占比相对较多。

2. 年龄分布

年龄分布如表2和图3所示。

表2 年龄分布

名称	选项	年龄	频数	百分比/%
年龄	1	15岁以下	36	5.233
	2	16~30岁	146	21.221
	3	31~45岁	213	30.959
	4	46~60岁	249	36.192
	5	60岁以上	44	6.395
合计			688	100.000

此次调查人群多为壮年，其中15岁以下和60岁以上的最少。

3. 大众对观看文艺演出的态度

大众对观看文艺演出的态度及分布如表3和图4所示。

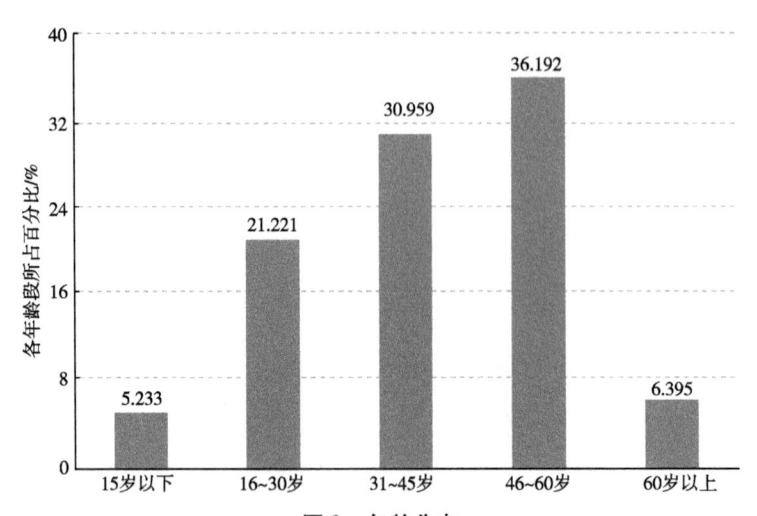

图3 年龄分布

年龄段	百分比/%
15岁以下	5.233
16~30岁	21.221
31~45岁	30.959
46~60岁	36.192
60岁以上	6.395

表3 大众对观看文艺演出的态度

名称	选项	大众态度	频数	百分比/%
大众对观看文艺演出	1	非常不喜欢	39	5.669
	2	不喜欢	101	14.680
	3	一般	145	21.076
	4	喜欢	282	40.988
	5	非常喜欢	121	17.587
合计			688	100.000

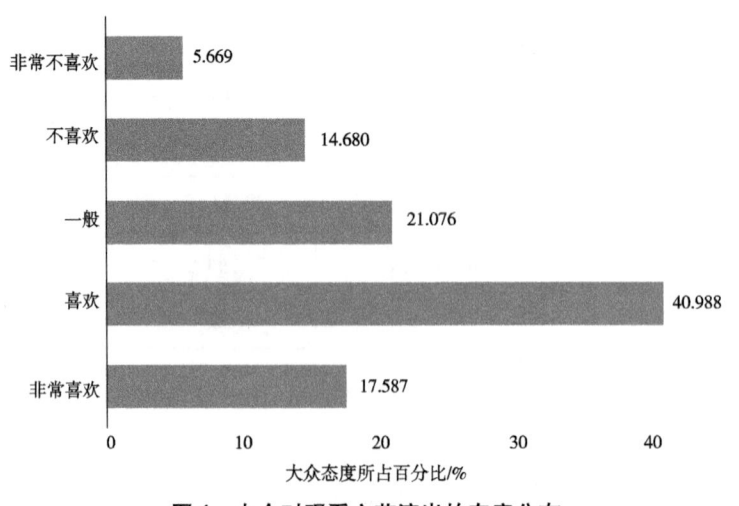

图4 大众对观看文艺演出的态度分布

此次调查中大众对观看文艺演出的态度，喜欢占比最多，所占百分比为40.988%，非常不喜欢占比最少，所占百分比为5.669%。因此大众对于文艺演出的态度是偏向喜欢的占比较多。

4. 大众对观看传统戏曲的态度

大众对观看传统戏曲的态度及分布如表4和图5所示。

表4 大众对观看传统戏曲的态度

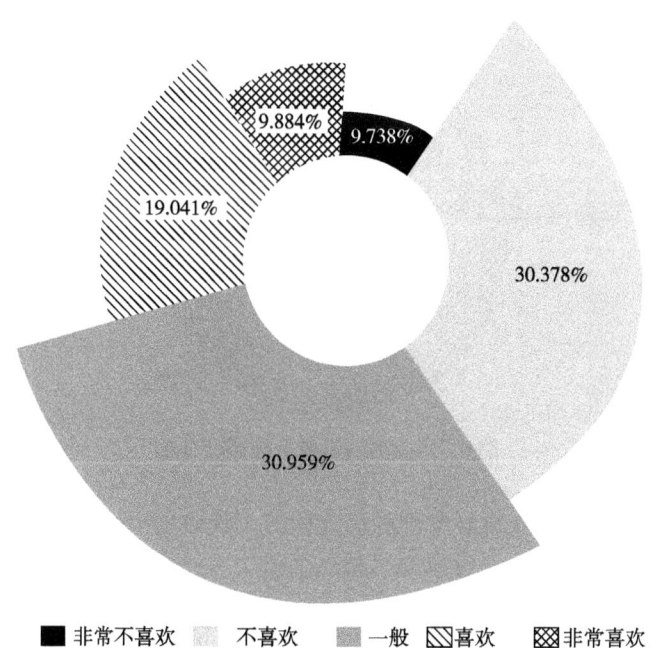

名称	选项	大众态度	频数	百分比/%
大众对观看传统戏曲	1	非常不喜欢	67	9.738
	2	不喜欢	209	30.378
	3	一般	213	30.959
	4	喜欢	131	19.041
	5	非常喜欢	68	9.884
合计			688	100.000

图5 大众对观看传统戏曲的态度分布

此次调查中大众对观看传统戏曲的态度,选项2和3占比较多,所占百分比分别是30.378%和30.959%,选项1和5占比较少,所占百分比分别是9.738%和9.884%。因此可得大众对于传统戏曲的态度大多为不排斥但不是很喜欢。

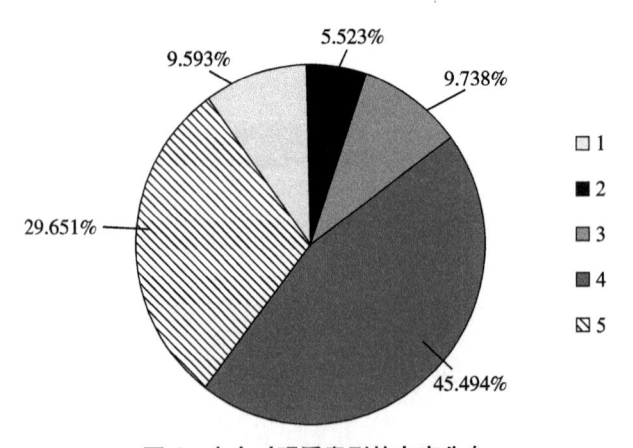

5. 大众对观看粤剧的态度

大众对观看粤剧的态度及分布如表5和图6所示。

表5　大众对观看粤剧的态度

名称	选项	大众态度	频数	百分比/%
大众对观看粤剧	1	非常不喜欢	38	5.523
	2	不喜欢	67	9.738
	3	一般	313	45.494
	4	喜欢	204	29.651
	5	非常喜欢	66	9.593
合计			688	100.000

图6　大众对观看粤剧的态度分布

此次调查中对于大众观看粤剧的喜爱程度,其中选项3一般占比较多,所占百分是45.494%,选项1占比较少,所占百分是5.523%。因此可得大众对于粤剧的态度大多为不排斥还有点喜欢。

6. 行为态度

表6是TPB模型判断大众行为态度的问题,其中包括5类行为态度:心理理性、文化理性、精神理性、社群理性和经济理性。由表6可知平均值和中位数均

在 3 上下浮动，方差也均在 1 左右，因此可知大众对粤剧的态度大部分是一般。

表6 判断大众行为态度的问题

变量名	样本量	平均值	标准差	中位数	方差	峰度	偏度
通过观看粤剧，我认为我可以获得情感慰藉	688	3.148	1.132	3	1.282	-0.624	-0.263
通过观看粤剧，我认为我可以实现性格塑造	688	3.733	0.988	4	0.976	-0.967	-0.034
通过观看粤剧，我认为我可以提升文化素养	688	3.297	1.029	3	1.059	-0.351	-0.409
通过观看粤剧，我认为我的戏剧鉴赏能力可以得到提高	688	3.798	1.012	4	1.023	-0.352	-0.552
通过观看粤剧，我认为我可以实现自我价值满足	688	3.022	1.341	3	1.797	-1.137	-0.029
通过观看粤剧，我认为我的兴趣爱好可以得到丰富	688	3.327	1.026	3	1.053	-0.449	-0.387
观看粤剧有助于我和他人寻找到共同的话题	688	3.076	1.153	3	1.331	-0.794	-0.154
观看粤剧有助于我结识更多朋友	688	3.31	1.366	3	1.865	-1.161	-0.173
观看粤剧有助于我获取经济利益	688	2.401	1.265	2	1.6	-0.693	0.619

7. 知觉行为控制

表 7 是 TPB 模型中判断大众知觉行为控制的问题，其中包括三种知觉行为控制：感知难度、技能信念和成本信念。由表 7 可知判断感知难度和技能信念的平均值和中位数基本在 3 和 4 之间且方差较小，因此知觉行为控制中的感知难度和技能信念方面大众的态度大部分是处于一般到同意之间；判断成本信念的平均值和中位数基本在 2 到 3 之间且方差较小，因此知觉行为控制中的成本信念方面大众的态度大部分是认为比较简单的。

表7 判断大众知觉行为控制的问题

变量名	样本量	平均值	标准差	中位数	方差	峰度	偏度
获取观看粤剧的途径对我而言	688	2.725	1.053	3	1.108	-0.353	0.281

续表

变量名	样本量	平均值	标准差	中位数	方差	峰度	偏度
粤剧相关的基础知识对我而言	688	3.34	1.113	4	1.238	-0.44	-0.516
理解粤剧表演对我而言	688	3.176	1.607	4	2.582	-1.557	-0.233
时间成本对我看粤剧选择的影响	688	2.385	1.26	2	1.588	-0.577	0.628
金钱成本对我看粤剧选择的影响	688	2.467	1.117	2	1.248	-0.253	0.552
精力成本对我看粤剧选择的影响	688	2.817	1.044	3	1.09	-0.483	0.041

8. 主观规范

表8是TPB模型判断大众主观规范的问题，其中包括两种主观规范：指令性规范和示范性规范。其中判断指令性规范的平均值和中位数均接近3且方差接近1，因此粤剧主观规范中指令性规范给大众带来的影响大部分人认为是中等；判断示范性规范的平均值和中位数在3和4之间且方差接近1，因此主观规范中示范性规范，大众的大部分态度为一般和同意。

表8　判断大众主观规范的问题

变量名	样本量	平均值	标准差	中位数	方差	峰度	偏度
我的亲朋好友认为"人们需要更多地去观看粤剧"	688	3.363	1.296	3	1.679	-0.968	-0.219
我周围的剧团积极传播粤剧文化会增加我看粤剧的意愿	688	3.198	1.159	3	1.344	-0.825	-0.244
我所在地的政府/戏剧研究院积极弘扬粤剧文化会增加我观看粤剧的意愿	688	3.318	1.022	3	1.044	-0.367	-0.413
亲朋好友积极地观赏粤剧会增加我观看粤剧的意愿	688	3.333	1.09	3	1.189	-0.461	-0.439
剧团传播粤剧文化会增加我观看粤剧的意愿	688	3.622	1.142	4	1.304	-0.513	-0.564
政府/戏剧研究院弘扬粤剧文化会增加我观看粤剧意愿	688	3.265	1.076	3	1.158	-0.567	-0.253

9. 行为意愿

表 9 是 TPB 模型判断大众行为意愿的问题，其中有三种行为意愿：新媒体支持、流行文化冲击和文化辐射效应。由表 9 中的平均数、中位数和方差可知，对于上述三种行为意愿，大部分人的态度是在一般到同意之间且有一定的影响。

表 9 判断大众行为意愿的问题

变量名	样本量	平均值	标准差	中位数	方差	峰度	偏度
我认为新媒体手段促进观众理解粤剧表演和粤剧相关知识	688	3.35	1.042	4	1.087	-0.408	-0.452
我认为新媒体手段丰富粤剧的宣传方式	688	3.75	1.101	4	1.213	-0.762	-0.471
我认为新媒体手段促进粤剧观看途径的多样化	688	3.847	1.126	4	1.268	0.113	-0.937
相较于粤剧，我更喜欢现代歌剧的表演形式	688	3.448	1.087	4	1.182	-0.415	-0.53
相较于粤剧，我更喜欢现代歌剧的表演内容	688	3.116	1.13	3	1.276	-0.8	-0.199
相较于粤剧，我更喜欢流行音乐的表演形式	688	3.137	1.116	3	1.245	-0.682	-0.246
相较于粤剧，我更喜欢流行音乐的表演内容	688	2.842	1.425	3	2.032	-1.357	-0.031
我听粤剧是因为粤剧是东南地区的特色文化	688	3.706	1.069	4	1.142	0.331	-0.923
我听粤剧是因为粤剧具有厚重的历史积淀	688	3.311	0.994	3	0.989	-0.456	-0.289
我听粤剧是因为粤剧在"一带一路"文化走出去中具有重要地位	688	3.388	1.015	4	1.03	-0.36	-0.406
我听粤剧是受庙会/文化下乡等活动影响	688	3.08	1.114	3	1.241	-0.672	-0.234

（二）信度效度测验

1. 信度测验

信度测验如表 10 所示。

表10　信度测验

变量	题项数	克隆巴赫系数
相关偏好	3	0.925
行为态度	9	0.986
知觉行为控制	6	0.984
主观规范	6	0.988
行为意愿	11	0.962
问卷整体	35	0.989

检验结果显示，所有潜变量的克隆巴赫系数总体大于0，说明量表数据的一致性和稳定性较好，可用于进一步分析。

2. 效度测验

Kaiser - Meyer - Olkin（KMO）检验是用来评估因子分析模型适合度的一种方法。这个方法可以用于判断数据是否适合用因子分析进行处理，以及确定需要提取的因子数量。KMO检验的结果是一个介于0和1之间的值，越接近1表示数据越适合进行因子分析。KMO检验和巴特利特检验如表11所示。

表11　KMO检验和巴特利特检验

KMO值		0.786
巴特利特球形度检验	近似卡方	640.015
	自由度	595
	显著性	0.000

根据KMO值可知，KMO>0.6，说明题项变量之间是存在相关性的，符合因子分析要求，同时通过巴特利特检验，显著性<0.05，呈显著性，则可以进行因子分析。

表12为方差解释，主要是看因子对于变量解释的贡献率（可以理解为究竟需要多少因子才能把变量表达为100%）。一般认为，因子对于变量解释的贡献率在取到变量解释的特征根低于1时对应的主成分个数，要表达到80%以上，因此意味着研究项和因子之间有着较强的关联性，因子可以有效地提取出信息。而且根据因子分析可以将因子和本研究题项基本对应，与预期大致相符。综上，问卷数据具有效度。

表 12 方差解释

成分	特征根			旋转后方差解释率		
	特征根	方差解释率/%	累积百分比/%	特征根	方差解释率/%	累积百分比/%
1	0.988	34.1000000000000005	34.1000000000000005	0.988	34	34
2	0.976	24.1000000000000005	58.200000000000001	0.976	23.9	57.9
3	0.953	13.9	62.1	0.953	13.9	61.799999999999999
4	0.935	13.8	75.9	0.935	13.8	75.6
5	0.935	13.5999999999999996	89.6	0.935	13.8	89.400000000000002
6	1.262	3.5999999999999996	83.200000000000003			
7	1.248	3.5999999999999996	86.700000000000003			
8	1.202	3.4000000000000004	90.2			
9	1.171	3.3000000000000003	93.5			
10	1.16	3.3000000000000003	96.8			
11	1.143	3.3000000000000003	99.1			
12	1.125	0.9	100			

（三）Logistic 分析

本文将"您认为传播粤剧文化有意义吗"作为因变量（Y），即将其他作为自变量对因变量"您认为传播粤剧文化有意义吗"的影响通过 Logistic 回归进行分析，基本汇总和结果汇总如表 13 和表 14 所示。

表 13 二元 Logistic 回归分析基本汇总

名称	选项	频数	百分比/%
Y	0	544	86.48
	1	144	13.52
汇总	有效	688	100
	缺失	0	100
	总计	688	100

表14　二元 Logistic 回归分析结果汇总

项	回归系数	标准误	Z 值	Wald χ^2	P 值	OR 值	OR 值 (95% CI)
态度	1.436	0.313	4.592	21.089	0.000	4.205	2.278 ~ 7.762
主观规范	2.364	0.390	6.059	36.717	0.000	10.638	4.951 ~ 22.857
知觉行为控制	-0.838	0.177	-4.726	22.333	0.000	0.433	0.306 ~ 0.612
意向	1.330	0.301	4.412	19.469	0.000	3.782	2.095 ~ 6.829
截距	-8.322	1.053	-7.901	62.425	0.000	0.000	0.000 ~ 0.002
因变量：Y							
McFadden R^2：0.564							
Cox & Snell R^2：0.360							
Nagelkerke R^2：0.658							

观察得到的所有 P 值均小于 0.05，通过 Logistic 分析可以得到，态度、主观规范、知觉行为控制、意向对于 Y 的影响是存在的，因此该 Logistic 分析可以为下一步 TPB 模型搭建提供强有力的帮助。

（四）SEM 模型

结构方程模型（Structural Equation Modeling，SEM）是一种统计分析方法，用于评估变量之间的复杂关系。它可以帮助研究者探索和验证理论模型，了解变量之间的因果关系、影响机制等。

SEM 模型通常由两个主要组成部分构成：

测量模型（Measurement Model）：用于描述观察变量（测量项）与其背后的潜在变量（因子）之间的关系。在测量模型中，通过因子分析或确认性因子分析等方法，将多个观察变量组合成为潜在因子，从而减少测量误差的影响。

结构模型（Structural Model）：描述潜在变量之间的因果关系和相互作用。在结构模型中，可以定义不同潜在变量之间的路径系数，表示它们之间的直接或间接影响关系。

根据 TPB 模型，确定潜在变量（如态度、主观规范、知觉行为控制，见表15）以及它们与观看粤剧行为之间的关系。将每个潜在变量与相关的观察变量（测量项）建立关系。从而可以使用因子分析或确认性因子分析来验证这些关系。使用 SEM 软件（如 AMOS、LISREL、Mplus 等）对构建好的测量模型和结构模型进行数据分析，从而可以计算路径系数、解释方差、标准误差等指标。

表15 潜在变量

潜在变量	行为态度	知觉行为控制	主观规范	行为意愿
简写	AB	PBC	SN	BI

本文采用了 SPSS 软件，对问卷数据和行为理论模型进行参数估计，计算路径系数（见表16），在 SEM 中，路径系数用来分析变量间的影响程度。

表16 路径系数

潜在变量→观察变量	路径系数	标准误差
AB→PBC	0.418	0.08
AB→SN	0.632	0.06
AB→BI	0.387	0.03
PBC→AB	0.692	0.03
PBC→SN	0.648	0.06
PBC→BI	0.548	0.05
SN→AB	0.315	0.07
SN→PBC	0.433	0.04
SN→BI	0.471	0.05

结合表16可以得到以下结论：

（1）态度对观看粤剧行为的影响：在模拟中，我们发现观众对粤剧的态度越积极，他们观看粤剧的频率也越高。这一结果与 SEM 分析中的路径系数一致，显示态度对观看粤剧行为有积极影响。

（2）模拟结果显示，家人和朋友的主观规范对观众观看粤剧行为产生了一定的影响。这与 SEM 分析中的路径系数一致，表示主观规范对观看粤剧行为有积极影响。

（3）行为态度、主观规范和知觉行为控制三者相互影响。

六、关于如何引导大众正确传承粤剧的建议

通过一系列的调查分析,又走访了从事粤剧工作的前辈,我们对于如何引导大众正确传承粤剧有了一些新的观点。

(一) 存在问题

1. 年轻一代兴趣下降

当今年轻人更多地接触现代化娱乐形式,对传统文化艺术的兴趣逐渐减少,导致粤剧的受众群体收缩。如何吸引年轻人重新关注粤剧,让他们认识到其价值和魅力,是一个重要的挑战。

根据近年来针对年轻人的调查数据,我们可以看到粤剧在年轻一代中的关注度逐渐降低。例如,一项针对18~30岁青年的调查数据显示,仅有15%的受访者表示对粤剧有浓厚的兴趣,而在同一调查中,对电影、流行音乐等现代化娱乐形式的兴趣比例明显较高,分别达到了50%和65%。这表明年轻人的娱乐偏好正在从传统文化转向现代娱乐,对于粤剧的认知和兴趣逐渐减少。

2. 传承困境与技艺流失

粤剧传承人的数量逐渐减少,核心技艺面临流失的风险,这可能导致剧种的品质和传统无法得到保持。如何寻找、培养新一代的传承人,保护和传承核心技艺,是传承粤剧的一大问题。

3. 现代娱乐的竞争

现代社会提供了各种丰富多样的娱乐选择,如电影、电视剧、网络游戏等,这些形式更加符合年轻人的娱乐习惯。如何在现代娱乐的竞争中找到粤剧的定位,让它在多元化娱乐市场中继续存在,是一个需要解决的问题。

4. 原创作品的不足

粤剧创作相对保守,缺乏有吸引力的新剧目,难以吸引新观众的关注。如何在保持传统的基础上,进行原创性创作,创造具有现代内涵和观赏性的新剧目,是促进粤剧传承的挑战之一。

5. 地域性传承差异

粤剧的传承受到地域性差异的影响,不同地区对粤剧的传承力度和方式可能不同。如何平衡不同地区的传承差异,使粤剧得到更广泛的传播和发展,是一个

需要考虑的问题。

6. 文化认同和现代生活的冲突

部分年轻人可能认为粤剧过于古老、与现代生活不相符，产生文化认同的隔阂。如何在传承粤剧的同时，适应现代社会的需求，使其在文化认同上更具亲和力，是一个需要思考的问题。

7. 资金和资源问题

粤剧传承需要资金和资源的支持，包括演出、培训、宣传等方面。如何保障传承工作的可持续性，解决资金和资源问题，是推动粤剧传承所要面对的挑战。

8. 社会变迁影响

社会变迁、城市化等因素可能导致粤剧的传统场馆减少、观众流失等问题。如何适应社会变迁，寻找新的演出场地，吸引观众，是传承粤剧所要面对的挑战。

（二）建议与措施

粤剧具有深厚的文化底蕴，是中华优秀传统文化不可或缺的一部分，我们应该继承好、发展好。但是新时代已经到来，本文认为粤剧可以与大众流行文化相结合，组织形式多样的演出，将其巧妙地融入社会教育之中，从而进行推广与传承。

1. 教育与培训

设立专业的粤剧传承学院，提供系统性的培训课程，涵盖基础技能、经典剧目表演、音乐和唱腔等方面。招募资深粤剧演员和导师，传授其多年的经验和技艺，培养新一代优秀演员。通过实践演出、集中培训等方式，使学员全面掌握粤剧的艺术要素和表演技巧。

2. 文化普及活动

定期举办粤剧演出，覆盖不同年龄层次和社会群体，吸引更多观众了解粤剧的魅力。组织粤剧展览，展示粤剧的历史演变、经典剧目、服饰道具等，提升人们对粤剧的认知。举办粤剧讲座和研讨会，邀请专家学者和艺术家分享粤剧的艺术内涵和文化价值。

3. 现代创新与传统融合

鼓励创新性的粤剧作品，探索将现代话题和社会问题融入传统剧目中，使之更具时代感。在粤剧中引入现代舞蹈、音乐等元素，形成独特的表演风格，吸引更多年轻观众的兴趣。推动与其他艺术形式的跨界合作，如与现代舞团、音乐团体共同创作演出，实现跨文化的艺术碰撞。

4. 文化遗产保护

成立专门的粤剧保护机构，负责记录、整理和保存传统粤剧的剧目、曲谱、演出视频等资料。鼓励粤剧名家担任传承人，通过口述和示范将核心技艺传授给后人，确保技艺的连续性。倡导尊重传统、尊重原作的创作原则，保持经典剧目的原汁原味。

5. 社区参与基层推广

在社区开展粤剧进校园、进社区活动，邀请专业演员进行表演和讲解，拉近观众与粤剧的距离。建立社区粤剧文化俱乐部，定期组织学习、交流和观看活动，增强社区居民的文化认同感。鼓励志愿者组织在社区举办粤剧展演，以基层力量推动粤剧的传播和发展。

6. 数字化传承与新媒体

建立粤剧数字化平台，收录粤剧的视频、音频、文献资料等，使其更易于传播和获取。制作粤剧宣传短片、微电影，利用新媒体平台发布，吸引年轻观众的关注。在社交媒体上设立粤剧推广账号，定期分享粤剧知识、故事和趣闻，与观众互动。

7. 政策支持与资金投入

政府提供专项资金，支持粤剧传承、演出和创新项目，鼓励文化企业参与粤剧产业发展。制定相关政策，鼓励大学和文化机构开展粤剧研究和传承工作，形成政策合力。设立粤剧文化奖项，表彰在粤剧传承和创新方面做出杰出贡献的个人和团体。

8. 国际交流与合作

积极参与国际性的戏曲交流活动，组织海外巡演和文化交流，提升粤剧的国际影响力。与其他戏曲、戏剧形式进行合作，促进不同文化之间的艺术交流，创造新的艺术表达方式。

9. 激发创作活力

举办粤剧创作大赛，鼓励青年艺术家创作新剧目，推动粤剧创新与发展。提供创作资金和场地支持，为优秀创作提供展示和发表的机会，激发创作者的积极性。

参考文献

[1] 陈慧，王巧英. 浅谈粤剧现状及发展策略 [J]. 中国民族文化杂志，2021，25（1）：168-169.

[2] 郑莹洁，吴浩然. 粤港澳大湾区文化形象建构中的粤剧参与路径探讨 [J]. 戏剧之家，2023（18）：3-5.

[3] 蔡嘉洋. 回顾与展望：传统粤剧的数字化探索 [J]. 东方艺术，2023（03）：61-68.

[4] 张瑜. 对广东粤剧保护与传承的思考 [J]. 艺术评鉴，2023（10）：144-147.

[5] 李钢. 戏曲电影对传统戏曲的影响——以粤剧电影《白蛇传·情》为例 [J]. 大舞台，2023（02）：40-45.

[6] 王俊东，王跃. 泛区域非遗文化传承与发展对策——以梧州粤剧为例 [J]. 中华艺术论丛，2022（02）：281-291.

[7] 朱丽芳. 传统文化元素在文创产品设计中的应用——以粤剧文化为例 [J]. 流行色，2022（02）：74-76.

[8] 张岳满. 新媒体平台在戏曲文化传播中的运用研究——评《基于新媒体平台的戏曲传承与推广研究》[J]. 新闻爱好者，2021（08）：99-100.

延安精神，代代相传

——"延安精神"社会实践项目

摘 要：延安精神是中国共产党人精神谱系的重要组成部分，是我们党的宝贵精神财富。新时代青年要积极弘扬延安精神，要深刻认识到当代青年大学生所处的历史地位、承担的历史责任、肩负的时代责任，要将延安精神的深刻内涵与生动实践相结合。

关键词：延安精神；红色文化；育人

一、研究背景

学史明理，学史增信，学史崇德，学史力行。青年一代在实现中华民族伟大复兴的征途上必然需要优秀思想的指引，需要从党的光辉岁月中汲取宝贵的经验和教训，更需要以我党的优秀精神不断激励、奋勇向前。

延安精神是在革命战争年代，在陕北延安地区，中国共产党人在极端恶劣的政治、军事和经济条件下，团结全国各族人民，总结历史经验，启迪革命理论，进行了大量的革命斗争和各项建设，形成的一种革命精神。延安精神是延安时期党和人民的伟大创造，是中国共产党人党性的集中体现，是党的优良传统和作风的集中体现，是今天加强党性修养的核心内容。在新的历史条件下，弘扬延安精神，对于加强党性修养具有重要的启示。

延安精神的重要性——延安是中国革命的圣地，中国共产党在此指导中国革命事业不断取得胜利，由此总结出的延安精神必然对现在的民族复兴伟业有着重要的指导性意义。实践团锚定延安精神，旨在挖掘延安精神现实价值来指引当代民族复兴伟业。

信息来源的权威性——本实践团采用"理论＋数据"的模式，对延安精神进行全面调研。在理论层面，通过对延安革命圣地参观，实地感悟延安时期我党的优良传统。通过与对延安革命有着深刻研究的学者交流，实践团成员对延安精神的理解不仅停留在表面，而是从不同视角感悟延安精神以及了解如何更好地发扬延安精神。

研究方向的实用性——马克思哲学认识论中，正确的认识对实践有着指导作用。探索"基于卡罗尔学习模型下融合'传统+现代'的教育生态模式"，做好党的优秀思想宣传工作，为青年一代注入源源不断的精神动力，为中华民族伟大复兴注入动能。

为感悟延安光辉岁月，深刻学习延安精神，北京理工大学珠海学院新时代大学生宣讲团实践团奔赴延安进行实地调研，并提出"基于卡罗尔学习模型下融合'传统+现代'的教育生态模式"。

二、研究内容

强化实践教育和体验式学习——实践团基于本次学习体验，深刻领会到党史宣传教育工作、优秀精神宣讲工作不能只停留于传统的模式，而是要开拓新的学习模式，来激发广大青年对于主旋律文化的接受意愿。

多元化教育手段以及相关资源利用——我党的奋斗历程是悠久的，红色精神谱系也是全面和成体系的，这也就决定了主旋律知识是体系知识，这也就必然要求教育体系的全面性以及教育手段的多元化。实践团在本次学习中，总结出"扎实理论+强化感化""理论+实践""线上+线下"等教育手段相整合的教育模式，并主张党史宣传教育应当由社会各界共同赋能，这样才能开创主旋律文化教育的新局面。

思考如何带领学生提高探索延安精神的内涵和价值观并融合传统与教育——通过讨论、辩论等方式，引导学生思考延安精神在当代社会中的实践意义，并提高他们对社会问题的关注度和解决能力。

思考如何建立积极向上的延安精神的学习教育环境——高校是新时代青年思想工作的一线，应当加强高校对思想阵地的建设，加强对思想教育的重视程度。以举办文艺活动、开展专题学习课程、组织知识竞赛等青年一代喜闻乐见的形式来营造校园内部学习党史的优良氛围。

思考如何在学习延安精神时加强师生之间的交流——任何主旋律教育体系之下，都应形成良好的师生关系，包括师生共学、师生共教、师生共探、师生共论四个层面。在红色文化的学习过程中,学生在认真汲取所传授知识的同时,更应有着开创性思考、综合知识以及指导实践的能力,并及时与老师共同探讨。老师在研究红色文化的同时,也以学生视角去理解所存在的问题,认真听取学生的意见并给予反馈。

(一) 研究模型的建立

研究模型如图 1 所示。

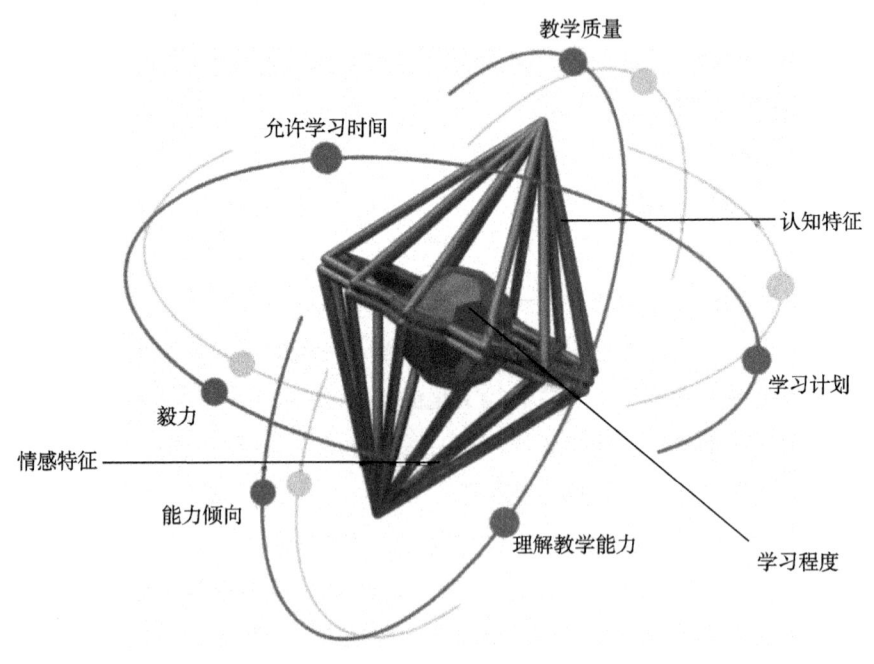

图 1　研究模型

延安精神是中国共产党的宝贵精神财富,对于当代青年的学习和传承具有重要意义。本次社会实践调研在探讨如何建立符合当代青年学习延安精神的教育模式时,从教育内容、教育方式以及教育环境等方面提出具体的思考和建议,以促进当代青年对延安精神的深入理解和有效学习。

(二) 社会实践调研总流程

社会实践调研总流程如图 2 所示。

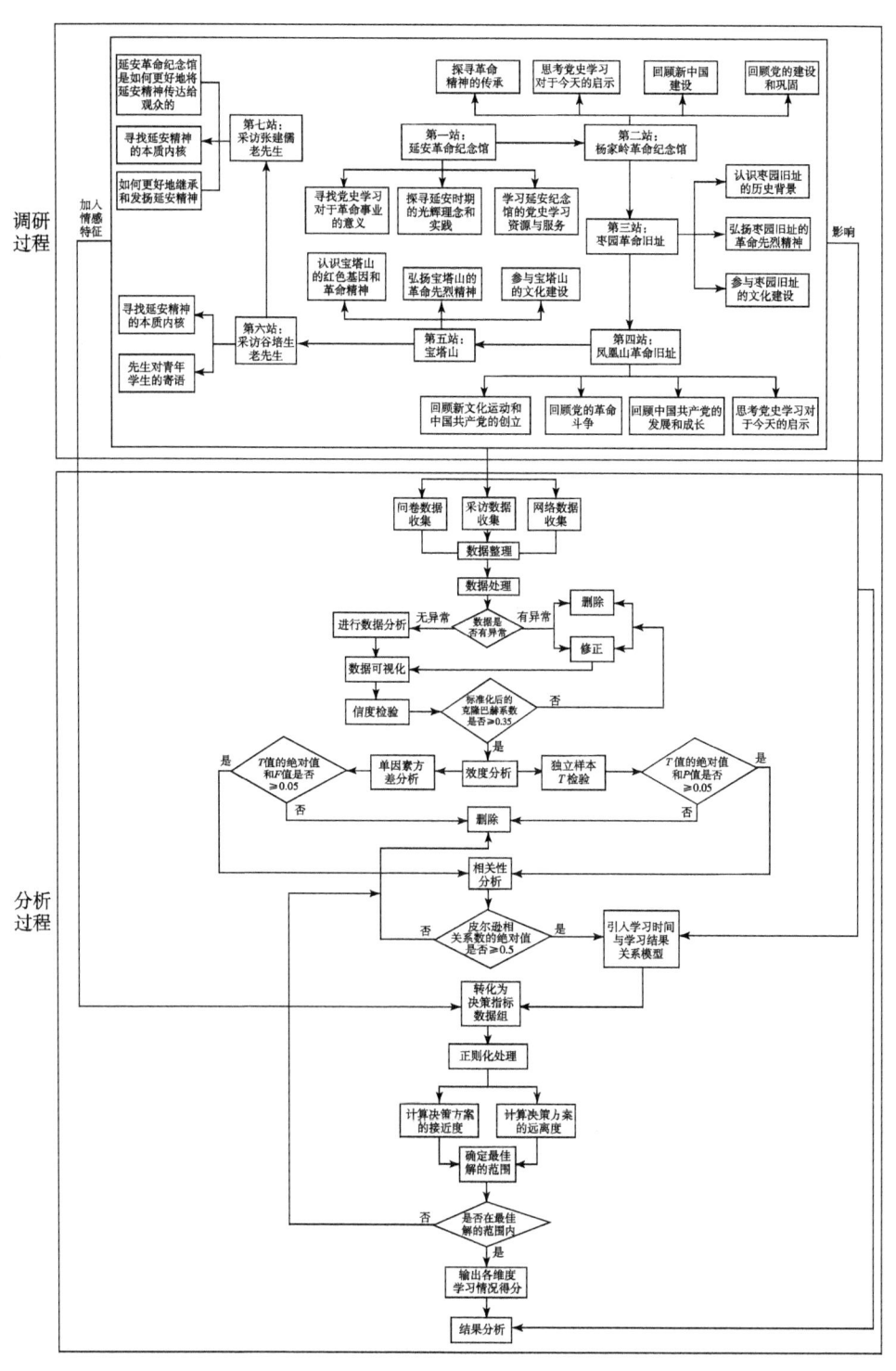

图 2　社会实践调研总流程

三、调研过程

实践目的：探究如何建立符合当代青年学习延安精神的教育模式。

调研过程：本次社会实践，我们参观了延安革命纪念馆、杨家岭革命纪念馆等5个景点，采访了谷培生、张建儒两位老先生，对本次社会实践的调研数据、调研感悟等进行了整理。

第一站：延安革命纪念馆。

实践团赴延安进行实地考察。遵循习近平总书记考察延安时期的路线，实践团第一个调研地点便是延安革命纪念馆。以延安精神文物资源为考察载体，以深刻领会学习延安精神内核为目标，依托官方讲解，并内化于心、外化于实践团宣讲内容。实践致力于在深入感悟延安精神的前提下，更有效地扩大延安精神的影响力，激励青年学子以优秀精神为动力，投身于服务社会、报效国家的事业当中。

第二站：杨家岭革命纪念馆。

实践团第二个调研地点为杨家岭革命纪念馆。在杨家岭革命纪念馆调研时，实践团成员认真学习了杨家岭所承载的红色故事，在知晓历史背景的前提下参观了杨家岭革命纪念馆，亲身感受老一辈无产阶级革命家艰苦朴素的岁月历程。在厚植理想信念之基的同时，实践团明确了进行宣讲的思路，并拍摄视频，致力于宣传红色文化。

第三站：枣园革命旧址。

实践团成员赴延安红色革命基地接受党史学习教育，并参观枣园革命旧址，对枣园的红色历史文化进行学习调研。宣讲团成员首先进入枣园革命旧址的档案陈列馆，随后参观了中共中央机要局旧址。通过参观枣园革命旧址，实践团成员深刻感受到中国共产党的伟大，也深刻意识到新时代青年肩负历史使命，应该努力学习，为实现中国梦贡献自己的力量。

第四站：凤凰山革命旧址。

实践团成员先通过网络、文献资料，充分了解延安市宝塔区凤凰山脚下的凤凰山麓革命旧址，了解相关历史背景。在实地调研中，实践团成员参观了展馆，听了讲解，在系统学习后进行了宣讲拍摄。

第五站：宝塔山。

实践团攀登位于延安市、建于唐代的宝塔山，领略延安城之美，感悟革命圣地的意义。

第六站：采访谷培生老先生。

专访内容：

（1）延安精神的最本质内核是什么？

（2）先生对青年学生的寄语。

目的：提升实践团对延安精神的认知水平。

第七站：采访张建儒老先生。

专访内容：

（1）延安革命纪念馆是如何通过展馆的形式更好地将延安精神传达给观众的？

（2）延安精神的本质内核。

（3）如何更好地继承和发扬延安精神？

目的：了解学习延安精神的教育模式，汲取其养分，为今后融合实践团成员的宣讲模式打下理论基础；明确作为青年应如何更好地继承和发扬延安精神。

四、样本分析

本次社会实践以探究如何建立符合当代青年学习延安精神的教育模式为调查内容，从以下五个维度进行调研：被调查者强化实践教育和体验式学习、多元化教育手段以及相关资源利用、探索延安精神的内涵和价值观并融合传统与教育的方法、思考如何建立向上的延安精神的学习教育环境、思考如何在学习延安精神时加强师生之间的交流。本次社会实践使用采访对话、发放调查问卷等方式，对获得的数据进行计量分析，并且对于问卷中所获得的数据使用信度检验分析、效度分析、独立样本 T 检验、单因素方差分析和相关分析等技术方法，对调查问卷中计量分析的结果使用 VIKOR 方法进行总结，从而在如何建立符合当代青年学习延安精神的教育模式方面提出具体建议。

（一）数据处理以及数据可视化分析

1. 对异常值进行处理

在对所收集的数据进行分析时，首先对数据进行预处理操作，查看是否具有异常情况，并及时处理异常值，将数据频率进行可视化处理。若发现具有异常情况的数据集，对异常的数据从异常数据比例、异常数据的模式以及异常数据的重要性3个方面进行综合分析。

通过绘制散点图可以将变量的观测值绘制在二维平面上，直观地展示它们之间的关系。通过观察散点图中点的分布模式，可以检测和发现数据中的异常值。而异常值通常是离其他点较远或偏离一般趋势的观测值。在散点图中，异常值呈现为离群点（在图中显示与其他观测值明显不同的模式）。观察散点图，可以更容易地识别和定位异常值。有效值数据频率如表1所示。

表1 有效值数据频率

	分类	频率	百分比/%
个案数	有效频率	657	99.69
	缺失频率	2	0.31
总计		659	100.00

频率表可以将数据的分布模式可视化出来，可以更好地理解数据的情况。通过绘制数据频率表，可以直观地展示不同类别或数值范围的频率或频数，从而可视化数据的分布形式。

通过绘制散点图的方式将异常值进行分离，对表1所得的数据进行初步解析以及统计，分析异常数据的频率。对于第一个考虑因素，通过表1可以看出缺失数据的比例十分小，仅有0.31%。一般地，在缺失数据大于5%时直接剔除该部分数据会使最终结果造成严重偏差，导致丢失大量有价值的信息。对于本次数据的频率分析，剔除0.31%的缺失值。对于第二个考虑因素，通过对整体数据的分析，此缺失数据的模式为随机模式，即数据的缺失与其他变量无关，因此选择剔除此数据对分析结果没有明显的影响。对于第三个考虑因素，通过与整体数据的对比分析，此数据的重要性较为一般，剔除此数据并不会导致最后分析结果失真。

综上所述，本次分析将异常数据集直接剔除，以保证在本次社会实践过程中所收集到的数据具有科学性、准确性。

2. 数据可视化以及初步分析

为了更加直观地反映数据的基本情况，将本次社会实践调研所收集到的基础数据进行可视化操作。

根据表2的分析结果可以看出人口学变量的数值特征，这些数值特征提供了人口群体的统计信息，反映了本次被调查对象的分布情况，对接下来社会实践的研究提供了重要的参考和依据。其中均值代表了集中趋势；而标准差代表了波动情况，是用来衡量一组数据的离散程度或数据的分散程度的统计量，它衡量的是数据偏离均值的平均距离，即数据点与均值之间的差距。

表2　人口学变量频率分析

变量	选项	频率	百分比/%	均值	标准差
性别	男	341	51.90	1.15	0.51
	女	316	48.10		
民族	汉族	639	97.26	1.98	0.31
	少数民族	18	2.74		
政治面貌	中共党员	37	5.63	2.13	0.63
	共青团员	268	40.79		
	群众	352	53.58		

根据对表2各个变量的频率分析结果可看出，分布基本满足抽样调查的要求。其中，性别调查结果，男性比例为51.90%，女性比例为48.10%，可以看出，本次调查结果男女较为平衡。本次调查中，参与者的民族以汉族为主，占比高达97.26%，而少数民族的比例仅为2.74%；调查对象主体为学生，中共党员占比5.63%，共青团员占比40.79%，群众占比53.58%。由于时代背景和社会环境的差异，传统的教育模式难以满足当代青年学习延安精神的需求。因此，本次社会实践通过调研大众群体，探索和思考新的教育模式，以激发青年学习延安精神的热情并实现有效的教育效果。

均值表示数据集中变量的平均水平。它是所有数据点的总和除以数据点的数量的结果，是衡量数据集中趋势的一个重要指标。

标准差表示数据集中变量的离散或分散程度。它衡量数据点相对于平均值的平均离散程度。标准差是通过计算每个数据点与平均值的差异并对差异值的平方求平均得到的。表2政治面貌的标准差为0.63，说明不同政治面貌之间的差异较小，数据分布相对集中。

均值和标准差之间的关系可以提供有关数据集的分布特征的信息。从均值和标准差的数值大小，可以推断数据集中存在的差异和离散性。

将本次社会实践调研获得的答案数据进行可视化操作，问卷答案频率分布如表 3 所示。

表 3 问卷答案频率分布

变量	选项	频率	百分比/%	均值	偏度
您认为学校是否应该增加实践教育体验式学习的课程？	非常同意	582	88.58	2.83	1.852
	比较同意	46	7.01		
	一般	29	4.41		
	比较不同意	0	0.00		
您是否认为实践教育和体验式学习有助于学生对延安精神的理解和传承？	非常同意	597	90.87	2.91	1.741
	比较同意	48	7.31		
	一般	12	1.82		
	比较不同意	0	0.00		
您认为应该如何加强实践教育和体验式学习？	增加实地考察和参观活动	462	25.19	2.07	1.112
	组织学生社会实践项目	528	28.79		
	设计情景模拟和角色扮演任务	215	11.72		
	鼓励学生参加志愿者活动	629	34.30		
您认为学校教育手段和资源是否能够满足不同学生的学习需求？	非常同意	356	54.19	2.55	−1.547
	比较同意	108	16.44		
	一般	180	27.40		
	比较不同意	13	1.97		
您认为以下哪些措施可以增加教育手段资源的多样性？	引入信息技术和在线学习平台	354	16.05	2.04	0.428
	提供丰富的图书馆资源和数字化学习资料	451	20.45		
	开设艺术、音乐、体育等多样化的选修课程	465	21.09		
	组织专题讲座和学术研讨会	351	15.92		
	与社会机构合作，提供实践实习机会	584	26.49		

续表

变量	选项	频率	百分比/%	均值	偏度
您认为学校应如何更有效地利用教育资源？	提供更多的教育设备和技术支持	637	29.91	1.99	0.152
	加强师资培训，提升教师的教学能力	268	12.58		
	提供更多经费支持，用于资源的更新和补充	592	27.79		
	加强与社会资源合作，共享教育资源	633	29.72		
您认为学校是否应该探索学习延安精神的内涵和价值观并融合传统与教育的方法？	非常同意	608	92.54	1.71	1.927
	比较同意	47	7.15		
	一般	2	0.31		
	比较不同意	0	0.00		
您认为以下哪些教学方法或活动可以促进探索延安精神的内涵和价值观并融合传统与教育的方法？	开展讨论和辩论课活动	487	45.56	2.18	0.384
	提供相关性问题和研究项目	236	22.08		
	鼓励学生提出观点和假设，并进行实证研究	135	12.63		
	组织团队合作和项目实践	122	11.41		
	促进学生进行艺术创作和表演	89	7.32		
您认为学校应如何探索延安精神的内涵和价值观并融合传统与教育的方法？	增加探索延安精神的内涵和价值观的课程和活动时间	627	35.28	2.44	−0.512
	提供专门的教师培训和支持	553	31.12		
	鼓励教师采用多样化的教学方法和评估方式	131	7.37		
	设立奖励机制，鼓励学生积极参与批判思维和创新活动	269	15.14		
	与社会合作，提供实践机会资源支持	197	11.09		

续表

变量	选项	频率	百分比/%	均值	偏度
您认为学校的学习环境是否有助于学生了解和传承延安精神？	非常同意	562	85.54	2.15	0.995
	比较同意	57	8.68		
	一般	38	5.78		
	比较不同意	0	0.00		
您认为以下哪些因素可以帮助学校营造积极向上的学习教育环境？	建立积极的校园文化和价值观	488	33.84	2.07	-0.146
	提供学习目标和绩效评价的明确指导	259	17.96		
	加强师生之间的互动和合作	136	9.43		
	提供心理健康支持和辅导服务	482	33.43		
	组织丰富多样的学校活动和社团组织	77	5.34		
您认为学校应如何提升学生在学习延安精神时的积极体验？	提供具有挑战性和意义的学习任务	58	4.82	2.81	-0.591
	鼓励学生参与社会公益和志愿者活动	422	35.08		
	通过故事、讲座和文化活动介绍延安精神的真实故事和背景	571	47.46		
	建立师生互动的学习平台，提升学生在学习中的参与感和归属感	152	12.64		
您认为目前学校师生之间的交流情况如何？	非常好	284	43.23	2.38	0.738
	比较好	157	23.90		
	一般	110	16.74		
	比较不好	106	16.13		
您认为学校应如何促进师生之间在学习延安精神时的良好交流与互动？	创建包容和尊重的学习氛围	642	44.46	2.01	0.112
	提供有效的沟通渠道和平台，以便师生交流	588	40.72		

续表

变量	选项	频率	百分比/%	均值	偏度
您认为学校应如何促进师生之间在学习延安精神时的良好交流与互动?	鼓励师生进行合作学习和小组讨论	124	85.87		
	建立导师制度或师生导师关系	69	4.78		
	设置定期的师生互动活动或对话会	21	1.45		
您认为哪些措施能够改善师生之间的学习交流,从而更好地传递和理解延安精神的核心价值观?	提供师生之间的交流培训和指导	88	9.42	2.32	-0.152
	推行开放式和互动式教学方法	102	10.92		
	鼓励学生发表自己的观点和想法	199	21.31		
	鼓励师生参与共同研究和实践项目	214	22.91		
	组织师生之间的学习交流活动和讨论	331	35.44		

表3反映了本次被调查对象的基本情况。其中均值代表了集中趋势,而偏度是描述概率分布或数据分布对称性偏离程度的统计量,它用来衡量数据分布的不对称性,即分布在均值两侧的相对偏离程度。

根据表3可看出,分布基本满足抽样调查的要求。值得注意的是,43.23%的人认为自己在学校能与老师很好地进行交流,23.90%的人能够在学校与老师比较好地进行交流,但仍有16.74%和16.13%的人与老师交流不太融洽,这需要师生双方进行反思,学生方面需要学会接受与老师的沟通,老师方面也要加强对学生的关注,及时与学生进行有效交流。总体而言,调研结果中师生交流情况较为融洽,学生与老师交流情况较差的较少,但是我们在研究过程中也需要关注此方面的影响。

有较多人仍愿意通过其他措施来改善师生之间的交流,从而更好地提高自己。希望能够提供师生之间的交流培训和指导的人占比9.42%,希望推行开放式和互动式教学方法的人占比10.92%,有35.44%的人希望能够组织师生之间的学习交流活动和讨论,这部分人希望能与老师更多地进行交流,在互动中成长;有21.31%的人认为应该鼓励学生大胆发表自己的观点和想法,有22.91%的人鼓励师生之间参与共同研究和实践项目,这部分人是希望跟着老师进行实地考察和学习,并提出自己的见解,从而改善师生之间的关系,以获得更深层次的提高。

在表3中,偏度是用来衡量数据分布的偏斜程度的统计量。它反映了数据分布相对于平均值的不对称性。

正偏的分布表示数据向较大的值扩散,并且可能存在一些较大的极端值。这种情况下,平均值可能会高于中位数,而较大的值会拉长尾部。例如"学校应如何促进师生之间学习延安精神时的良好交流与互动"数据分布为正偏,偏度数值为0.112,说明只有少数人可以接受设置定期的师生互动活动或对话会,与调查结果一致,对于其他正偏的变量,均与调查结果保持一致。

负偏的分布表示数据集向较小的值扩散,并且可能存在一些较小的极端值。这种情况下,平均值可能会低于中位数,而较小的值则会拉长尾部。例如"学校应如何提升学生在学习延安精神时的积极体验"变量中左偏,说明总数据集向"提供具有挑战性和意义的学习任务"选项扩散,偏度数值为-0.591,数据向左延伸,说明仅有少部分人愿意接受提供具有挑战性和意义的学习任务,与调查结果一致。对于其他负偏的变量,与调查结果均保持一致。

零偏的分布表示数据集左右尾部相似,并且数据分布相对均匀。这种情况下,平均值和中位数大致相等,没有明显的偏向。零偏的情况较为特殊,表3中未能体现出零偏现象。

通过分析数据,我们可以更好地了解数据的分布特征,清楚调查对象对学习延安精神的基本情况,并根据偏度的不同进行相应的数据解释和决策,以更好地探索和思考新的教育模式,以激发青年学习延安精神的热情并实现有效的教育效果。

3. 信度检验

信度检验是统计学中的一个重要概念,用于评估研究中测量工具或测试的可靠性和一致性。它主要用于确定测量结果的稳定性和一致性程度,以确保在不同情境下使用相同工具或测试所得到的结果是可信的。

而信度检验的意义在于确保研究结果的可靠性,提供测量工具或测试结果的一致性信息,帮助消除随机误差,并提供关于结果稳定性的信息。这样可以增强对调查结果和测试数据的信任,从而使调查结果更加可靠和有效。

一般在使用克隆巴赫系数时需要满足以下3个条件:

(1) 测试衡量的是单一因素；

(2) 测试内容项在统计相似性上是等系数测度项；

(3) 数据的误差得分是不相关的。

对比所需验证的数据，均满足以上条件。青少年学习延安精神问卷信度分析如表4所示。

表4 青少年学习延安精神问卷信度分析

变量	删除项目后的标度平均值	删除项目后的标度方差	校正后项目与总分相关性	平方多重相关	项目删除后的克隆巴赫系数	标准化后的克隆巴赫系数
是否应该增加实践教育体验式学习的课程？	21.737	14.832	0.488	0.26	0.727	0.758
是否认为实践和体验式学习有助于学生对延安精神的理解和传承？	21.688	15.431	0.491	0.276	0.726	
如何加强实践教育和体验式学习？	21.663	15.42	0.487	0.255	0.727	
学校教育手段和资源是否能够满足不同学生的学习需求？	21.59	15.439	0.479	0.25	0.728	
哪些措施可以增加教育手段资源的多样性？	21.541	16.21	0.383	0.158	0.748	
如何更有效地利用教育资源？	21.702	15.328	0.487	0.245	0.726	
是否应该探索延安精神的内涵和价值观并融合传统与教育的方法？	21.541	15.171	0.514	0.267	0.721	
如何探索延安精神的内涵和价值观并融合传统与教育的方法？	21.773	15.261	0.455	0.156	0.767	
以下哪些教学方法或活动可以促进探索延安精神的内涵和价值观并融合传统与教育的方法？	21.591	15.759	0.529	0.279	0.735	

续表

变量	删除项目后的标度平均值	删除项目后的标度方差	校正后项目与总分相关性	平方多重相关	项目删除后的克隆巴赫系数	标准化后的克隆巴赫系数
学习环境是否有助于学生了解和传承延安精神？	21.549	15.473	0.342	0.242	0.774	
哪些因素帮学校营造向上的学习教育环境？	21.645	15.895	0.508	0.273	0.789	
如何提升学生在学习延安精神时的积极体验？	21.913	15.307	0.398	0.256	0.708	
目前学校师生之间的交流情况如何？	21.808	15.874	0.516	0.216	0.798	
如何促进师生之间在学习延安精神时的良好交流与互动？	21.614	15.691	0.388	0.260	0.760	
哪些措施能够改善师生之间的学习交流，从而更好地传递和理解延安精神的核心价值观？	21.347	15.108	0.392	0.179	0.719	

根据表4的信度分析结果可以看出，青少年学习延安精神问卷总体标准化信度为0.758。

对比所验证的数据，一般认为在[0.7，0.98]时均属于高可信度，低于0.35则为低可信度。从表4中数据可得出标准化后的克隆巴赫系数达到了0.758，在区间[0.7，0.98]内，故属于高可信度，意味着测量项之间的一致性较高，结果较为可信。综上，说明本次调查问卷的结果可靠性较高，相对信度较好。

4. 效度分析

效度分析是一种用于评估测量工具有效性和准确性的统计方法。它可以帮助确定测量工具是否能够准确地衡量所要测量的概念或变量，以及测量结果的可靠程度，并且可以帮助发现测量工具中的潜在问题和缺陷。如果问卷具有良好的效度，那么我们可以更有信心地依据测量结果做出决策或推断。

根据表5中探索性因子分析的结果可以看出，KMO检验的系数结果为0.903，KMO检验的系数取值范围在（0，1）之间，越接近1说明该问卷的效度越好。

表 5 KMO 和巴特利特检验

KMO 取样适切性量数		0.903
巴特利特球形度检验	上次读取的卡方	2318.175
	自由度	528
	显著性	0.000

根据球形检验的显著性也可以看出，本次检验的显著性无限接近于 0。因此足以说明问卷具有良好的效度。通过表 5 效度分析的结果，该问卷具有较高的内部一致性，建构效度表明能够捕捉到我们所关注的维度，而准则效度能够将该问卷与已有的标准或者其他相关测量工具进行比较，以评估其有效性，并基于这些数据进行进一步的研究和分析，为本次研究的可信度和有效性提供了坚实的基础，增强了本次社会实践研究结论的可靠性。

5. 差异性分析

独立样本 T 检验是比较两个独立样本的均值是否存在显著差异。独立样本 T 检验帮助我们比较不同处理或干预方法的效果，比较不同群体或组别之间的差异，支持决策或推断，并提供研究结果的可靠性评估。它是一种常用的统计方法，对于许多研究问题都具有重要意义。各个维度在性别上的差异分析如表 6 所示，在民族上的差异分析如表 7 所示。

表 6 各个维度在性别上的差异分析

变量	性别	数量	均值	标准差	T 值	P 值
强化实践教育和体验式学习	男	341	24.159	4.2387	-2.715	0.061
	女	316	24.163	4.5912		
多元化教育手段以及相关资源利用	男	341	27.121	4.5956	-2.973	0.073
	女	316	27.125	5.5791		
探索延安精神的内涵和价值观并融合传统与教育的方法	男	341	16.990	3.1577	-3.127	0.052
	女	316	16.995	3.7148		
思考如何建立积极向上的延安精神的学习教育环境	男	341	26.883	4.7462	-3.001	0.055
	女	316	26.882	5.7943		

续表

变量	性别	数量	均值	标准差	T 值	P 值
思考如何在学习延安精神时加强师生之间的交流	男	341	15.795	4.229 5	-1.572	0.129
	女	316	15.791	4.471 9		

表 7　各个维度在民族上的差异分析

变量	民族	数量	均值	标准差	T 值	P 值
强化实践教育和体验式学习	汉族	639	20.915	6.975 7	-2.397	0.078
	少数民族	18	20.910	6.585 2		
多元化教育手段以及相关资源利用	汉族	639	20.601	7.792 4	-2.961	0.053
	少数民族	18	20.596	6.536 1		
探索延安精神的内涵和价值观并融合传统与教育的方法	汉族	639	19.003	4.146 7	-3.615	0.062
	少数民族	18	18.995	3.789 8		
思考如何建立积极向上的延安精神的学习教育环境	汉族	639	23.890	6.742 2	-3.311	0.085
	少数民族	18	23.882	5.772 3		
思考如何在学习延安精神时加强师生之间的交流	汉族	639	15.798	5.296 5	-1.160	0.117
	少数民族	18	15.791	4.547 9		

T 值：独立样本 T 检验计算出的 T 值表示两个独立样本均值之间的差异与两个样本内部差异的比值。T 值的绝对值越大，表示两个样本均值之间的差异越显著。

P 值：P 值是用来评估统计结果是否具有显著性的指标。它表示在零假设成立的情况下（即两个样本均值相等），观察到当前差异或更极端差异的概率。通常，如果 P 值小于事先设定的显著性水平（通常为 0.05），则认为差异是显著的。

根据表 6 和表 7 可以看出，青少年在学习延安精神情况维度上不同性别和民族的差异情况。关于"强化实践教育和体验式学习"，性别上的差异显著性检验为 0.061，明显大于 0.05，在民族上的差异显著性检验为 0.078，明显大于 0.05，这说明不同性别、不同民族的青少年在延安精神的学习情况问题上存在差异。

6. 单因素方差分析

单因素方差分析是一种用于比较三个或更多个独立样本均值是否存在显著差异的统计方法。单因素方差分析在研究设计和数据分析中起着重要的作用，可以帮助我们比较多个组别之间的均值差异并验证假设，从而揭示不同因素对结果变量的影响以及组别间的统计显著性。各个维度在政治面貌上的差异分析结果如表8所示。

表8 各个维度在政治面貌上的差异分析结果

变量	政治面貌	数字	均值	标准差	F 值	P 值	多重比较
强化实践教育和体验式学习	中共党员	37	25.438	3.5285	0.917	0.473	/
	共青团员	268	25.226	4.5298			
	群众	352	25.517	4.5617			
多元化教育手段以及相关资源利用	中共党员	37	28.125	4.7258	3.051	0.531	/
	共青团员	268	29.114	4.8177			
	群众	352	28.354	5.4562			
探索延安精神的内涵和价值观并融合传统与教育的方法	中共党员	37	24.563	3.5363	4.398	0.604	/
	共青团员	268	17.752	3.5469			
	群众	352	18.154	3.1546			
思考如何建立向上的延安精神的学习教育环境	中共党员	37	28.151	4.9857	1.206	0.392	/
	共青团员	268	28.485	5.0541			
	群众	352	28.509	5.5182			
思考如何加强学习延安精神时师生之间的交流	中共党员	37	16.705	4.3582	1.075	0.373	/
	共青团员	268	16.083	4.1855			
	群众	352	17.002	3.9853			

通过比较 F 值与显著性水平，可以判断不同组别之间是否存在显著差异。根据表8可以看出，不同政治面貌的人在学习延安精神情况维度上的差异情况。关于"强化实践教育和体验式学习"，在政治面貌上的差异显著性检验为0.473，明显大于0.05，这说明不同政治面貌的人存在差异。

（二）相关性分析

相关性分析是一种用于研究两个或多个变量之间关系的统计方法。它能够帮助我们了解变量之间的相关性，并从中得出一些重要的结论。此外，相关性分析的意义在于帮助我们了解变量之间的关系，并发现隐藏的关系和趋势，以及评估变量的重要性。它是一种重要的统计方法，可以帮助我们深入理解数据并得出有意义的结论。各个维度的相关性分析如表9所示。

表9 各个维度的相关性分析

变量	相关性	强化实践教育和体验式学习	多元化教育手段以及相关资源利用	探索延安精神的内涵和价值观并融合传统与教育的方法	思考如何建立向上的延安精神的学习教育环境	思考如何在学习延安精神时加强师生之间的交流
强化实践教育和体验式学习	Pearson 相关性	1				
多元化教育以及相关资源利用	Pearson 相关性	0.531**	1			
探索延安精神内涵和价值观并融合传统教育方法	Pearson 相关性	0.589**	0.742**	1		
思考如何建立向上的延安精神的学习教育环境	Pearson 相关性	0.571**	0.731**	0.743**	1	
思考如何在学习延安精神时加强师生之间的交流	Pearson 相关性	0.575**	0.686**	0.709**	0.677**	1

**在置信度（双侧）为0.01时，相关性是显著的。

皮尔逊相关系数（Pearson Correlation Coefficient），衡量的是两个连续变量之间的线性关系，取值范围为 -1 到 1，其中 -1 表示完全负相关，1 表示完全正相关，0 表示无相关性。相关系数越接近于 -1 或 1，表示关系越强，越接近于 0 表示关系越弱。

根据表9的结果可以看出，各个变量在99%的显著性水平上均存在显著的相关性，并且相关系数都大于0，因此，这四个维度之间的相关性呈正相关。

（三）学习时间与学习结果关系模型

1. 卡罗尔模型

卡罗尔（Carrol，1963）认为，教育心理学家的首要任务是研究学生学习成效的原因，帮助学生克服学习中的困难，于是卡罗尔以学习时间为核心概念，提出了卡罗尔模型。

卡罗尔的学校学习模型为：

$$学习程度 = f\left(\frac{实用时间}{需用时间}\right) = f\left(\frac{允许学习时间；毅力；学习机会}{能力倾向；理解教学能力；教学质量}\right)$$

卡罗尔认为影响学生学习结果的个体内部因素（能力倾向、理解教学能力和毅力）和外部条件（学习机会和教学质量）最终均可还原为时间，以学习时间表示。

2. 布卢姆模型

根据卡罗尔的思想，布卢姆（Bloom，1976）进一步提出了掌握学习策略以最终缩减学习所需要的时间。

布卢姆将学生学习结果和学习时间的差异归于学生的认知特征、情感特征和教学质量等三个变量的不同，而布卢姆模型（见图3）中学习时间和学习结果之间双向互惠的思想更贴近于实际情况。

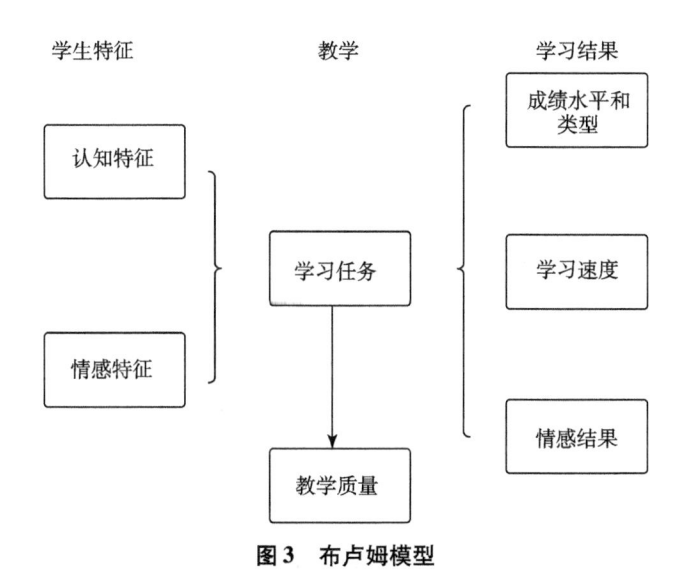

图 3　布卢姆模型

在本次社会实践调研中，我们引入两种学习模型以建立符合当代青年学习延安精神的教育模式。我们需要不断思考和实践，结合理念、方法和实践，为青年学习延安精神提供有效的教育支持和指导，探索和思考新的教育模式，以激发青年学习延安精神的热情并实现有效的教育效果。

3. VIKOR 方法

VIKOR（VlseKriterijumska Optimizacija Kompromisno Resenje）方法是一种多准则决策分析方法，用于处理具有多个评价指标和多个决策方案的问题。它的意义在于帮助决策者在面对复杂的决策情境时做出最佳决策。VIKOR 方法能够将多个评价指标综合起来，基于权重计算每个决策方案的评分。这样可以综合考虑各个指标的重要性，从而更全面地评估不同方案的优劣。此外，VIKOR 方法允许决策者同时考虑多个目标或指标。将多个评价指标纳入分析，并根据实际需求设置权重，可以更全面地了解各个方案相对于各个目标的性能。这对于需要平衡多个目标的决策问题尤其有用。VIKOR 方法可以按照得分对决策方案进行排序，从而提供一个明确的排名结果。这有助于决策者更直观地理解各个方案的好坏程度，并为进一步的决策提供依据。VIKOR 方法还可以为决策者提供更多的信息和洞察力，帮助他们更好地理解问题和方案之间的关系。通过综合评价和排序结果，可以发现不同方案的优点和局限性，从而更好地指导决策过程。

在 VIKOR 方法中，综合评价结果是通过计算每个决策方案的得分来实现的。得分越高表示方案的综合性能越好。

而本次分析中 VIKOR 方法的综合评价结果是基于以下步骤计算得出的：

Step1：

（1）对于每个评价指标，确定所有决策维度在该指标上的最大值和最小值。

（2）这些值用于确定正理想解（Positive Ideal Solution，PIS）和负理想解（Negative Ideal Solution，NIS）。

Step2：

（1）对于每个决策维度，计算其到 PIS 和 NIS 的欧氏距离。

（2）欧氏距离可以衡量每个方案相对于理想解的接近程度，距离越小表示性能越好。

Step3：

（1）对于每个决策维度，计算其到 PIS 和 NIS 的距离之比。

（2）这个比值表示方案相对于其他方案的优劣程度。

Step4：

（1）为每个评价指标确定权重。

（2）权重表示每个指标在综合评价中的相对重要性。

Step5：

（1）将正负理想解距离的综合度量与权重相乘，并对所有指标的结果求和，得到每个决策维度的综合得分。

（2）综合得分越高表示方案的综合性能越好。

最终的结果如表10所示。

表10　VIKOR方法综合评价结果

维度	综合距离	指标得分	优劣程度/%	排名
思考如何建立向上的延安精神的学习教育环境	0.525 8	0.396 4	25.00	4
被调查者强化实践教育和体验式学习	0.415 9	0.278 8	0.00	5
多元化教育手段以及相关资源利用	0.546 4	0.438 2	50.00	3
探索延安精神的内涵和价值观并融合传统与教育	0.696 1	0.591 7	100.00	1
思考如何在学习延安精神时加强师生之间的交流	0.653 3	0.517 5	75.00	2

最终的综合评价结果和排名反映了评价对象在多个指标下的综合表现和优劣程度。而排名则是按照综合评价结果从高到低进行排序。如表10所示，排名第一的维度为"探索延安精神的内涵和价值观并融合传统与教育"，在综合评价中表现最好；排名最后的为"被调查者强化实践教育和体验式学习"，在综合评价中表现最差。VIKOR方法提供了一个全面、客观的评判基准，有利于进一步提高后续结果的科学性、准确性。

五、结果分析

延安精神是中国共产党的宝贵精神财富，对于当代青年的学习和传承具有重要意义。本次社会实践调研在探讨如何建立符合当代青年学习延安精神的教育模式时，从教育内容、教育方式以及教育环境等方面提出具体的思考和建议，以促进当代青年对延安精神的深入理解和有效学习。

延安精神作为中国共产党人的精神谱系之一，对于培养青年的爱国情怀、社会责任感以及道德情操具有重要意义。然而，如何让当代青年有效学习和传承延安精神，是一个有待解决的问题。

结合分析结果以及实践团在调研中的思考，我们得出以下结论。

（一）深入挖掘延安精神的内涵和核心价值观

为了让当代青年更好地理解和学习延安精神，教育者应该通过文献研究、历史考察等方式，深入挖掘延安精神的价值。同时，也需要将延安精神与当代社会的发展需求相结合，使其更具现实意义和时代价值。

（二）让学生亲身体验延安精神的实践价值

教育者可以组织学生参与社区服务、志愿者活动等实践项目，让他们亲身体验。同时，也可以通过模拟演练、角色扮演等方式，让学生更深入地体会延安时期的艰苦奋斗精神和革命理想。

（三）利用多种形式的教育手段和资源

当代青年对于信息的获取和消化能力较强，因此，教育者可以利用多种形式的教育手段和资源，如网络教育平台、短视频、展览等，将延安精神的学习与当代科技相结合，提高学习的趣味性和互动性。

（四）注重教育实践意义

教育者应该融合传统与现代教育方式，通过讨论、辩论等方式，引导学生思考延安精神在当代社会中的实践意义，并提高他们对于社会问题的关注度和解决能力。

（五）提供良好的学习条件和资源

教育环境对于学生的学习影响重大。教育者应该营造积极向上的学习氛围，为学生提供良好的学习条件和资源，激发他们学习延安精神的热情和动力。

（六）注重关注学生的反馈

教育者和学生之间的良好互动和情感交流对于有效学习延安精神非常重要。教育者应该关注学生的成长需求，积极倾听他们的心声，建立师生之间的信任和互动，让学生感受到教育者的关怀和支持。

建立符合当代青年学习延安精神的教育模式是一个复杂而长期的任务。教育者应该从教育内容、教育方式以及教育环境等多个方面进行思考和探索，以促进当代青年对延安精神的深入理解和有效学习。只有通过持续不断的努力，才能更好地传承和弘扬延安精神，培养出更多有理想信念、有社会责任感的新一代青年。

参 考 文 献

[1] 人民网. 12 种革命精神，彰显中国共产党人的信仰底色 [EB/OL]. (2020 - 06 - 29) [2023 - 07 - 05]. https://m.thepaper.cn/baijiahao_8041825.

[2] 肖前，黄楠森，陈晏清. 马克思主义哲学原理（上册）[M]. 北京：中国人民大学出版社，1998.

[3] 约翰·R. 魏克斯. 人口学概论 [M] 11 版. 侯苗苗，译. 北京：中国社会科学出版社，2023.

[4] 高连如，张兵，张霞，等. 基于局部标准差的遥感图像噪声评估方法研究 [J]. 遥感学报，2007 (02)：201 - 208.

[5] 戴海琦，张锋. 心理与教育测量 [M]. 广州：暨南大学出版社，2018.

[6] 王学民. 偏度和峰度概念的认识误区 [J]. 统计与决策，2008 (12)：145 - 146.

[7] 尹希果. 计量经济学原理与操作 [M]. 重庆：重庆大学出版社，2009.

[8] PEARSON E S, KARL PEARSON. An appreciation of some aspects of his life and work [J] Biometrika, 1936, 28 (3/4)：194 - 207.

[9] 白益民. 学习时间与学习结果关系模型研究述评 [J]. 外国教育研究，1999 (06)：1 - 7.

[10] ZHANG N, ZHOU Y, LIU J, et al. VIKOR method for Pythagorean hesitant fuzzy multi - attribute decision - making based on regret theory [J]. Engineering Applications of Artificial Intelligence, 2023 (126)：106857.

美育兴乡，振兴动力

——珠海市斗门区八甲村社会实践项目

摘　要：习近平总书记指出："美育对塑造美好心灵具有重要作用。"党中央、国务院高度重视乡村学校美育工作，坚持以美育人、以文化人，提高学生审美和人文素养，建立美育基础薄弱学校帮扶机制。"童心携艺，与你相愈"艺术公益乡村实践团以乡村振兴为背景，将非遗融入项目式夏令营和艺术疗愈，培育八甲村儿童与青少年对美的创造力，鼓励个人成长、增进自我理解和帮助情感修复，同时增强文化自信和使命担当。高校将资源与项目相结合，探索大学生参与美育的创造性转化和创新性发展，实现以智促育。

关键词：乡村美育；非物质文化遗产；艺术疗愈；儿童；青少年

一、前言

（一）研究问题

在北京理工大学珠海学院"童心携艺，与你相愈"暑期社会实践团（后简称为实践团）对广东省珠海市斗门区八甲村中小学进行一系列调研后，从美育政策、美育资源和客观环境三个方面进行分析，共归纳出以下五个问题。

（1）资源不足：相比城市地区，乡村地区的美育资源相对匮乏，包括美术教师数量不足、专业培训不足、艺术设施和材料不足等。这限制了乡村学校孩子们接触和参与美育活动的机会，影响了其艺术素养的培养。

（2）教师素质与培训问题：乡村学校的美术教师缺乏系统的美育专业知识和教学经验。此外，乡村教育资源相对有限，美育教师的培训机会也较为有限，导致教师们难以了解美育领域的最新发展和教学方法。

（3）学生家庭环境差异：乡村地区的学生普遍来自经济困难家庭，其中部分学生家庭无力参加艺术课外培训班或购买美术材料等。这限制了他们获得艺术培养和发展的机会，增加了乡村学生之间的教育差距。

（4）教育观念和环境：在一些乡村地区，教育观念仍然偏重于应试教育，重视学生的科学、数学等传统学科，对美育的重视程度相对较低。此外，乡村地区的学校可能缺乏良好的美育课程设计和环境，无法提供鼓励学生创造力和艺术表达的场所。

（5）地域差异和文化认同：乡村地区的美育应该紧密结合当地的地域特色和文化认同进行开展。然而，不同地区之间的差异和特色，乡村美育的内容和形式缺乏统一标准和指导，导致乡村美育的质量存在差异。

针对以上问题，实践团建议采取以下措施来改善乡村美育的状况。

（1）加大政府投入：政府应加大对乡村美育教育的投入力度，提供更多的经费用于改善美育教学条件，鼓励学校与家庭共同参与美育活动，制定相关政策和指导文件以规范和推动乡村美育的发展等。

（2）培养专业人才：引进优秀的美育教师，提供培训机会，提高乡村美育教师的专业素养和教学水平。

（3）引入先进技术：利用互联网和现代科技手段，将优秀的艺术资源引入乡村。加强艺术机构和社区的合作，为乡村居民提供更多的美育体验机会。

（4）弘扬传统文化：通过组织各类文化活动、展览等形式，加强对传统文化的保护和传承，增强乡村居民对传统文化的认同感和自豪感。

于是，实践团与八甲村党支部合作，开展了为期五天的美育课程公益实践活动，其内容包括："非物质文化遗产"系列课程、艺术疗愈类心理课程以及实践成果艺术展览。

（二）研究背景

在乡村振兴背景下，加强美育教育对于促进农村经济发展、提升农民素质具有重要意义。乡村振兴战略的核心是人才振兴，而艺术教育是培养学生创新能力和综合素质的重要手段之一。乡村美育的发展，可以培养乡村学生的美术素养、审美能力和创造力，为他们提供更多的发展机会，促进艺术才华的培养和创新精神的激发，为乡村振兴注入活力。再者，乡村地区拥有独特的乡土文化资源和传统艺术形式，通过乡村美育的发展，可以将这些地方特色融入教育内容和课程设计中，加强对乡村文化的传承和推广。这不仅有助于增强学生对本土文化的认同感和自豪感，也能够促进地方文化的发展，为乡村振兴提供文化支撑。除此之外，乡村美育还可以通过艺术作品、艺术活动和展览等形式，展示乡村的美丽风景、独特风情和人文魅力，提升乡村的形象和吸引力。艺术创作和艺术节目等活动可以吸引游客和艺术爱好者来乡村参观和交流，推动农村旅游的发展，促进乡村经济的繁荣。以发展的眼光看，乡村美育需要建立完善的教育体系和支持机制。这涉及美育师资培养、课程设置、教材研发、艺术设施建设等方面的工作。

实践团，以乡村振兴为宗旨，结合八甲村实际情况，提高对八甲村美育的关注和投入力度，更好地提高学生们的艺术素养和创造力，推动乡村美育的全面发展。

（三）研究目的

美育是审美教育、情操教育、心灵教育，也是丰富想象力和培养创新意识的教育，能提升审美素养、陶冶情操、温润心灵、激发创新创造活力。这一定义使美育依托审美教育形成了全面育人的氛围，有利于发挥立德树人、培根铸魂的重要作用。团队全面贯彻党的教育方针，利用非遗美育资源，开发出适合农村学校的美育课程，拓展农村美育的空间。教育促进乡村振兴是一项重要的国家政策规划和重大的民生工程，是解决贫困问题的有效方式。在党中央、国务院高度重视乡村学校美育工作，坚持以美育人、以文化人，提高学生审美和人文素养，建立美育基础薄弱学校帮扶机制的情况下，团队通过制作推文、视频等记录"童心携艺，与你相愈"活动的开展，在乡村振兴背景下将非遗融入项目式夏令营和艺术疗愈，探索大学生参与美育教育的创造性转化和创新性发展，积极响应美育政策，从而推动乡村振兴的进程。

美育就是培养儿童与青少年正确的审美价值观，提高他们的创造能力。利用非遗美育资源，如剪纸、草编、扎染等形式来培养儿童与青少年对美的创造力，让他们能够学习到古人的惜物哲学、文化以及古人对生活的理念，培养他们吃苦耐劳的精神，传承中华民族的工匠精神。通过艺术形式展示中华优秀传统文化和中国精神，可以向青年勾勒出一种"尽善尽美"的人格品质，使他们能够在情感交融中形成自己的价值塑造，同时增强文化自信和使命担当。

用艺术来疗愈孩子，鼓励个人成长、增进自我理解和帮助情感修复，能够帮助各个年龄段的人创造意义和获得洞察力，从压倒性的情绪或创伤中获得解脱，解决冲突和问题，丰富日常生活，并实现更高的幸福感。对于留守儿童来说，受限于自然经济条件,孩子们或许很小就与远行的父母分离,也很难接触到外面的世界,信息的匮乏、父母的缺席、关爱的缺失都让很多留守儿童难以形成完整、健康的人格。对于这些孩子来说,外部的正向干预十分重要。通过艺术创作过程,能够帮助孩子控制自己的情感和行为,从而影响孩子,使孩子的行为发生变化。通过艺术疗愈,能够激发儿童的艺术梦想,帮助他们发展自我动机、需要、情感、欲望和自我意识。

将高校资源与项目相结合,用学校所学帮助农村青少年儿童提升艺术修养和科学素养,帮助他们健康快乐地成长,实现以智促治。美育文化赋能,助力乡村振兴。团队针对不同年龄层、不同需求的儿童进行课程的定制,提升他们的审美素养。这不仅可以帮助八甲村的儿童获得美育知识,抚慰他们的内心,使他们获得实质性的帮助,还可以展现大学生的良好精神风貌,让大学生尽己所长,获得精神上的丰富。团队通过访谈八甲村接受美育教育的孩子和孩子家长,制作人物访谈录,利用海报、图文、视频等媒介,推广宣传新时代成就,引导群众关注乡村,使八甲村乡村美育得到社会更多支持和帮助。通过村校共建的形式助推乡村振兴,助力八甲村全面发展,充分利用资源,实现互利共赢。

(四)研究对象

采取定性和定量的研究方法,如问卷调查、访谈、观察和案例分析等,通过多角度、多层次的数据收集和分析,全面了解八甲村的乡村美育状况,为制定切实可行的乡村美育发展策略和措施提供科学依据。针对本次调研对象,实践团做出了如下分析:

(1)学生群体:研究的主要对象是八甲村的学生群体,包括中小学(及以下)学生。通过对学生进行调查、观察和访谈,可以了解他们对美育的认知、兴趣和需求,以及他们在艺术表达和创造上的能力和潜力。

(2)教师团队:八甲村的美术教师是研究的重要对象之一。他们是直接负责开展美育教育的人员,了解他们的教学方法、教学经验和专业素养,可以为乡村美育发展提供有效的借鉴和支持。

(3)家庭与社区:家庭和社区是学生艺术培养的重要环境,也是影响乡村美育的因素之一。研究对象可以包括学生的家庭成员、乡村社区的相关组织和活动,通过了解他们对美育的态度、支持程度和资源提供情况,可以为制定有针对性的乡村美育方案提供参考。

(4)教育管理者和政策制定者:八甲村的教育管理者和相关政策制定者也是研究的重要对象。了解他们对乡村美育的认知、政策导向和发展规划,可以为研究项目提供政策建议和推动力量,推动乡村美育有效落地和持续发展。

二、调查样本及调查方法

(一)确定样本量原则

样本量的确定是非常重要的,样本量的大小决定了研究结果是否具有可靠性和推广性。以下是实践团调查出的关于样本量原则的三个主要方面。

1. 确定样本有效性

实践团为确定样本的有效性,采用了简单随机抽样,通过派发纸质问卷、发送网络电子问卷、视频采访三种形式,最初确定计划总体样本量为470份。

2. 样本分配

根据实际情况的不同,线下的样本主要集中于珠海八甲村,线上的样本范围不限。

3. 样本基本情况

样本基本情况如表1所示。

表1 样本基本情况

抽样形式	计划样本数	实际样本数
视频采访	30	30
问卷调查	470	512
总计	500	542

(二)调查方法

以线下线上问卷和实地走访座谈相结合为主要调研方法,再通过文献分析法、问卷调查法和访谈法,来获取关于乡村美育的可靠和全面的数据,使本次调研真实科学,全面客观。

1. 文献分析法

(1)确定关键词:选择适当的关键词,如"乡村美育""乡村振兴"等,以便检索相关文献。

（2）检索文献：利用图书馆、学术数据库和互联网等资源，检索与乡村美育相关的文献，包括学术论文、研究报告和政府文件等。

（3）文献筛选和归纳：筛选出与研究主题相关且质量较高的文献，对其内容进行阅读和理解，并进行概括和分类整理。

（4）分析和总结：分析文献中涉及的乡村美育的定义、特征、评价指标等内容，并总结相关研究的结论和发现。

2. 问卷调查法

本次问卷调查的步骤如下：

（1）确定调查目标：明确研究的目标和问题，例如了解受访者对乡村美育的认知程度、对不同乡村特征的偏好等。

（2）设计问卷：编制包含适当问题的问卷，包括开放式问题和封闭式问题，以便获取全面和具体的数据。

（3）选择样本：确定调查对象的范围和数量，并采用随机抽样或分层抽样等方法选择代表性样本。

（4）数据收集：分发问卷并确保受访者正确理解问题，收集回收的问卷数据。

（5）数据分析：对收集到的数据进行统计分析和解读，包括频数统计、相关性分析等，以得出结论和推论。

3. 访谈法

访谈法通过与相关人员进行面对面的访谈交流，获取他们对美育的见解和意见。具体步骤如下：

（1）确定访谈对象：选择学生或者家长作为访谈对象。

（2）制定访谈提纲：根据研究目标和问题，制定访谈提纲，包括开放式问题和追问问题，以深入了解访谈对象的观点和经验。

（3）进行访谈：与访谈对象进行面对面的访谈，记录和整理访谈内容，注意保护个人隐私和信息安全。

（4）数据整理和分析：对访谈内容进行整理和归纳，提取关键信息并进行分析，以获取有关乡村美育的见解和意见。

（三）调查人群的基本数据分析

1. 身份分布

本次调查人群主要面向学生，其次是家长，还有教育工作者。调研表明，学生群体会更关注美育的发展。

2. 对美育的了解程度

美育的一般定义是审美教育，狭义的理解是艺术教育，音乐课和美术课仅是美育的形式。调研发现，有关美育的宣传力度不够，大家对美育的了解欠缺，社会各阶层支持美育发展以及重视学生全面成长的氛围还有所欠缺，仅仅停留在片面印象上。

3. 有关美育的重视度

个人/学校对美育的重视度如图1所示。

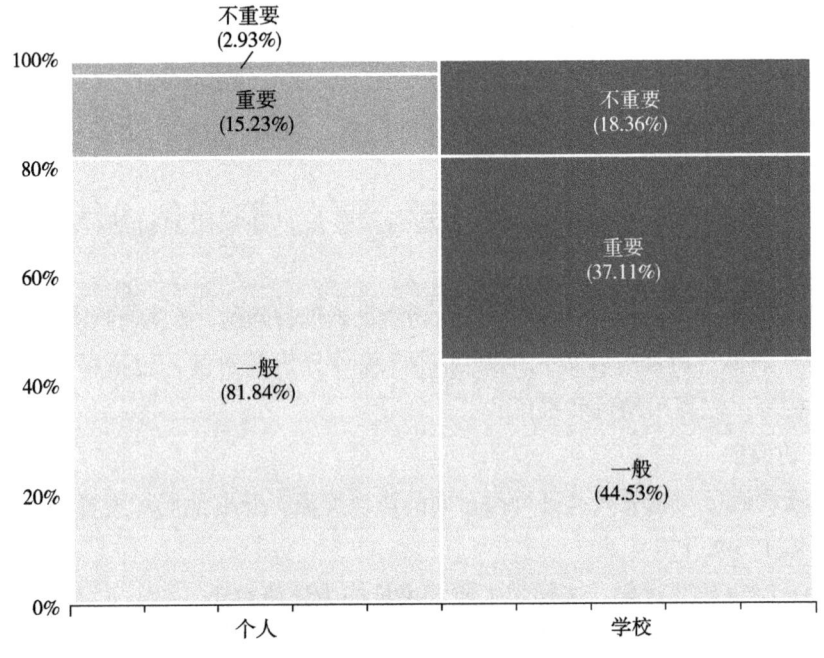

图1 个人/学校对美育的重视度

可以看到的是，大多数人对美育的重视度是一般，达到81.84%，其次是重要，最后是不重要。由于不同的因素阻碍，大家对美育的重视度还是欠缺的，学校对美育重视度一般的占多数。

4. 学校是否设置了美育校本课程

图2表明，大多数受调查者的学校设置了美育校本课程。

5. 学校美育教学设施投入状况

图3表明，超过50%的受调查者认为学校美育教学设施先进，投入不充足。由此可以得出，美育教学设施有投入，但是投入量不足。

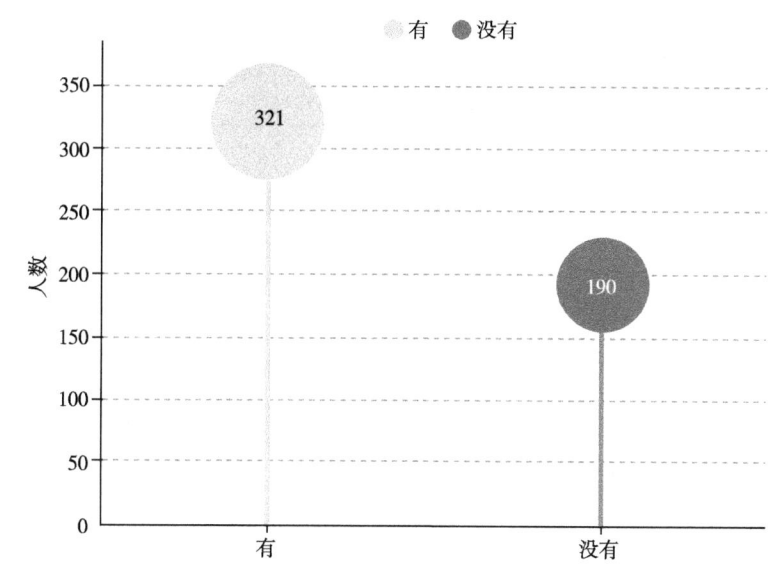

图 2　学校是否设置了美育校本课程

图 3　学校美育教学设施投入状况

6. 学校美育教学设施使用情况

学校美育教学设施使用情况如图 4 所示。

大多数受调查者认为学校美育教学设施偶尔使用，其次是经常使用，最后是

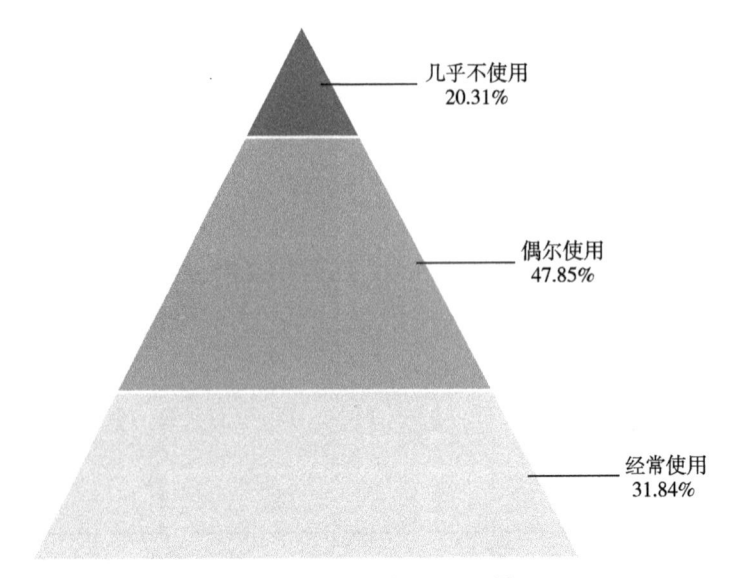

```
                    几乎不使用
                    20.31%


                    偶尔使用
                    47.85%


                    经常使用
                    31.84%
```

图 4　学校美育教学设施使用情况

几乎不使用。如果学校美育教学设施投入量大，使用频率变大，那么学生、教育工作者、家长对美育的重视程度会相对提高。

7. 学校美育课程是否被其他课程占用

图 5 表明，大多数受调查者认为学校美育偶尔被占用，其次是经常被占用，从来没有被占用为少数。学校的美育课程不受重视，导致最基本的美术课程被占用。从管理层面来看，学校教育还是以应试教育为核心和导向，美术课不考试，课时量安排得少，一定程度上影响学生的学习状态和效果。

8. 是否有必要在其他课程上渗透美育

图 6 表明，超过 50% 的受调查者认为很有必要在其他课程上渗透美育。由此可以看出，大家希望美育能够多宣传普及。

9. 美术课、音乐课的上课氛围情况

图 7 表明，大多数受调查者认为学校的美术课、音乐课的气氛不太活跃，偶尔互动；其次是活跃，经常互动；不活跃，不互动的占少数。大部分学校都比较重视语文、数学和英语等主要考试科目的教学，往往忽视了美育教育的重要性，未能够依据教学要求实施美育教育，在实际教学管理方面，也未能真正贯彻素质教育理念及要求。

偶尔
经常
从来没有

235
111
166

注：统计数为人数

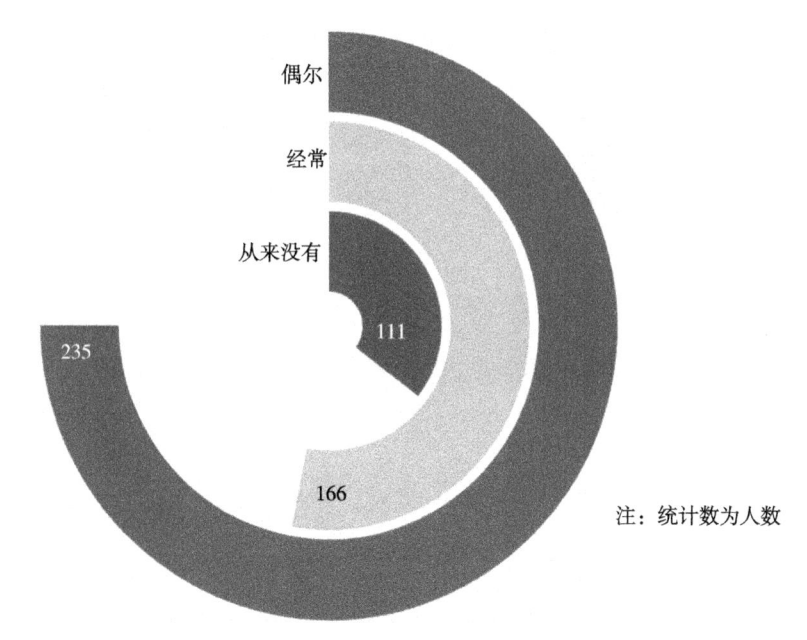

图 5　学校美育课程是否存在被其他课程占用的情况

353
133
26

很有必要　　一般　　无关紧要

注：统计数为人数

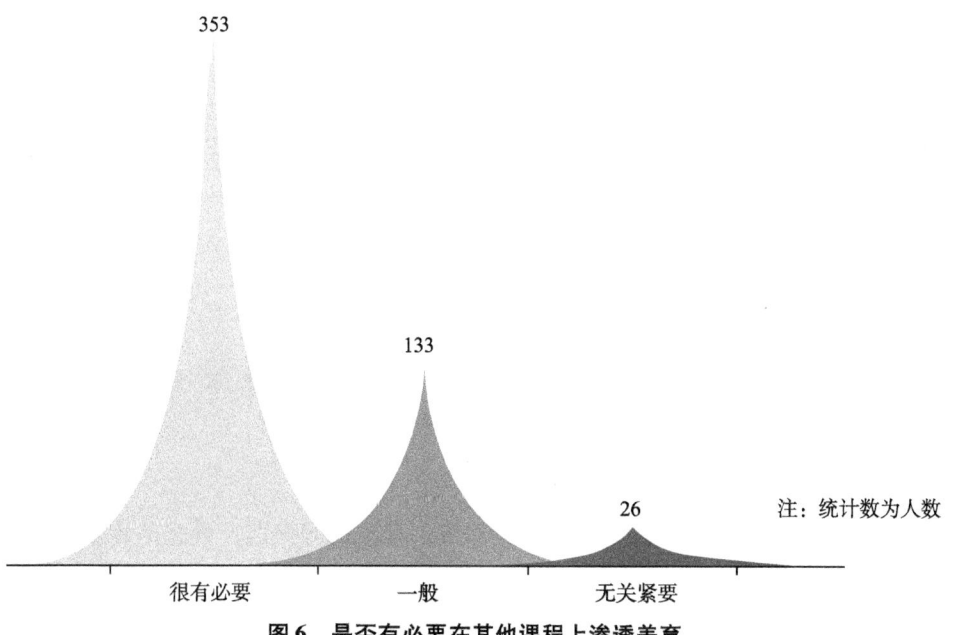

图 6　是否有必要在其他课程上渗透美育

10. 对学校举办的美育课外活动的满意度

图 8 表明，在学校举办的美育课外活动的满意度调查中，满意的占大多数，其次是一般，不满意的占少数。

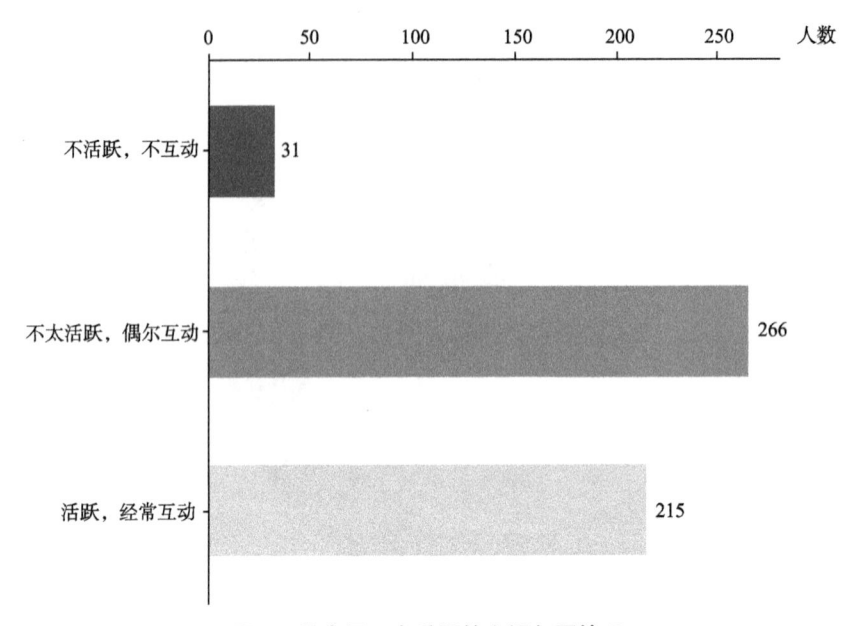

图7 美术课、音乐课的上课氛围情况

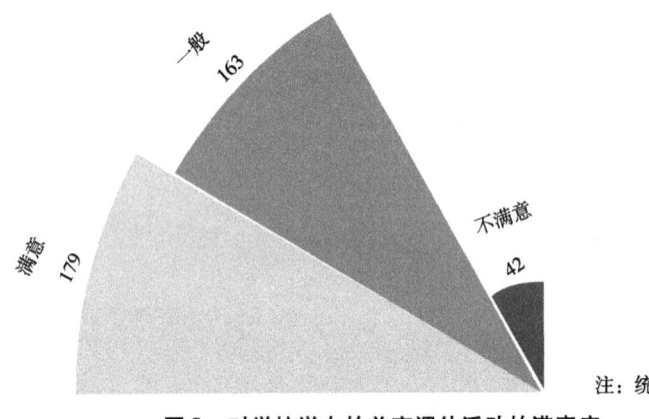

（条形图数据：不活跃，不互动 31；不太活跃，偶尔互动 266；活跃，经常互动 215）

图8 对学校举办的美育课外活动的满意度

（数据：一般 163；满意 179；不满意 42。注：统计数为人数）

11. 校外美育活动参加情况（多选）

图9表明，大多数受调查者参加美术展，其次是博物馆，再次是音乐会，然后是书法展，其他占少数。通过数据收集，其他选项有受调查者填了舞蹈、歌剧等活动。由此可以看出，大家对学校美育不满足的情况下，是有选择性地参加校外的美育活动。

12. 学校应设置哪些美育课程意向（多选）

图10表明，多数受调查者认为学校应该设置的美育课程是影视，其次是舞蹈，再次是戏剧，然后是主持，其他占少数。通过数据收集，其他选项有受调查

者填了音乐、诗歌、国画、书法、人生美育观、传统音乐、画画、播音等活动。由此可以看出，大家还是希望学校能够丰富美育课程种类。

美术展 435
书法展 276
音乐会 291
博物馆 348
其他 46

注：统计数为人数

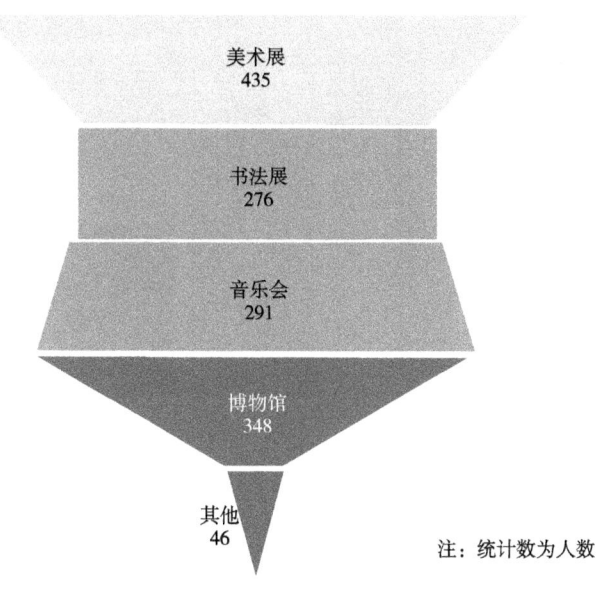

图9　校外美育活动参加情况（多选）

影视 389
戏剧 363
主持 307
其他 92

注：统计数为人数

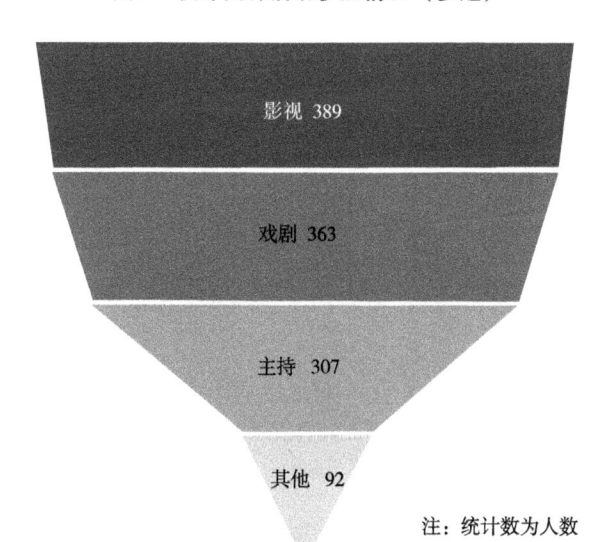

图10　学校应设置哪些美育课程意向（多选）

13. 影响受调查者对美育的态度的因素（多选）

图11表明，关于影响受调查者对美育的态度因素的调查中，学生的喜欢程度占大多数，其次是上级及学校的政策态度，再次是家长的支持与反对，然后是

是否与考试成绩挂钩，同事的想法与态度占少数。对于学生来讲，只有从中获得欢乐愉快的体验时，美术才能真正成为学生的需要，并被学生所接纳。

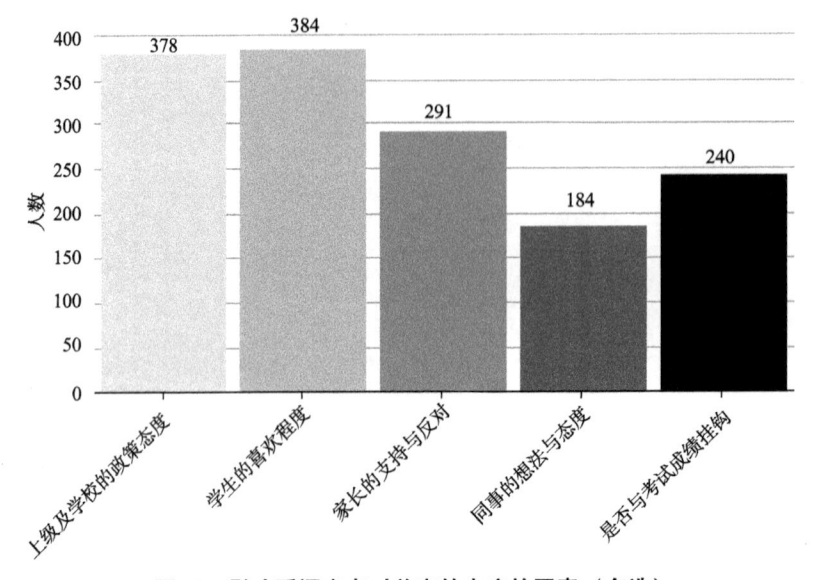

图 11　影响受调查者对美育的态度的因素（多选）

14. 美育在基础教育阶段的现状最接近哪些情况（多选）

图 12 表明，多数受调查者认为美育在基础教育阶段的现状是政策已经明确但难以实行，其次是应对上级检查，再次是非常重视并努力实践，仍然可有可无占少数。

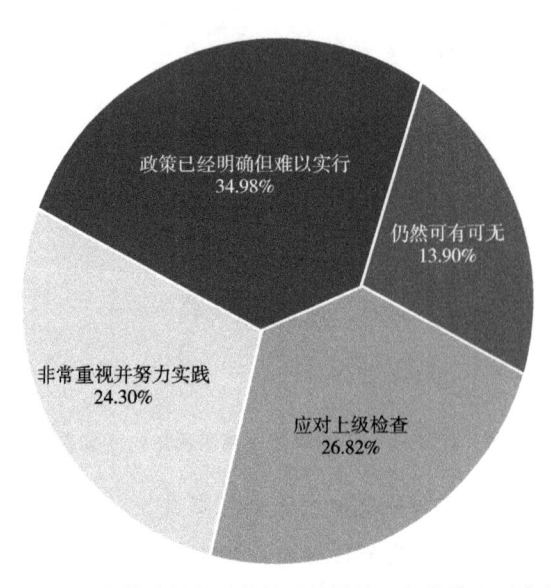

图 12　美育在基础教育阶段的现状最接近哪些情况（多选）

三、乡村振兴背景下美育现状分析调查情况分析

（一）八甲村目前的发展情况

八甲村位于斗门镇南端，全村面积约为 11.5 平方千米，拥有 12 个自然村，包括排山、黄沙坑、旧赤、新赤、田边、狮山、新村仔、田心、东兴、石门坑、牛办塘、汉坑，分 14 个村民小组（汉坑村分 3 个村民小组）。现有常住人口 8 209 人，其中，户籍人口 4 118 人，外来人口 4 091 人。

（二）八甲村美育现状

1. 社会对美育宣传力度不够

通过与八甲村家长访谈和对网络问卷进行分析，我们发现大众对于美育重要性认知不全，这在一定程度上影响美育的发展，无法真正响应国家教育改革，落实学生德智体美劳素质提升更是难上加难，社会对于美育的普及程度远远不够，因此社会各阶层支持美育发展以及重视学生全面成长的氛围就有所欠缺。

2. 八甲村教育资源利用率低，本土文化无法激活

八甲村空间充裕，但对于本土教育资源利用率较低，无法真正激发本村传统文化。通过对学生的采访，我们发现八甲村的绘画课程单一，没有更好地因地制宜发扬八甲村本土特色文化，在一定程度上文化无法赋能于乡村振兴。

3. 学校对美育重视程度不够，教学观念较为陈旧，仍以应试为主

我们通过与村委的沟通了解到，八甲村没有为孩子们举办过艺术展，孩子们的画没有被展示过。八甲村小学与大部分学校一样都比较重视语文、数学和英语等主要考试科目的教学，而忽视了美育教育的重要性，未能依据教学要求实施美育教育。在实际教学管理方面，也未能真正贯彻素质教育理念及要求。从管理层面来看，学校美术教育还是以应试教育为核心和导向。有的孩子在接受访谈时说学校的美术课少，经常变成自习课。美术课不考试，课时量安排得少，一定程度上影响学生的学习状态和效果。从教学层面来看，八甲村学校部分老师教育观念较落后，没有真正地响应国家教育新观念，依旧受应试教育所影响，无法为学生提供有意义有价值的美育教育。

4. 学校美育资源匮乏

学校的美育课程并不完备，专门从事美育课程的师资不足。从八甲村小学开

设的美育相关课程及配备的师资来看，目前已开发的美育相关课程包括音乐、美术等。但是通过访谈，孩子们说学校没有专门的美育相关课程教师，美育课程基本上由文化课老师兼任。

5. 家庭对待美育态度较为淡漠

通过与八甲村的家长与村委交流，我们发现八甲村内大部分是二胎或三胎家庭。家庭内孩子较多，父母没办法时刻关注到每个孩子的教育，因此会出现孩子接受的美育教育程度各有不同，甚至每个孩子接受的美育教育都较少。家长们平时忙于生计无暇顾及孩子的学习，即便过问学习也大多关注孩子的主要考试科目。八甲村留守儿童在家庭中得到的关注就更少，大部分由老人抚养，老人对美育认知不全，无法提供美育上的帮助。家长对于孩子的审美教育、价值观和思想道德修养未能给予更多关注，在对待孩子美育的认识和态度上整体较为淡漠。

6. 家庭状况较差，物质以及精神层面都匮乏

部分八甲村家庭经济条件较差，观念陈旧，不愿意把钱花在与学习成绩无关的学科上。有的家庭无力承担孩子在美育中所需费用，更无法提供正确的美育价值观，在孩子的审美培养上无法成为引领者。

7. 学生早早给美育打上标签，对美育不够重视

只有学生从中获得欢乐愉快的体验时，美育才能真正成为学生的需要，并被学生所接纳。而由于学校的政策、父母的态度等，让孩子在初印象中给美育做了标记，部分学生对美术爱的萌芽，在学校家长的潜移默化下被扼杀，对美育成绩不重视。由于学校无法落实美育中的实践活动，学生对美育的认识浅薄，对美育无法产生更多的兴趣，更不理解美育的意义。

8. 学生精神世界贫瘠

在各种因素的影响下，留守儿童的物质与精神世界相对匮乏，性格大多内向，甚至会产生自卑心理，在成长的环境中缺少新鲜活力，大多早早就要学会为家庭分忧，大部分的时间与精力放在家庭与应试上，无暇提升自己的审美能力，在对于创造力与想象力的培养上就会有所缺失。

四、针对存在问题的对策商讨及建议

"童心携艺，与你相愈"艺术公益乡村实践团以乡村振兴为背景，将非遗融入项目式夏令营和艺术疗愈，培育八甲村儿童与青少年对美的创造力，鼓励个人成长、增进自我理解和帮助情感修复，同时增强文化自信和使命担当。高校将资源与项目相结合，探索大学生参与美育的创造性转化和创新性发展，实现以智促育。

（一）社会层面

加强人们对美育课程重要性的认识，是发展美育教育的基础。重视艺术教育课程，致力于提高艺术教育质量。坚持改革创新，协同推进。加强美育综合改革，统筹学校美育发展，促进德智体美有机融合。整合各类美育资源，促进学校与社会互动互联、齐抓共管、开放合作，形成全社会关心支持美育发展和学生全面成长的氛围。

（二）学校层面

加强学校美育资源建设，进行教学改革，把培育和践行社会主义核心价值观融入学校美育全过程，根植中华优秀传统文化深厚土壤，结合本地区乡土文化、非遗文化，完善美育教学内容，汲取人类文明优秀成果，引领学生树立正确的审美观念、陶冶高尚的道德情操、培育深厚的民族情感、激发想象力和创新意识、拥有开阔的眼光和宽广的胸怀，培养造就德智体美劳全面发展的社会主义建设者和接班人。

（三）八甲村层面

挖掘本土文化、红色文化，适当将乡土资源引入到美育教育中，通过充分利用乡村文化独特的地域优势和创意资源，开发打造特色美育教学课堂，可以使青少年以多种形式参与、体验家乡文化魅力，认识家乡，丰富课余生活，提高青少年的美育综合素养，传承与发扬该村传统文化、本土文化，助力乡村文化振兴。

为了我们的实践能够落到实地，经过八甲村相关工作人员的热情协助，我们了解到八甲村的醒狮文化，为此我们开设了"对话非遗，薪火相传"之醒狮课程，为八甲村青少年讲解醒狮文化，促进八甲乡村文化的传承与弘扬，增强乡村文化富民等多重功能，提升村民的满足感、幸福感和自豪感，并以其先导性、战略性的特点，为乡村振兴可持续发展提供精神教化和道德滋养。

（四）家长层面（加强父母思想引导，注重美育素养养成）

家长要提高对美育的重视程度，与孩子加强沟通，尽量多开展美育亲子互动,让家长也一同走近美育,感受美育对于子女未来发展的重要作用,陪伴孩子感受美好的事物,让他们欣赏美、感知美、体验美、感受美,从而激发孩子心中潜在的真善美,在潜移默化中不断健全人格。

(五) 高校层面

将高校资源与乡村振兴相结合,大学生用学校所学帮助农村青少年儿童提升艺术修养和科学素养,帮助他们健康快乐地成长,实现以智促育。同时通过村校共建的形式助推乡村振兴,助力乡村全面发展,充分利用资源,实现互利共赢。

(六) 青少年层面

通过艺术形式勾勒青少年"尽善尽美"的人格品质,使他们能够在情感交融中形成自己的价值塑造,在探索艺术美的过程中表达自己的内心感受,放松自我,丰富心灵,促进身心健康成长。

五、结语

我们支教的意义在于通过美育教育,帮助乡村地区的学生获得全面的发展。让学生更加关注自身及他人的情感和内心,提高他们的情感认知和表达能力,培养他们的自信心和自尊心。促进学生的全面发展。通过教授基本的绘画技巧、设计理念和艺术风格等知识,让学生在美术方面得到更好的发展,同时也可以培养他们的逻辑思维和创造力。培养他们的审美情趣和审美能力,让他们在未来的生活中更加有艺术性和美学意识。

我们通过美育教育,促进当地青少年全面发展,让他们在美育中得到更好的成长和发展。同时,我们通过支教活动赋能乡村振兴,为乡村地区学生带来优质的教育资源和支持,助力乡村振兴。这次实践活动也吸引了社会人士的关注,在活动刚刚结束时,他们整合优秀教育资源和人才来到乡村地区为当地学生提供更好的学习环境和机会;利用各种媒介发布我们在这里做的事,引导群众关注乡村,引发更多人关注乡村美育,使八甲村乡村美育得到更多的支持和帮助,使团队后续有更多的机会大力推动美育惠民等公益性项目。促进了八甲村当地文化与城市的交流和融合。我们和乡村地区的学生交流、访谈,传授我们所学的知识,使他们了解城市的文化和价值观。

我们支教赋能乡村振兴的意义在于通过支教活动，为乡村地区学生提供优质的教育资源和支持，助力乡村振兴。

随着活动的深入，我们对美育的现状及对策的研究也越来越深入。当前的美育教育投入不足，美育教育需要大量的教师、教材和设施，但很多乡村地区对美育教育投入不足，导致美育教育水平低下。

政府应加大对美育教育的投入力度，为乡村地区提供充足的师资和设施。

当前美育教育内容仍旧单一。美育教育应该涵盖艺术、文学、历史、哲学等多个领域，但根据访谈、交流、问卷调查等，我们发现很多乡村地区的美育教育内容单一，缺乏多样性。

美育教师应提高综合素养，根据学生的需求和特点，提供更丰富的美育教育内容。

当前美育教育方法单一。美育教育应该采用多种教学方法，如绘画、音乐、戏剧、舞蹈等，但很多乡村地区的美育教育教学方法单一，导致对学生的审美情趣和创造能力培养不足。

美育教师应根据学生的特点和需求，采用多种教学方法，提高学生的审美能力和创造能力。

在以美育人，以文化人育人的新时代，乡村儿童美育的发展是时代的趋势与必然要求。

参考文献

[1] 李孟卿，李鑫. 城步县平林中心学校学生美育现状调查分析［J］. 现代交际，2019（21）：140-141.

[2] 王丽，赖志明. 关于陶店乡茶园村小学生美育现状的调研报告［J］. 科学咨询（科技·管理），2022（09）：225-227.

[3] 景迎春. 西部乡村中小学美术教育现状及对策研究［J］. 教书育人，2021（10）：60-61.

[4] 刘洋. 新时代背景下高校美育服务乡村路径与实施——以"乡育美好"公益项目为例［J］. 现代职业教育，2023（02）：113-116.

新媒体助西洋菜推广，调研行促产业宣传进阶

——清远市阳山县社会实践项目

摘　要：2023 年，我们迈向全面贯彻党的二十大精神的新起点。在中国伟大事业的征程中，乡村振兴是不可或缺的重要组成部分。它不仅代表着对农村经济可持续发展的承诺，更象征着对广大农民群众生活水平提升的坚定决心。乡村振兴的推进不仅仅是对农村环境的改善，更是向城乡发展协调一体化的迈进，为全面建设社会主义现代化国家铺平了坚实的道路。"计"遇"洋"山乡村振兴实践团以阳山县为研究重点，采用问卷调查法、文献研究法、实践观察法和人物访谈法等多维度研究方法，深入分析了旱地西洋菜在阳山县乡村振兴中的实际作用。通过总结旱地西洋菜的成功经验，"计"遇"洋"山乡村振兴实践团将为其他面临相似挑战的乡镇提供振兴的宝贵模板，为共同富裕之路贡献智慧和力量。此外，"计"遇"洋"山乡村振兴实践团也积极探讨了"乡村新闻官"制度的实际效用，这一制度的实施不仅有助于传播农村的美丽故事，更能提高农产品的知名度和市场份额。通过深入研究阳山县的实践案例，为这一制度的有效性提供了坚实的理论和实践依据。"计"遇"洋"山乡村振兴实践团深入研究了网络新媒体在"一村一品"农产品销售机制创新中的潜力。互联网＋数字媒体技术作为核心框架，为农产品的宣传推广和销售范围的拓展提供了强大的引擎。这将为乡村农产品的未来发展注入新的活力和动力。

关键词：乡村振兴；一村一品；乡村新闻官；互联网＋

一、前言

（一）研究背景

民族要复兴，乡村必振兴。习近平总书记在党的二十大报告中指出，全面建

设社会主义现代化国家,最艰巨最繁重的任务仍然在农村。重农固本是安民之基。清远市阳山县,在实施乡村振兴战略的伟大实践中,正全面释放发展动能,不断坚持"全面推进乡村振兴,绘就宜居宜业美丽乡村:产业全面提质增效,推动农业现代化发展"的道路。近年来,阳山县抢抓农村产业高质量发展机遇,以组织带动重点抓,走好"党组织＋公司＋农户"合作路子,紧盯"规模化、规范化、组织化、品牌化"发展目标,大力推动西洋菜产业发展壮大,助推乡村振兴发展。自乡村振兴战略实施以来,阳山县始终坚持创新赋能乡村产业发展,以新业态勾画乡村振兴新图景,经济水平进一步提高,人们生活水平有所提高。同时,其大力发展特色农业,西洋菜产业供给侧结构性改革成效明显,严格按照"一村一品、一镇一业"的工作部署,在科技时代充分利用新媒体技术大力推进以阳山县西洋菜为主导的现代社会特色农业赋能乡村振兴。

(二) 研究意义

1. 探究农商结合新模式

据了解,阳山县在清远市曾是相对贫困的县。目前阳山县农产品产业结构单一,多采用批发、零售等传统销售渠道进行售卖,特色农产品网络营销正处在起步探索阶段,当地的西洋菜产业一直处于停滞不前的发展状态。我们将通过探究当地特色农业产业,立足乡村产业实际情况,结合"互联网＋"匹配大学生专业优势与乡村产业需求,在一定程度上推动特色农产品网络营销这一新业态的发展,开拓更宽阔的线上市场,探究适合当地西洋菜产业发展的新模式,帮助农民了解市场需求,发掘乡村资源,因地制宜发展乡村特色品牌,提高农产品附加值,从而促进乡村经济的发展。

2. 推广旱地西洋菜技术

目前,阳山县西洋菜种植方式分为水田种植和旱地种植,其中以旱地种植为主。相较于水田种植,旱地西洋菜对水分的需求较低,具有更强的抗旱能力,能够在干旱和半干旱地区生存和生长,减少因干旱引起的农业灾害和作物减产的风险。同时,旱地西洋菜的生长周期短,生长期间不需要大量施肥和农药,一定程度上有效地保护了土壤和生态环境。通过种植旱地西洋菜,农民可以利用荒地、旱地等资源进行经济作物种植,有效地增加农民的收入来源,改善农村经济发展状况。

3. 助力"乡村新闻官"制度

"乡村新闻官"是清远市于 2018 年推出的改革措施,主要负责首次农事播报,用本土语言讲本土故事,旨在推动乡村新闻治理,将城市和农村之间的信息进行传递和沟通,落实新闻惠民工程,宣传本地乡村文化和乡土特色,提升乡村形象,增强居民的文化自信心。城市先进的理念、经验和技术被带入农村,帮助农民了解和学习先进的农业生产、农村发展等方面的经验。阳山县江英村的"乡村新闻官"黄桥姐用真实、客观的报道,宣传和弘扬社会正能量,展现阳山的传统文化和特色产业,以及农民勤劳致富、创业奋斗的精神风貌,吸引更多的人关注农村地区,推动了乡村经济的发展,促进了农村旅游、农产品销售等产业的繁荣。

(三) 研究现状

近年来,阳山县西洋菜产业仍采用传统营销方式,区域间发展不平衡。江英村旱地西洋菜种植呈现"井喷式"发展,成为带动群众增收致富的富民产业和朝阳产业。鱼水村凭借先天优势,大面积栽培水田西洋菜,水生西洋菜成为当地的龙头产业,带动鱼水村经济迅速发展。伴随着网络科技不断发展,阳山县也紧跟时代脚步,有意尝试利用新媒体进行推广宣传和拓宽销售渠道。为了让西洋菜产业更加高质量地发展,各村村支书、人大代表不仅在土地流转、引进种植技术、培养务工人员方面发挥着自己的力量,更大力推动西洋菜销售,积极代言。阳山县西洋菜产业逐渐打开外地市场,也让更多人熟知。

(四) 研究内容

1. 实地调研

为了切实了解阳山县西洋菜产业现状和存在的问题,团队前期通过对国内有关农村新媒体技术发展、乡村振兴战略的理论与文献进行梳理分析,结合阳山县发展现状归纳总结出阳山县农业和新媒体技术存在的问题。从农产品销售、农产品服务、人才建设、政府支持以及电商企业发展情况等方面分析阳山县西洋菜产业的发展趋势以及调研方向和价值。团队围绕阳山县不同地区的西洋菜种植基地、农户合作社、生产车间、市场销售渠道等方面展开调研工作,进一步掌握了西洋菜产业对于新媒体技术的使用程度和普及度及其范围,在此基础上团队共同讨论适用于阳山县新媒体技术助力西洋菜产业的调研方向,具体分析西洋菜特色农产品在全面乡村振兴背景下的营销策略。经过对阳山县各村西洋菜种植情况的实地调研，结合市场行情，提出针对阳山县西洋菜产业发展的具体对策和建议。

2. 人物访谈

为了更深入地了解西洋菜产业对阳山县的影响和效益，在调研过程中，团队也侧重于与阳山县群众、西洋菜种植户和政府相关干部进行访谈。本次实地考察真切地了解了乡村振兴背景下村民们的感受和想法。在对江英村村委书记黄桥姐和江英镇副镇长赖新纪的访谈中，我们深入了解了阳山县西洋菜产业的总体概况和网络营销模式，分析了特色农产品在网络营销中的机遇与挑战。

3. 问卷调研

为了深入了解阳山县群众和农户对新媒体技术助力农产品营销的认识和看法，团队针对目前新媒体技术在农产品的推广和营销方面可能存在的问题，设计了针对不同群体的调研问卷。通过收集问卷反馈获取更多信息来了解问题所在，进而从问题入手研究新媒体技术在农产品营销上的新思路。

（五）研究亮点

1. 项目针对性

此次对于新媒体助力西洋菜产业调研的针对性主要体现在以下几个方面：

（1）受众群体：调研需要明确清远市阳山县西洋菜产业的目标受众群体，如消费者、种植户、营销商等，以便精准定位宣传推介的内容和方式。

（2）媒体渠道：调研需要了解目标受众常用的新媒体渠道，如微信公众号、微博、抖音等，以此来选择更合适的新媒体平台。

（3）项目内容：调研需要确定目前清远市阳山县西洋菜产业的关注点和需求，深入了解西洋菜产业相关内容，如西洋菜的种植技术、营养价值、市场前景等。

（4）宣传策略：调研需要了解其他类似产业的新媒体技术成功宣传案例，以便借鉴经验和思路，制定清远市阳山县西洋菜产业的宣传推介策略。

2. 项目实践性

此次实践中，主要通过实地调研、人物访谈、问卷调研进行实践，结合目前阳山县西洋菜产业发展现状及自身优势，提出可充分利用新媒体平台进行宣传推介，根据目标受众的特点和习惯选择合适的新媒体平台，制作有针对性的内容，应用数据分析工具和方法，对宣传推介的效果进行实时监测和分析，进一步解决西洋菜产业发展遇到的问题。

3. 项目覆盖面

此次调研项目覆盖地域大致为阳山县本地和周边地区，以及其他潜在的消费市场。在调研内容上，以新媒体技术助力特色农产品宣传推介为主，可根据"一村一品"选择不同的农产品，或是"一村多品"，如阳山县西洋菜产业。

4. 项目创新性

目前存在的研究中对广东粤南地区特色农产品营销较多，但对粤北地区（如清远市）的特色农产品网络营销研究甚少，几乎为零。此次调研结合清远市阳山县特色农产品发展实际，深入挖掘湛江农村经济发展的实质，细致分析阳山县西洋菜产业网络营销的现状及存在的问题，提出助推西洋菜农产品网络营销的主要措施，为助力清远市阳山县乡村振兴发展提供了新的思路。这与我国提出的乡村振兴战略和科学发展观相吻合，具有较强的时效性及政策性。

（六）研究方法

1. 问卷调研法

结合已有农业产业化、乡村振兴方面的理论与文献研究，以群众和当地村民为受众群体，设计两份具体的调研问卷，了解公众对于新媒体在西洋菜产业中的认知和看法，以及对于新媒体在助力西洋菜产业宣传推广过程中存在问题的关注程度。通过收集这些信息，可以更好地评估新媒体的作用和影响，以便制定更有效的政策和措施来推动西洋菜产业发展。

（1）问卷设计。

本次调查问卷主要围绕新媒体技术的普及度，根据实际情况及科学理论，调查研究团队开展讨论，制定详细的调查问卷，以更好地了解群众对网络新媒体的认知程度与受益程度。

（2）问卷分析。

通过对问卷结果反馈的分析，调研团队充分认识到网络新媒体对于我国乡村乃至经济社会发展的重要意义。同时，调研团队意识到目前发展新媒体乡村存在一些劣势，如专业化人才缺乏、有关人员对新媒体技术一窍不通、难以适应等。通过对调查结果的综合分析，调研团队总结出：未来新媒体行业以及新媒体乡村的发展必定潜力无限，必须站在长远和全局的角度做好长远规划。网络新媒体可以进一步推广和宣传农产品，增加营销途径，优化农业经济结构、完善农业服务体系、提高农民收入。

2. 文献研究法

在进行调研之前，团队通过网络、图书馆、地方志和地方政府相关部门等途径，阅读有关西洋菜产业研究方向、研究理论等方面的文献，了解国内以及阳山县西洋菜产业的现状，发掘产业的亮点，寻找产业中的问题，并结合文献进行对比分析，根据问题寻找原因。

3. 实践观察法

为了进一步了解阳山县西洋菜产业现状和存在的问题，团队到阳山县各乡村，包括鱼水村、黄坌村、江英村等地进行了实地调研和观察，参观了各地西洋菜种植基地和农户的耕作过程。通过实地调研、观察并结合对村民、当地政府干部的走访谈话，整理出相关数据资料，进行细致化的分析，全方面深入了解阳山县西洋菜产业发展的优势以及存在的问题。

4. 人物访谈法

采用访谈法，对阳山县各村的村民、西洋菜种植户、政府机关干部等展开深度访谈，从种植技术、生产管理、品种改良，经济价值，市场竞争、品牌建设、营销模式等多个维度进一步获取阳山县西洋菜产业发展的详细信息，同时为深入分析西洋菜产业发展存在的问题，提供更多必要的信息。

二、概念界定与理论基础

（一）概念界定

1. 西洋菜产业

西洋菜产业是指由西洋菜种植、生产、加工和销售等一系列过程形成的完整产业链。西洋菜是一种富含营养的水生蔬菜，富含蛋白质、维生素、矿物质等多种营养成分，受到许多消费者的喜爱。西洋菜产业的发展通常涉及选择适宜的水域或设施进行种植，合理施肥和管理，收获、储存和加工，以及市场销售等环节。随着消费者对健康饮食关注度的提高，西洋菜产业在一些地区得到了快速发展，如我国华南地区的广东省，因西洋菜产业兴盛而为农民提供了创收机会。

2. 农业产业化

农业产业化是指将农业生产转变为现代工业化生产的一种方式，通过引进现代化管理、生产技术和市场运作模式，实现农业的规模化、专业化和效益化。我国在20世纪90年代初才开始有了农业产业化的概念，随着我国经济的不断发展，对农业产业化的研究不断深入，如今农业产业化有了更全面的定义，即以市场为导向、以经济效益为中心、以主导产品为重点，优化生产要素，实行区域化布局、专业化生产、规模化建设、系列化加工、社会化服务、企业化管理为一体的现代化经营方式与产业组织形式。农业产业化强调农业从传统的小农经济向现代农业转型的过程，通过提高农业生产力、改善农业产业结构、提升产品质量和降低生产成本，来增加农民的收入和提高农业的竞争力。它实质上是指对传统农业进行技术改造，推动农业科技进步的过程。这种经营模式从整体上推进传统农业向现代农业的转变，是加速农业现代化的有效途径。

3. "一村一品"

"一村一品"是指在农村发展中，每个村庄选择一种特色产品或特色产业进行重点发展。这个概念源于中国的农村发展战略，旨在通过发展特色产业，提升农村经济发展水平，改善农民收入和村庄发展质量。

4. 乡村新闻官

广东省清远市在全国首创"乡村新闻官"，是清远市在推进乡村振兴战略中推出的一种战略措施，旨在通过加强乡村新闻宣传工作，提高农村形象宣传的效果和影响力。以农事播报为切入口，充分利用互联网技术，用本土语言传达上级政策、讲好本土故事，重点做好"三传一助"，即传思想、传文明、传政策、助致富，用新闻宣传推动乡村治理理论、实践、制度创新，打通城乡宣传"最后一公里"，实现"新闻惠民"和乡村善治。"乡村新闻官"由行政村推荐、乡镇党委审核，报备市委宣传部后最终聘任，聘期三年，有岗位但没有编制、工资。一般由群众认可、乡邻敬佩的镇村干部、新乡贤、道德模范担任，必备条件是政治素养好、乡村工作熟、表达能力强等。

（二）理论基础

1. 城乡二元经济结构理论

二元经济结构理论是发展经济学的奠基性理论之一，也是我国新型城镇化战略、乡村振兴战略的重要理论基础之一。

2. 区域经济理论

区域经济理论为优化城乡生产力布局、促进城乡平衡发展提供了理论基础。

基于土地资源不可移动、不可增加的特点，乡村振兴战略下的乡村发展规划需要跳出"三农"看"三农"，不仅要考虑农业自身的特性和需求，更要将农业和第二、第三产业以及城市和乡村、核心和边缘纳入一盘棋统筹考虑。

3. 经济增长理论

经济增长是区域发展的核心内容，经济增长理论也是经济学的核心理论之一，重在研究经济增长的一般规律和影响因素。

4. PEST–SWTO 分析方法

（1）PEST 分析。

PEST 矩阵如表 1 所示。

表 1　PEST 矩阵

PEST 矩阵

政治（P）	经济（E）	社会（S）	技术（T）
国家乡村振兴战略、广东省"百县千镇万村高质量发展工程"、助力乡镇脱贫致富、五大十亿产业发展	西洋菜出口产业创造经济价值、西洋菜的经济效益、药用价值、食用价值	粤港澳市场对西洋菜需求量大	水田西洋菜技术、旱地西洋菜技术、自动灌溉技术

（2）SWOT 分析。SWOT 矩阵如表 2 所示。SWOT 具体分析如表 3 所示。

表 2　SWOT 矩阵

分类	优势	劣势
机会	预制菜与深加工模式盛行	单一结构化生产转型困难
威胁	实体支柱产业	缺少商业宣传，销路单一

表 3　SWOT 具体分析

	优势（Strength）	劣势（Weakness）
内部能力 / 外部因素	1. 有利的市场环境，需求量大； 2. 海拔较高适合菜品生长； 3. 拥有现成的规模化生产线； 4. 具有众多的人力资源和土地资源	1. 高素质劳动力不足； 2. 人才外流，基础设施发展缓慢 3. 西洋菜预制菜发展滞后

续表

机会（Opportunity）	SO	WO
1. 随着平台直播带货火爆，西洋菜销售渠道增加； 2. 粤港澳大湾区市场需求稳定； 3. 乡村振兴战略大力帮扶，广东省"百县千镇万村高质量发展工程"	1. 改变传统销售渠道，依托乡村新闻官制度，有效推广宣传； 2. 发展绿色农业，引入成熟的农业生产技术； 3. 建设农产品直播带货平台、直播间	1. 建设农产品深加工产业链； 2. 带动当地基础设施更新换代，西洋菜产业结构多元化
风险（Threats）	ST	WT
1. 流量红利期后，西洋菜需求量可能减少； 2. 缺乏品牌化与推广； 3. 当地特色农业知名度较低	1. 乡村新闻官制度培养个人IP形象； 2. 通过与下游产业达成战略合作，提高西洋菜品牌知名度	与政府达成相应合作，改善基础设施建设，吸引人才回乡创业

三、阳山县西洋菜产业现状

（一）产业概况

1. 社会经济情况

西洋菜产业作为江英镇支柱产业，每年为江英镇创造超过八千万元产值，进一步加速江英镇城镇化发展进程，为推动乡村振兴、教育公平、医疗公平、基础设施建设等提供大力支持。清远市沃阳农业发展有限公司为当地提供数千个的就业岗位，大力提高阳山县产业发展与人均收入水平。

2. 调研数据情况说明

关于西洋菜的销售运营情况调研如图1所示。

（二）种植情况

1. 种植品种

阳山县鱼水村、黄垄村主要发展水田西洋菜；江英镇江英村、大桥村主要发展旱地西洋菜。

2. 种植条件

阳山县位于桂湘赣粤褶皱带与桂粤隆起交界地带，形成粤北隆起带，整体地

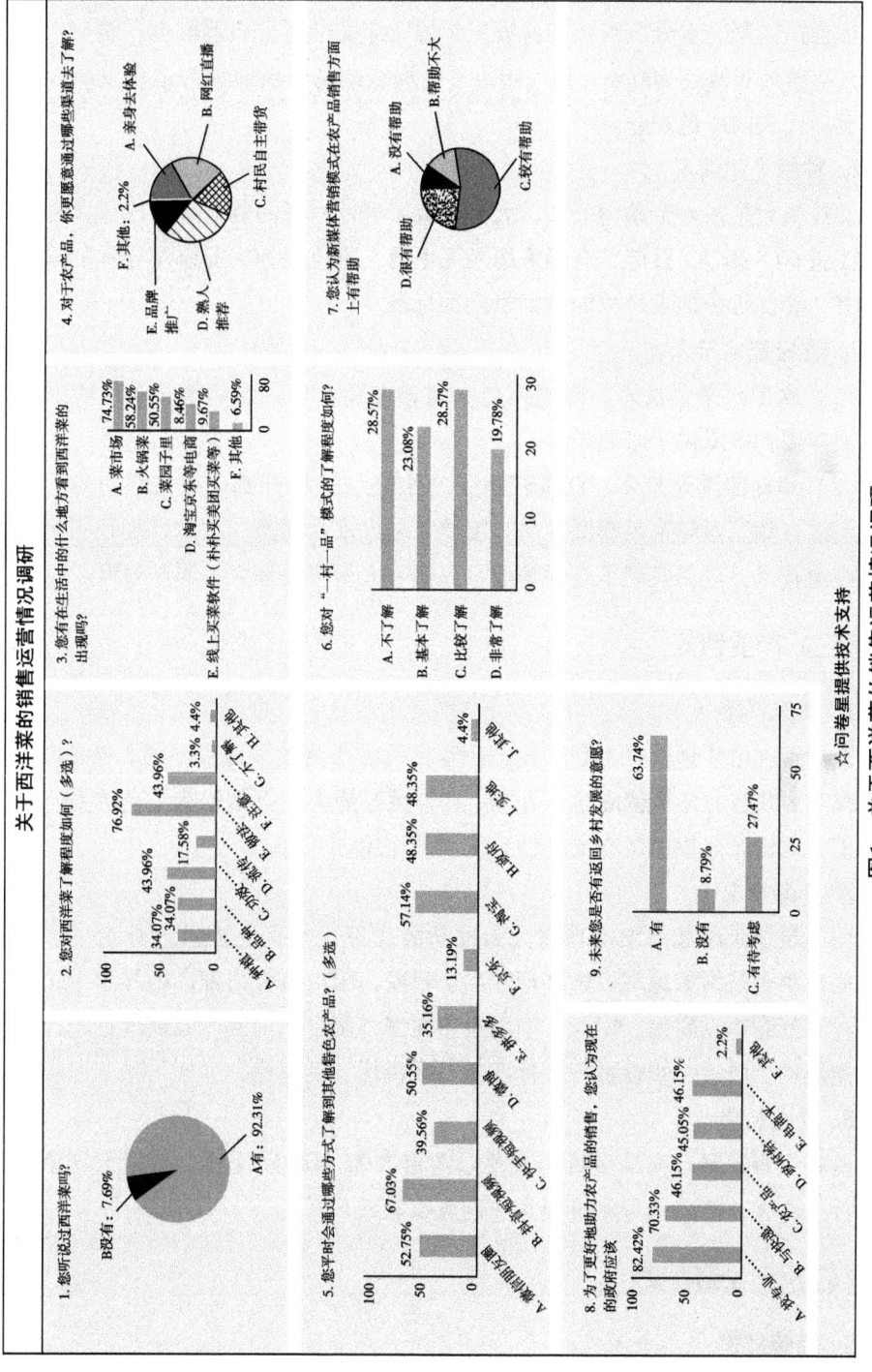

图1 关于西洋菜的销售运营情况调研

势海拔较高，适合西洋菜的生长需要。高海拔地区大气相对湿度高，土壤水分稳定，保证西洋菜的水分供给。在这里生长的西洋菜个高，口感清爽，脆口，味道甜。江英镇海拔高达 500 m，作为阳山县内海拔最高的乡镇最为适合发展以旱地西洋菜为代表的特色农业。

3. 种植个体情况

江英镇大量投入劳动力务工，大力改善了当地村民的就业率。西洋菜种植采摘用工量 60~80 人/百亩，全部采用人工手摘，避免因为机器操作导致的质量参差不齐，确保每一期菜品都能达到供港的标准。

4. 种植技术与人才

（1）水田西洋菜技术。阳城镇鱼水村背靠鱼水岩，山涧清泉持续流淌，为水田西洋菜种植提供了必要条件。

（2）旱地西洋菜技术。江英镇由于地势高且平坦开阔，在大片农田上少有流动河水，然而西洋菜属喜湿菜品，需要大量自来水灌溉。因此，当地引进了西洋菜喷灌技术，全面实现了自动喷灌，只需一人便可管理大片西洋菜地。

（三）产业绩效

1. 产值产量

西洋菜种植基地还在不断扩大。截至目前，江英镇旱地西洋菜 1 000 亩，水生西洋菜 800 亩，年产值高达 6 万元。西洋菜基地为江英镇创造了高达九千万元的产值，对山区乡镇经济有支柱性和驱动的作用。

2. 产品情况

阳山旱地西洋菜是阳山当前大力推动的"五大十亿"农业产业之一，同时阳山西洋菜也是国家地理标志登记产品。目前，阳山县大力推广西洋菜干，并加速西洋菜预制菜品研发。同时，阳山也正在谋划制定阳山西洋菜地理标志产品授权使用制度，以进一步促进产业标准化、规模化、品牌化。

3. 成本利润

这种全身翠绿、充满生机的蔬菜以年亩产 25 000 斤计算，按照全年市场均价每斤 2.4 元，每亩地每年可为农户创造收益近 6 万元。

（四）产业化程度

1. 经营模式

江英镇采用"经营主体＋企业＋农户"的模式合作经营，形成利益三方共享的合作机制。经营公司与各地市场以及类似"钱大妈""菜篮子"等新鲜食材供应超市达成深度合作,每天将西洋菜冷链运输集中分装到达全省乃至全国各地销售,形成稳定供销关系。

未来还将推行"农旅结合模式",将农业与旅游业结合,建设大量民宿,扩大人流量,带动当地经济发展。同时,逐步从农业板块向第二、第三产业融合发展,进一步延伸西洋菜产业链条。

2. 产业链情况

目前,江英镇、阳城镇产业链条已经十分完善,田间地头有冷库,有制冰机储备场所,以及独立的冷链配送系统,每日新鲜西洋菜品输送至珠三角市场。目前正在建设村舍民宿以接纳旅游团,致力于将农业的产业链条延伸到农旅制造业和服务业等新板块。

3. 龙头企业带动情况

根据调研结果,当地西洋菜农田均由清远市沃阳农业发展有限公司承包开发,它作为当地西洋菜产业的龙头企业,多年来一直深耕于西洋菜种植技术以及西洋菜深加工产业研究。其在江英镇内提供了大量的工作岗位,保证了当地的村民劳有所得;同时,带动人口就业,为当地乡镇基础设施建设提供了帮扶。

(五)市场建设与品牌建设

品牌的核心要义是创新,通过产品创新,彰显品牌差异性;通过服务创新,提高品牌价值。因此,加强品牌建设,有利于充分发挥创新引领经济发展的第一动力作用,以创新促进供给结构改善,增强供给结构对需求变化的适应性和灵活性,更好满足消费者日益增长的多元化需求。

1. 市场建设

组建阳山县西洋菜产业协会,通过预制菜品牌带动阳山特色农产品的销量,实现产业转型升级,拓宽农民增收致富新渠道。

(1)销售个体。

"菜篮子""钱大妈"等经营主体。

(2)销售模式。

采用"经营主体+企业+农户"的模式合作经营,农民种植采摘的西洋菜被当地企业以统一价格收购,然后经集中加工处理向经营主体出售。

(3) 市场分布。

阳山县西洋菜市场遍布广东省各大新鲜蔬菜销售点，西洋菜干制品以及新鲜西洋菜主要销往粤港澳大湾区各大核心供应点，尤其集中于香港地区。

2. 品牌建设

同时，阳山也正在谋划制定阳山西洋菜地理标志产品授权使用制度，进一步促进产业标准化、规模化、品牌化。积极引进和培育深加工企业，开发西洋菜预制菜，通过预制菜品牌带动阳山特色农产品的销量，实现产业转型升级，拓宽农民增收致富新渠道。目前，阳山已培育一家预制菜生产企业，以本地特色食材阳山鸡为基础开发预制菜品牌，西洋菜品类也正逐步向市场推广。

四、其他地区西洋菜产业宣传推介经验借鉴

下面以南昌市为例，介绍西洋菜的发展现状和宣传推介经验。

（一）发展现状

1. 国内发展现状

西洋菜原产于欧洲，我国、印度和东南亚很多地区均有栽培。西洋菜在我国华中、华东、华南和西南地区的四川、云南等地都有栽培，以广东、广西等华南地区栽培较多，北方地区栽培的多为大叶优质品种，且广泛利用旱地种植或无土栽培技术。

2. 南昌市西洋菜发展现状

从 2016 年开始至今，团队走访南昌市安义县、进贤县、南昌县、新建区、东湖区扬子洲等各蔬菜种植地，调查发现均无西洋菜种植情况，散户种植也无发现。从 2016 年年初至 2017 年年底，在西洋菜上市季节团队多次走访南昌市深圳农产品批发市场、南昌市北郊集贸市场、羊子巷集贸市场、扬子洲三联农贸市场、永辉超市、华润万家超市、旺中旺超市等多家集贸市场及超市，均无西洋菜售卖。仅市区内有几家粤菜店及火锅店有西洋菜销售，货源不详。

（二）南昌市西洋菜产业宣传推介

南昌市在引进栽培西洋菜时，可进行三方面的推广：第一，可直接作为冷凉时节的蔬菜供应，以满足市场需求，尤其是冬春季节。因为南昌人喜食火锅，西

洋菜鲜嫩，便于清理，是很好的火锅食材。第二，南昌市各大蔬菜基地因常年种植常规蔬菜导致连作障碍严重，而西洋菜可水旱轮作，能够有效缓解土壤板结等问题。第三，南昌市水产养殖种类丰富，养殖密度大，养殖水质破坏严重，而将西洋菜浮床栽培于养殖池塘，可有效改善水质，并提高水产品质量；同时，在南昌市进贤县黄鳝养殖基地，西洋菜可作为黄鳝遮阴植物，取代不可食用的水花生，增加收益。

（三）南昌市西洋菜产业宣传推介经验启示

1. 对栽培西洋菜的可行性研究

西洋菜生长习性：西洋菜喜冷凉湿润环境，适宜生长温度为15~25℃，最适温度为20℃左右，10℃以下生长缓慢，能忍受短时间的多次霜冻，冬季气温在0℃左右可露地安全越冬，若温度高于30℃则生长停滞，叶片易发黄或枯萎。生长期要求良好的光照，光照不足时茎叶生长纤弱，产量低，喜保水保肥力强的中性土壤，适宜pH值为6.5~7.5。

南昌市地理气候条件：南昌市地处北半球亚热带，属于亚热带湿润季风气候，气候湿润温和、日照充足、雨水充沛，且作物生长旺季雨热匹配较好，为农业生产提供了有利气象条件，素有"鱼米之乡"的美誉。年平均气温为17~17.7℃，冬季平均气温为6~13℃，年降雨量为1 600~1 700 mm，降水日为147~157 d，年平均相对湿度为78.5%，年日照时间为1 723~1 820 h，日照率为40%，年无霜期为251~272 d。

南昌市栽培西洋菜可行性分析：南昌市夏末温度开始下降，逐渐进入西洋菜生长所需最适温度，冬季霜冻期较短，结合西洋菜可露天0℃越冬的特性，在南昌市可安全越冬，春季气温回升，且空气湿度较大，适合西洋菜生长。由此看来，西洋菜在南昌市生长期较长，且正好可弥补冬春季节绿叶蔬菜的短缺。南昌市湖泊水源丰富，平原水田较多，空气湿度较大，无论是旱地栽培还是水田栽培，西洋菜均适宜南昌市栽培。

2. 对西洋菜价值的研究

西洋菜的药用价值：我国中医认为，西洋菜味甘，微苦，性寒，入肺、膀胱，具有清燥润肺、化痰止咳、开胃导滞、凉血利尿的功效，可防治感冒、咽喉炎、支气管炎、百日咳、声带炎、肺结咳、便秘等疾病，尤其对燥热型咳嗽疗效甚佳。国内外研究表明，西洋菜有通经、避孕功效，其汁液可作为兔、犬烟碱中毒的拮抗剂。西洋菜还可抑制前列腺细胞异常增殖，可有效预防"自由基"的积累，锻炼前 2 h 食用西洋菜可以有效预防剧烈运动带来的损伤。

3. 对西洋菜的推广趋势分析

当今社会，人们越来越注重养生，注重药食同源，西洋菜以其鲜嫩的口感和独特的药用价值，正逐步被全国各地民众喜爱。作为蔬菜，西洋菜能很好地填补冷凉季节绿叶蔬菜的短缺，获得南昌市民的喜爱。同时作为水旱连作绝佳选择，及其具有的改善水质的优良特性，西洋菜能够在更大范围推广，应用领域也更加多样化。随着生态农业的发展，西洋菜作为功能性蔬菜，在南昌市的前景将非常可观。

4. 宣传推介启示

通过南昌市发展西洋菜的经验来看，想对一种农产品进行推广，首先，需要了解农产品是否适合在当地种植。以南昌市为例，通过了解西洋菜的生长环境以及南昌市的气候环境发现，南昌市的气候条件非常适合西洋菜生长，可以解决西洋菜越冬存在的生长问题。其次，要了解推广西洋菜所产生的价值，包括但不限于经济价值、药用价值等。再次，要了解当地农产品市场以及需求，找寻推广方向。以南昌市为例，因为水产养殖密度大带来水床破坏等问题，在引进西洋菜解决这些问题的同时，还可以提高水产品的质量；同时，长期的农作物连作导致的土壤受损问题也可通过西洋菜的水旱结合方式来有效缓解。在春冬季节，可食用的蔬菜种类较少，而西洋菜可作为南昌人冬天的火锅食材。总体而言，推广农产品，需要从三个方面下手，即 What、Why、How，首先需要了解是什么，是否适合种植；其次，需要知道为什么要推广该农产品，推广的价值在哪里；最后，要知道如何推广，找寻可推广的方面，从不同领域切入，通过对应价值的体现来进行推广。

五、阳山县西洋菜产业宣传推介体系 PEST – SWOT 分析

阳山县西洋菜产业宣传推介体系 PEST – SWOT 矩阵分析如下。

（一）基于内部优势（S）的 PEST 分析

（1）西洋菜的品质和可持续性：阳山县的西洋菜因品质高和可持续生产而闻名。这是一个显著的优势，可以作为市场推广的关键卖点。品质稳定可以吸引

高端消费者和长期客户。阳山县的自然环境和气候条件也为西洋菜的生长提供了理想的条件，确保其口感和营养价值稳定。

（2）当地西洋菜种植经验：当地农民积累了多年的经验，熟知西洋菜种植、照顾和收获的最佳时间，这些经验无法被新进入者轻松复制。通过有效的农业实践提高产量，同时保持质量，还可以降低生产成本。这有助于满足不断增长的市场需求，为市场竞争提供优势。

（3）阳山县政府支持：阳山县政府提供财政支持，补贴农业项目，帮助调节土地以及改进基础设施和设备。同时，提供农业技术培训，帮助农民采用现代化种植技术，以提高效率和质量；通过贸易协议和市场准入协议，帮助农产品进入国内和国际市场，扩大销售渠道。

（二）基于内部劣势（W）的 PEST 分析

（1）劳动力问题：劳动力问题在阳山县的西洋菜产业中显现出明显的劣势。青年劳动力的大规模外流导致农村地区的劳动力短缺。当地劳动力多为老年人，他们受体力受限，生产效率低，对西洋菜的种植和采摘产生了不利影响。由于劳动力短缺，可能需要支付更高的工资或使用更多的劳动力来维护和采摘西洋菜，这可能会导致生产成本增加。

（2）宣传资源有限：阳山县可能面临有限的宣传预算，这可能制约了市场推广和品牌建设的潜力。有限的资金可能难以覆盖广泛的宣传渠道，如广告、社交媒体宣传和市场活动。在竞争激烈的市场中，有限的宣传资源可能使阳山县难以在市场中脱颖而出，特别是与大型竞争对手相比。而且由于乡村新闻官缺乏网络销售方面的专业知识，导致阳山县在数字宣传方面的机会未被充分利用。

（3）市场准入：某些市场可能存在准入障碍，如进口管制。这些障碍可能使阳山县的西洋菜难以进入某些市场，限制了销售渠道的多样性。不同地区的标准也可能存在差异，需要满足一系列法规和认证要求以进入某些市场，这可能需要花费额外的资源和时间。阳山县西洋菜的销售渠道主要靠当地公司自主联络，市场也需要当地公司自行开拓，这导致市场拓展进度缓慢。

（三）基于内部威胁（T）的 PEST 分析

（1）市场竞争：来自其他地区的竞争者可能影响价格和市场份额。竞争激烈可能导致价格下降，降低农民的收入，尤其是在市场供应量较大时，对农民的利润构成威胁。

（2）气候变化：气候变化可能导致不可预测的天气事件，如洪水、干旱或极端温度，这些事件可能对西洋菜产量产生负面影响，导致供应不稳定。气候变化也可能影响西洋菜的质量，如降雨过多可能导致霉菌问题。这些都可能对市场声誉和产品质量构成威胁。

（3）法规变化：新的食品安全和质量法规可能出台，要求农民采取额外的措施来确保产品的安全性和质量。这可能需要投资和改进，因此会增加生产成本。一些市场可能会根据新的法规要求加强进口控制，这可能对西洋菜进入这些市场构成威胁。

（四）基于内部机会（O）的 PEST 分析

（1）健康趋势：消费者对健康食品的需求不断增长，这是一个重要机会。西洋菜因维生素、矿物质和抗氧化剂含量丰富而被认为是一种营养丰富的食材。通过强调这些营养优势，可以满足健康食品市场的需求。宣传中提供有关西洋菜的营养价值和健康益处的信息，可以吸引更多的具有健康意识的消费者。

（2）数字化宣传：阳山县可以利用数字渠道进行宣传，建立强大的社交媒体网络，分享关于西洋菜的食谱、烹饪技巧和优点，以吸引年轻消费者。在线市场提供了一个直接接触城市市场的途径。通过在线销售，可以扩大市场份额，同时提高产品可访问性。

（3）出口潜力：开拓新的出口市场是一个有吸引力的机会，将阳山县的西洋菜出口到粤北和珠三角以外的地区，可以增加市场多样性，降低对单一市场的依赖。探索新的市场，尤其是北方市场，可以获得更广泛的销售渠道和增长潜力。

六、新媒体助力改善阳山县西洋菜产业宣传推介的现状

新媒体产业组成如图 2 所示。

（一）概况

1. 新媒体认知度

阳山县乡镇领导、种植户以及居民对新媒体有一定认识，同时乡镇领导也深

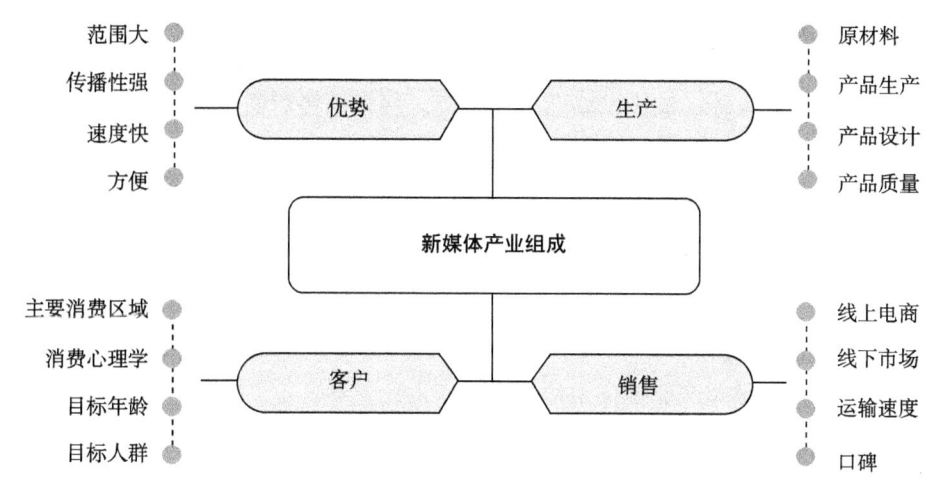

图 2　新媒体产业组成

知新媒体可以为产业发展贡献巨大力量。

2. 调研数据情况说明

调研数据表明，阳山县发展西洋菜产业存在以下问题：政府有意向搭建农村电商市场，且进行了一定的人才培养和资金支持，但因初期效果不佳而并未继续深入；种植户听说过农产品线上销售，但因不了解、怕亏损等而并未参与过线上销售；物流运输成本高于西洋菜利润；缺少了解市场信息的渠道，缺少资金支持等。多数农户希望引入相关企业，打造品牌，将西洋菜进行深加工后再销售，并且希望加大宣传力度，以拓展更多销售渠道。

（二）"互联网+农业"结合现状

1. 互联网普及度

在西洋菜种植户的日常生活中互联网普及度并不低，但是种植户缺少相关引导，缺乏利用互联网为自己的产业做宣传的意识和思维。

2. 互联网推动农业宣传推介现状

现阶段阳山县各镇各村相关部门很重视互联网及新媒体对于西洋菜的宣传作用。新媒体是宣传西洋菜产业的一个良好平台，可通过直播讲解农产品、展示农业生产环境，可通过拍摄短视频，展示农村日常生活趣事、记录乡村文化活动。但因缺少相关运营人才和规划，对新媒体技术的应用不够熟练，严重制约了互联网宣传作用的发挥。

（三）新媒体带动产业宣传推介绩效

因缺少技术人才、缺少网络营销产业链，网络销售对西洋菜销量并未起到重要的推动作用。新媒体要推进产业创收才能够实现长久和良性的发展。现阶段，新媒体还远没有达到促进西洋菜产业创收的作用。

（四）新媒体与传统媒体建设

1. 传统媒体建设

现阶段，西洋菜产业宣传中传统媒体所占比例并不高，这与传统媒体的衰退有关，传统媒体在西洋菜产业宣传中很难发挥较大作用。相比于传统媒体，新媒体的流动性强、内容和形式更为丰富、受众更广。

2. 新媒体建设

现阶段，西洋菜产业宣传中新媒体并没有体现出显著作用，但当地政府和相关部门在有意识地进行新媒体相关建设，如搭建直播间、开设网店等。但因为缺乏新媒体营销人才而导致现阶段新媒体建设虽有框架却缺少内核。

七、阳山县西洋菜产业宣传推介面临的困境及分析

（一）阳山县西洋菜产业宣传推介面临的困境

西洋菜产业宣传面临的困境如图 3 所示。

1. 农业特色产业链条短

目前阳山县西洋菜产业的供应链存在多个短板，包括农产品供应链缺乏基础保障、产业链信息不对称，运输链缺乏更优良的方式以及供应链单一等问题。

2. 产品可替代性强

西洋菜推广宣传的产品仅有西洋菜和西洋菜干两种，缺少其他衍生品。同时，西洋菜并非生活必需品，其附加值较低，市场上存在大量可替代的农产品，如枸杞叶、芥菜、豆苗等，这些都是目标客户可选择的更有性价比的产品。

3. 产业宣传人才少，面向群体单一

目前，各镇缺少专业的宣传人员，相关人员并未掌握剪辑软件使用技能，

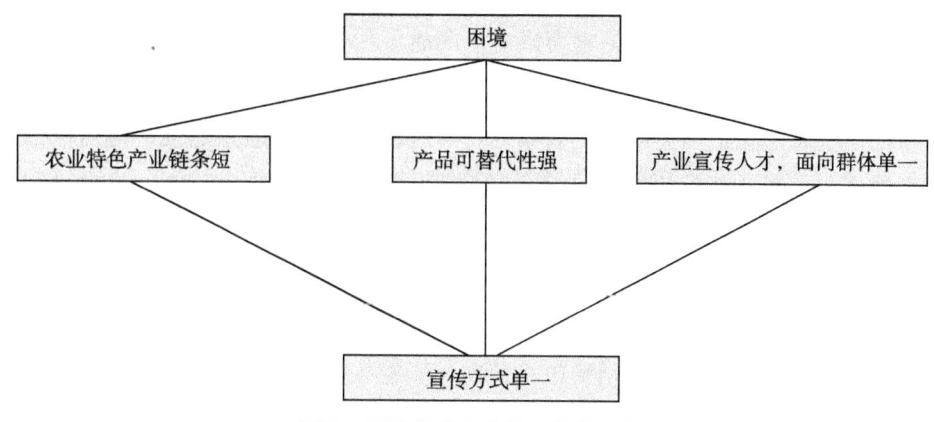

图3 西洋菜产业宣传面临的困境

缺少相关培训人员和接受培训的人员，处于"没人教"和"没人学"的两难境地。

4. 宣传方式单一

目前的宣传仅限于各镇微信公众号的图文宣传，但文章阅读量甚少，点赞量更低，每篇文章的阅读量不到3 000次，并且点赞量不足阅读量的1%。而公众号又以内部宣传为主，缺少向外界传递信息的技术手段，无法激发潜在客户的购买欲。同时，在主流的视频平台和其他主流新媒体平台均没有建立官方账号。

目前，官方平台在新媒体宣传方面的建设仍有欠缺，缺乏对新媒体宣传技术的了解。宣传对象仅为少数关注西洋菜生产的人，而其中多数是种植和销售人员。因此，需要开展更全面、多元化的宣传和营销策略，提高西洋菜产业的知名度和美誉度。

（二）阳山县西洋菜产业宣传推介面临困境分析

1. 产业链出现问题的原因

我国农产品产业链存在短板是通病，资金限制会导致产业链中的金融链出现短缺，金融链的短缺导致整条供应链出现无法保障的问题，食品供应链出现问题进一步导致产需对接链的基础保障无法落实。同时，因为信息渠道不通畅，在产需对接不畅的情况下，食品供应链也会出现问题，食品无法送上餐桌是阻碍产业发展的重要原因。因此，在这种恶性循环中，每个环节都加以改变才能加速农业产业发展。首先，政府要建立完善的财政金融、税收、保险等支持体系，确保产品供应链中基础设施、运营、经销、配送、存储、加工的资金供应。建立金融体系是补足农产品供应链短板的重要措施。同时，加强互联网建设，加强农村现代化建设，信息同步会弥补产需信息化的短板。在供需平衡中，加强市场开拓，让更多的消费者愿意把西洋菜端到餐桌上。其次，加强交通道路建设，使运输部门与交通部门、流通部门等紧密结合，建立起"公路＋高铁＋航空"的快递物流基础体系，把市场目标投向全国，不仅局限于本地。除了从源头解决问题，产业供应链模式也需要不断创新。单维度创新，应该通过数字化推动农贸市场、超市等传统零售业改造，发展数字农批、数字超市等流通模式。通过互联网大数据，实现市场信息的有效收集，预测市场走向，形成数据可视化供应链。而多维度的创新核心在于全国优势产业、产业带、网络结构的构建。在生产端实现产区数字化生产，消费端关注消费者的需求差异与多元性，在流通端构建电商供应链、批发市场供应链、专卖店以及超市供应链等。

2. 农产品种类单一的原因

目前，阳山县西洋菜农产品仅有新鲜采摘的西洋菜和西洋菜干。出现产品种类单一的直接原因是缺少科研资金，资金供给无法保障，新的产品开发成本更得不到保障，导致新产品开发进度缓慢。同时专业知识缺乏是制约新产品开发的根本原因。缺乏相关农产品研发领域的专业知识和技能，导致农户和企业不知道如何进行研发，因此招纳具有相关科研经验的人才组成科研团队是很有必要的。同时，西洋菜并不像苹果，除了市场售卖，还能做成果干、苹果醋等各式产品。西洋菜的药用价值等是很有前景的研发方向。产品的研发不能局限于预制菜等，应该通过西洋菜本身所具有的价值，多维度地发展衍生品。开发多元化的产品，才是扩大产品宣传的有效措施。

3. 新媒体宣传得不到有效发展的原因

新媒体助力西洋菜产业发展出现问题的直接原因是缺少这方面的人才。结合当地民情可了解到，当地青年劳动力大量流失，现有劳动力年龄较大。现有劳动力难以彻底融入信息时代，接受新事物困难，不具备现代技术和宣传的知识储备，同时学习能力弱，这导致新媒体技术的传播面临困境。青年劳动力代表着建设的中坚力量，是乡村振兴建设的关键推动者，但青年劳动力大量流失，没有人才愿意留下来参与建设。造成人才流失的根本原因在于留守人员缺少就业岗位、缺少创业机会等，政府对青年劳动力的吸引力不够。

八、新媒体助力阳山县西洋菜产业宣传推介的对策和建议

（一）国家、社会打基础，立法规

1. 加快基础建设，打造新媒体助农平台

由于受地理、经济等条件限制，新媒体基础设施建设在阳山县的发展并不均衡，与城市相比仍有较大差距。政府对新媒体基础建设投入少，导致其发展缓慢，运营机制不成熟，无法发挥新媒体推动农村农业经济发展的作用。新媒体运用依托于网络，要发挥新媒体作用必须加快推进农村网络基础设施建设，做到"村村"畅通；将互联网、智能手机、物联网、数据库等新媒体平台或技术向阳山地区全面推广，实现"村村"覆盖。为了实现农产品与新媒体深度融合，打造助农综合服务平台是宣传推介阳山县西洋菜的必要举措之一。利用新媒体技术，按照"三农"特点开发涉农微信小程序或 App，为农民获取涉农信息以及答疑解惑提供更多渠道，并将农产品信息、市场需求等信息在平台上加以展示。

2. 完善机制法规，营造新媒体营销环境

新媒体在宣传推介的过程中需要制度机制以及法律法规作为保障，一方面，要出台新媒体相关的法规。另一方面，要建立完善新媒体营销的制度机制。加大对互联网等媒体相关法规的宣传，对发布的各种信息、行为进行及时监管，加强对新媒体平台运营的有效管理，规范营销行为，打造良好的营销环境，建立良性的新媒体营销竞争环境。

（二）村委、当地政府育品牌，培人才

1. 抓好品牌培育，持续打造产业品牌

明确阳山县西洋菜农业品牌定位，建设阳山县西洋菜农业品牌网站与微信公众号，凸显阳山县西洋菜特点，充分展示阳山县西洋菜营养价值、发展历程、品牌故事，打造阳山县西洋菜特色农业品牌。在短视频平台如"抖音"进行营销，前期培养抖音账号吸引流量，并与"大V"进行品牌合作，以此可进行引流宣传并通过"大V"与观众进行实时互动。中期抖音账号对产业活动或

日常进行定期更新，呈现出更全面的信息，从而吸引消费者的注意力，提高其购买欲。

2. 培养专业人才，提高营销运营能力

新媒体技术多样，可通过多种形式进行西洋菜产业推广，如通过网络平台直播、大数据分析、VR全景园地采摘等助力西洋菜产业宣传，设立专职职位，聘请或培养专业人才。或鼓励相关企业与个人通过多渠道、多形式进行新媒体技术应用培训，确保西洋菜产业宣传推广工作的效率与质量，有效提高阳山县西洋菜产业新媒体营销运营能力。

（三）种植户转思维，拓渠道

新媒体对农产品的销售有着极大的促进作用，而新媒体营销方式与传统营销方式并不对立，农户或公司应转变营销思维；利用好新媒体营销渠道。通过微信、微博、头条等社交媒体和抖音、快手等自媒体的方式宣传阳山县西洋菜，让消费者可以更加直观地看到种植、采收、加工、包装等环节，拓宽西洋菜销售渠道，让优质、绿色的阳山县西洋菜走向更广阔的市场。

九、结论与展望

（一）结果分析

在阳山县西洋菜产业宣传推介体系的研究中，我们深入探讨了阳山县西洋菜产业在宣传推介方面的发展，并分析了数字化和智能化对该产业发展的影响。通过研究，得出以下结论：

首先，阳山县西洋菜产业在乡村振兴战略的引领下取得了显著的发展。该产业已经建立了一定的基础，包括良好的生产基础设施和一支具备专业知识的生产队伍。

其次，通过应用现代农业技术，如喷灌系统，提高了生产效率，减少了资源浪费，并提高了产品的质量。

再次，数字化和智能化技术在阳山县西洋菜产业中发挥了积极作用。清远市首创的"乡村新闻官"制度为阳山县西洋菜的新媒体传播打开了新途径。

然而，还存在一些问题需要解决。一是阳山县西洋菜产业的宣传推介体系相对薄弱，缺乏有效的宣传渠道和平台，限制了该产业的知名度和市场影响力。二是虽然数字化和智能化技术应用广泛，但仍有一部分农户缺乏相关知识和技能，需要加强培训和支持。

（二）未来展望

尽管本研究取得了一定的成果，但仍然存在不足之处，未来研究可基于以下几方面展开：

首先，可以进一步深入研究阳山县西洋菜产业的市场需求和消费者偏好，以更好地指导宣传推介策略的制定。通过市场调研和消费者反馈，可以更准确地把握市场趋势，提供有针对性的宣传信息。

其次，可以建立更多的农业合作社和农产品销售平台，促进农户之间的合作和资源共享。这将有助于扩大阳山县西洋菜产业的规模，提高农民的收入水平，推动乡村振兴战略的实施。

最后，可以加强与数字化技术公司和农业科研机构的合作，推动智能农业技术在阳山县西洋菜产业中的广泛应用。这将有助于提高产业的智能化水平，提高生产效率，降低生产成本。

参 考 文 献

[1] 朱正. 省级媒体在乡村振兴主题报道中的作用 [J]. 青年记者, 2022 (12): 88 – 89.

[2] 王欣颖, 游耀旺. 乡村振兴题材纪录片的主题表达与视听呈现 [J]. 视听, 2024 (10): 17 – 20.

[3] 谷穗. 乡村产业振兴中乡村短视频的功能定位与推进路径 [J]. 智慧农业导刊, 2023, 3 (9): 165 – 168.

寻访探忆逐航空，学思践行为传承

——"航空精神"社会实践项目

摘　要："勇于逆行探苍穹，航空精神永传承"。红色雄鹰实践团从学校、社会、个人多角度观察及调研奉献、忠诚、创新，逐梦等航空精神在成都市航空事业的体现，通过问卷调查法、实地走访法、社会采访法、实践体验法、人物访谈法分析成都市航空事业中存在的航空精神，深度思考航空发展。活动开展情况被搜狐网、广东省航空航天学院会、珠海网等多家媒体先后报道，线上线下覆盖人次破八百万。实践团调研结果为相关部门弘扬航空精神提供了科学依据。

关键词：成都；航空精神；高校；社会；刘传健

一、导言

（一）研究背景

在我国推进科技自立自强的支持下，基础研究和原始创新不断加强，一些关键核心技术实现突破，战略性新兴产业发展壮大，载人航天、探月探火、深海深地探测、超级计算机、卫星导航、量子信息、核电技术、新能源技术、大飞机制造、生物医药等取得重大成果，进入创新型国家前列。这些突破无一不让奋斗者振奋，这些成就是党和人民一起拼搏出来的，航空事业的成果离不开航空人的前赴后继、攻坚克难。

基于中国新时代航空科技力量的发展，四川省成都市实践探索学习中国航空发展的经验。走进航空故事，传承航空精神；艰难方显勇毅，磨砺始得玉成。中国航空发展从"飞机不够，我们就飞两遍"的捉襟见肘到"航空发展进入创新型国家前列"的熠熠生辉，代代航空人秉承航空精神——奉献、忠诚、创新、逐梦，永葆"航空报国"的初心，肩负"航空强国"的使命。

（二）研究亮点

1. 项目创新性大

本次实践活动，受北京理工大学珠海学院航空学院红色雄鹰话剧团自导自演的话剧《追空者》《中国机长》启发，由话剧走向现实，由舞台走到实地，对剧中的故事和主角进行深入的实地了解和探访，探索新时代航空人深厚的精神底蕴。

2. 项目实践性强

在了解和学习航空知识的同时，实际操作航空设备，实际模拟体验航空生活，感受航空的发展变化，深悟航空精神的内涵。

引入新媒体宣传，将制作的宣传视频发布至抖音、视频号等新媒体平台，加大对航空精神、航空故事的宣传。利用团队特点，发布微信公众号，撰写公众号推文对航空知识和成就进行宣传。推文在更大范围内被不同区域、多个领域的群众阅读、观看，引发深层次思考。

3. 项目针对性强

通过线上线下相结合的方式，更全面更广阔地统计不同职业的人群，收集更普遍的调查数据，做出更有效、更严谨的调研数据。统计数据收集了大众更感兴趣的航空话题、更有效的宣传方法，以及大众对航空的期望，将社会观察、知识积累、实践思考等成果转化成青年视角的建设性意见，供当地决策参考。

（三）研究内容

"寻访探忆逐航空，学思践行为传承"实践活动以致敬航空英雄创作的话剧作为团队文化，由把"讲好航空故事，传承航空精神"为己任的航院学子组成红色雄鹰实践团。

本次实践活动的行程如下：

第一站——航空精神之"奉献篇"：实践团对刘传健飞行总师进行面对面专访，专访地点为中国民用航空飞行学院。走进《中国机长》话剧故事背后，对刘传建机长进行访谈学习，并向刘传健机长赠送本实践团队原创话剧光盘。

第二站——航空精神之"逐梦篇"：实践团来到余旭烈士曾经读书的地方——崇庆中学，与崇庆中学副校长崔永波和余旭的高中班主任兰老师等进行了座谈，并向崇庆中学赠送以余旭故事为原型的原创话剧光盘。

第三站——航空精神之"忠诚篇"：实践团前往中国民用航空飞行学院进行调

研。中国民用航空飞行学院飞行技术学院院长魏麟、航空工程学院院长付尧明、飞行技术学院党委副书记李俊龙及部分飞行大队大队长和支部书记参加座谈。

第四站——航空精神之"创新篇":实践团来到成飞航空主题公园,参观了公园中各种航空器的精密模型和材料,并对公园中的群众进行随机采访。

第五站——航空发展史篇:实践团来到成都立巢航空博物馆,感受航空事业的飞速发展,亲身体验航空科技的模拟项目。

(四)研究意义

习近平总书记强调,立足新发展阶段、贯彻新发展理念、构建新发展格局、推动高质量发展,必须深入实施科教兴国战略、人才强国战略、创新驱动发展战略,完善国家创新体系,加快建设科技强国,实现高水平科技自立自强。党的二十大报告将"实现高水平科技自立自强,进入创新型国家前列"纳入2035年我国发展的总体目标,为中国航空研究院开辟发展新领域新赛道、不断塑造发展新动能新优势,提供了遵循,指明了方向。我们在国际航空领域占领越来越多的"领土"、获得越来越多的"话语权"时,我国航空团队攻坚克难,全力"占领"中国航空的"新高地"。在新科技、新领域的发展过程中,青年奋斗者无畏向前,时代青年之气浩瀚无垠,时代青年的梦想始终坚定。航空青年团队始终奋发进取,担重任,"挑大梁",展示时代新人应有的无畏和智慧。我们团队将全面学习贯彻党的二十大精神,坚守航空报国初心,笃行航空强国使命,主动请缨,学习和宣传航空强国知识,弘扬和传承航空文化,立足国家战略和航空发展大局,为行业和国家创造价值。

二、样本与资料

(一)问卷调研法

本项目以成都市青年学生以及成都居民为调查主体,从被调查者中了解公众对航空事业的关注度、对航空精神的理解,以及航空科普的需求,为后续航空科普工作提供参考。通过发放调查问卷收集数据,并对数据进行计量分析,了解青年群体对航空精神的了解程度以及对航空事业的展望。

1. 问卷设计

(1)调查对象。

主要面向人群：成都市青年学生以及成都市居民。

（2）问卷设计思路。

本问卷的目标受众包括广大公众，特别是"90后""00后"。他们是航空科普的潜在关注群体。本问卷采用了单选题、多选题、填空题等多种题型，既有定性问题，也有定量问题，能够全面收集信息。

（3）问卷结构。

本问卷包括受访者基本信息、航空关注度、航空精神了解程度、航空知识、航空科普需求等模块，由浅入深。

（4）问卷的发放与回收情况。

结合线上线下的发放渠道，线上通过社交平台传播问卷链接，线下在公园、博物馆等场所进行配套的实地访谈。线上发放较多，以确保样本量和代表性。线下发放则重点关注质性信息的收集。本次问卷共回收有效样本860份，样本量较大，可以反映总体情况。

2. 问卷分析

（1）本次调查样本人数共860人，以"90后""00后"为主，他们是航空科普的潜在重点关注群体。大部分人对航空精神仅有一般了解，只有小部分样本表示非常了解（见图1），这说明应该对航空精神的宣扬与传承做出更大的努力。

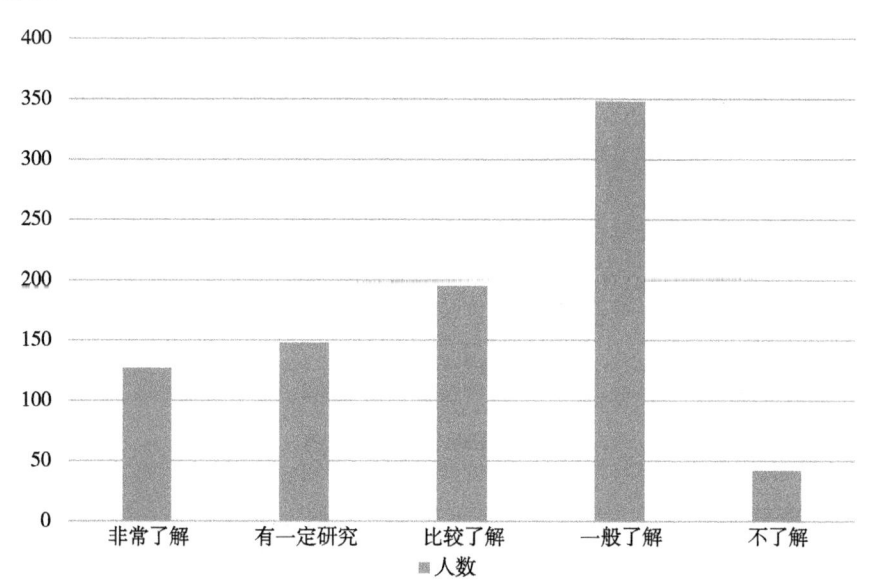

图1　对航空精神的了解程度

(2) 样本中的航空知识问答正确率偏低（见图2），且受访者对航空知识了解程度存在正相关，说明对航空知识掌握的程度越高，对航空精神的理解越深刻，进而可表明为宣扬和传承航空精神，航空知识科普及航空故事宣传是有效途径之一。

选项	正确率
燃气涡轮发动机	65.7%
冲压喷气发动机	29.88%
活塞发动机	4.42%

图2　航空知识问答正确率

(3) 网络平台是样本获取航空知识的主要途径（见图3），反映出网络在科普中不可替代的作用，也说明我们可以着重利用网络宣传航空精神、科普航空知识。

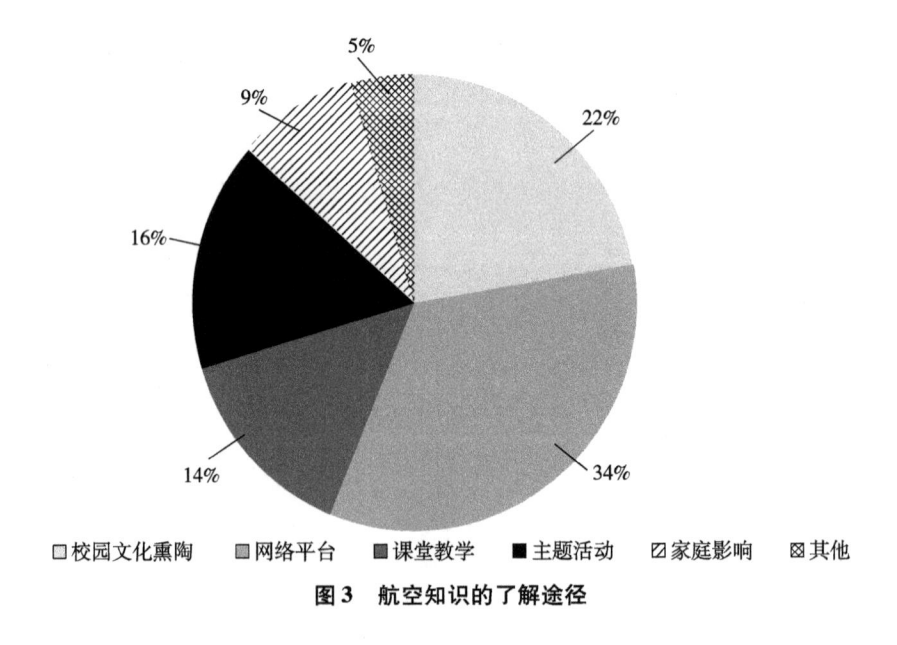

□校园文化熏陶　■网络平台　■课堂教学　■主题活动　☒家庭影响　⊠其他

图3　航空知识的了解途径

(4) 通过对问卷中"您认为航空器件的发展对于人类社会的影响是什么？""您对于航空器件的未来发展有何预期？""您还有哪些建议或意见？"等填空和简答题的分析，推断大众对航空事业的发展充满了信心与希望，相信航空的发展会给我们带来极大的便利，也说明大众对航空科技成果应用的高度关注。

（二）实践观察法

成都是本次活动的主要实践地，其航空产业对中国航空工业和中国经济发展的健康成长有着重要意义，也为成都的经济和科技发展注入了新动力。在本次实践活动中实践团访谈了刘传健总飞行师；走访了女飞行员烈士余旭母校——崇庆中学；走访了中国民用航空飞行学院；参观了成飞公园，并对游客进行随机采访；参观了成都立巢航空博物馆，并体验了航空模拟技术。

（三）人物访谈法

团队成员结合线上收集的数据资料与实地调研的具体情况，设计出面向不同对象的访谈问题提纲，并根据提纲以及实际情况联系访谈对象。对航空英雄人物、教育从业者、高校学子、航空从业者家属等进行现场采访，访谈主要围绕对中国航空精神的理解、对航空知识的了解，以及对航空在新征程中的建议与期望等内容展开。

三、结果与分析

实践团队通过问卷调研、实践观察、人物访谈，从多角度进行了分析与讨论，得出了以下结论。

（1）忠诚：航空从业者要坚守岗位，忠实履行职责，确保航线安全。中国民航在改革开放后飞速发展，但也面临诸多风险。航空从业者肩负着守护航空安全的神圣使命。访谈刘传健机长时，他强调要严格遵守规章制度，坚决杜绝侥幸心理，时刻保持警惕，以对人民生命高度负责的态度恪尽职守。航空人具有以人民利益高于一切的忠诚品质。

（2）创新：航空强国需要源源不断的原创性科技成果。这需要航空研发人员勇于创新、敢于突破。本次调研中了解到，我国民航科研机构正着力攻关多项关键核心技术，目前已取得重大进展，例如自主研制的 C919 大型客机顺利首飞。这些创新成果来之不易，凝结着一代代航空科技工作者的心血与汗水。他们以创新的精神超越自我，不断将中国航空推向新的高度。

（3）奉献：航空强国需要无私奉献的航空英才。本次调研中了解到，余旭烈士将她的一生都奉献给了航空事业，正是这种无我的奉献精神成就了中国航空的今天。航空后继者要不忘初心，传承老一辈的奉献情怀，在自己的岗位上倾注全部心力，以实际行动推动航空事业进步。

（4）追梦：航空强国需要敢于追梦的青年接力者。调研发现不少青年学生对航空充满热情，梦想成为优秀的飞行员。他们勇于追逐梦想，追求卓越。这种精神正是航空事业持续发展的不竭动力。航空强国的明天需要广大青年追梦者为之努力奋斗。

本次调研反映出航空精神在当代具有连续性。一方面，忠诚、创新、奉献的优良传统得到传承和发扬；另一方面，青年一代在此基础上注入了对梦想的执着追求。

但调研同时也发现一些问题：

（1）部分青年对航空历史缺乏足够了解，未意识到航空精神的重要性。

（2）航空主题教育还未能充分深入人心，宣传力度有限。

（3）航空知识和民航急救知识的普及还有待提高。

应对措施包括以下几方面：

（1）加强航空史实地教学，利用线上线下渠道丰富宣传形式。

（2）继续深化航空主题教育，使其内化为全民的自觉行动。

（3）开展对航空知识和民航急救知识的全民普及教育。

本次实践活动调研了航空精神的实践与传承，也反映出当前阶段的主要问题，为相关部门弘扬航空精神提供了科学依据，为培养航空事业接班人提供了宝贵经验。后续我们还需要从点滴做起，让航空精神真正融入国民生活，以之为指引持续推动中国航空事业腾飞。

四、结语

"勇于逆行探苍穹，航空精神永传承"。作为青年的我们，当下要将在校期间学习的理论知识与自己未来的职业发展联系起来，将理论融入实践，基于理论求创新，从实践中了解行业实际情况，找到自己的差距，找准自己的定位，从而更好地去优化提升自己。通过实践我们更加坚定航空报国、航空强国的理想信念，应脚踏实地学好专业本领，积极实践端正态度，切勿好高骛远、大谈空话。青年理想远大、信念坚定，是一个国家、一个民族无坚不摧的前进动力。当代新青年肩负新的挑战和使命，我们唯有"行远自迩，笃行不息"，方能不负历史、不负党和国家、不负人民。

参 考 文 献

［1］李丽.论劳动精神的内涵、生成逻辑及其育人价值［J］.贵阳学院学报（社会科学版），2021，16（4）：21-27.

［2］李洁，程健康.航空报国精神的理论内涵、实践品格及育人价值［J］.西安航空学院学报，2022，40（4）：68-72.

［3］张桑桑，杨云霞.逐梦蓝天：航空报国的接续奋斗与精神传承［J］.当代电视，2021（9）：35-37，46.

志愿服务实地考察调研报告

——清远市阳山县社会实践项目

摘　要：通过实地考察和支教活动，深入贯彻党中央关于建设高质量教育体系的决策部署，推动高校服务乡村振兴，促进教育公平。实践团在阳西县程村镇中心小学开展了为期7天的"第二课堂"支教活动，包括美术、音乐、手工、科学等课程，旨在普及红色教育、科技文化和心理健康知识，并了解当地留守儿童情况。报告还分析了阳西县的经济、旅游资源和乡村教育现状，并提出了乡村振兴和乡村教育发展的建议。

关键词：乡村振兴；高校服务；乡村教育

一、前言

（一）研究目的

习近平总书记强调，要加快建设高质量教育体系，发展素质教育，促进教育公平，培养德智体美劳全面发展的社会主义建设者和接班人。国务院于2023年2月印发的《质量强国建设纲要》中提到，积极发挥教育在助力乡村振兴中的基础性、先导性作用，用高校资源助推农村科教文卫事业发展，巩固乡村振兴成果。高校应做好立德树人根本任务，依托学科优势、人才优势和科研优势，引导高校人才助力乡村事业发展，积极帮助乡村发展特色产业，为乡村产业振兴注入强大的内生动能。

（二）研究意义

鲁迅在《热风》中说："愿中国青年，能做事的做事，能发声的发声，有一分热，发一分光，就像萤火虫一般，也可以在黑暗里发一点光，不必等候炬火。"

学校办公室—萤光筑梦实践团将立足于高校引领城镇教育资源协同发展，以共建共享方式，于广东省阳江市阳西县开展"第二课堂"陪伴教育，将红色教育、科技文化、心理健康等方面的知识在当地基层、中小学普及，以点滴萤火之光为当地留守儿童的夜空点亮一条前进之路，同时致力于"全口径全方位融入式"帮扶背景下，基础教育的道路探索，构建"高校—乡村"互助发展新模式，促进更多高校人才投入乡村振兴事业之中，以乡村人才振兴助力乡村全面振兴。

（三）研究内容

学校办公室—萤光筑梦实践团于广东省阳江市阳西县展开为期 7 天的实地调研，并于程村镇中心小学开展"第二课堂"支教活动，其中包含美术、音乐、手工、科学等课程，以美育结合红色文化教育为导向，通过开展课程推进乡村教育，了解当地留守儿童情况、青年返乡情况，并在当地进行采访交流、拍摄录像，以宣传当地情况，推进留守儿童问题、当地教育资源问题以及广东省教育发展问题的解决。同时，呼吁更多青年回归乡村，扎根基层，助力乡村振兴，提高乡村教育发展，为乡村振兴和社会主义伟大事业贡献自己的一份青春力量。

二、研究背景

（一）本课题背景

为深入贯彻党中央关于建设高质量教育体系的决策部署，根据《广东省全口径全方位融入式帮扶粤东粤西粤北地区基础教育高质量发展实施办法》，我校与阳江市阳西县确立帮扶关系，建立结对工作机制，签订为期五年的帮扶工作方案，力争使阳西县基础教育实力显著增强。全口径全方位融入式结对支持粤东粤西粤北地区基础教育工作，推动全省基础教育高质量发展。通过强化高校服务乡村意识、优化高校助推乡村振兴资源、构建"高校—乡村"人才振兴机制，为实现乡村全面振兴、促进共同富裕提供借鉴。

（二）学校背景

北京理工大学珠海学院是经中华人民共和国教育部批准，于 2004 年 5 月 8 日正式成立的普通高等学校。学校以北京理工大学为办学主体，是其重要延伸和战略组成。学校以北京理工大学优势专业和优质师资为依托，传承其教育理念和教学管理传统，秉承"德以明理、学以精工"的校训，形成了"勤奋、务实"的学风和"严谨、诚信"的校风，培养志向高远、基础扎实、体魄强健、心境恬美，具有创新精神和国际视野的复合型、应用型人才。目前，学校建有信息、计算机、机械、化工、材料、艺术、设计等 52 个实验室（中心）；拥有工程训练中心、电子信息基础实验教学示范中心、化学化工实验中心、机械与车辆学院实验中心、物理实验教学中心、商科综合仿真实训中心等 6 个省级实验教学示范中心；拥有电子信息实践教学基地、嵌入式系统设计方向应用型人才实训实习基地等 8 个省级实验（实践）教学基地；拥有通用航空、电子信息创新创业等 2 个省级协同育人平台。

学校自创办以来，办学水平不断提升，办学成就得到社会各界认可。学校将传承北京理工大学红色基因，秉持"德以明理，学以精工"的校训，充分依托北京理工大学办学优势，坚持立足珠海、服务广东、面向全国、放眼世界的办学宗旨，牢记为党育人、为国育才使命，在高质量内涵式发展道路上砥砺奋进。

（三）团队背景

学校办公室作为学校党政综合服务部门，承担着承上启下、沟通内外、协调左右、联系四方的职能。北京理工大学珠海学院办公室学生助理组成社团，其名称为管理实训中心，是一个在服务中学习、在工作中提升自我，兼顾学习与工作的社团。团队协助办公室工作，在协助老师的工作中学到各种办公技能，掌握处理事务的周全方式，为日后的实习、工作打下基础。

团队由学校办公室李鹏生、官其文、李大伟老师带领，成员包括 2020 级、2021 级不同专业的 9 名同学。

三、阳西县基本情况介绍

（一）综合介绍

阳西县位于广东省西南沿海，陆域面积 1 435.18 平方公里，海域面积 5 668 平方公里，海岸线长 174.37 公里，下辖 8 个镇，设阳西高新技术产业开发区，18 个居委会、138 个村（渔）委会，户籍总人口 55.96 万人，常住人口约 43.69

万人，先后获得中国调味品之都、中国剪刀中心、中国蚝乡、中国楹联文化县、全国乡村振兴百强县、全国"互联网+"农产品出村进城工程试点县、全国城乡交通运输一体化示范县、全国现代农业示范区、全国村务公开民主管理先进单位、全国科技进步先进县、国家数字乡村发展试点县、国家级海洋牧场示范区、国家级近江牡蛎种养标准化示范区等 10 多项"国字号"城市名片。

（二）地理位置

阳西县境属背山面海的丘陵地带，平原面积占总面积的 17%，地势从西北向东南倾斜，西北和东南高，中部低。阳西县最高点鹅凰嶂海拔 1 337 米，位于县境西北部，与电白区、阳春市交界。

阳西地处粤港澳大湾区、北部湾城市群和海南自贸港三大国家战略交会地带，是粤西地区面向珠三角的前沿、粤西地区重要的交通要塞和出海口，也是北部湾融入大湾区的先导区，具有承东启西、左右逢源的地缘优势。深茂铁路、广湛高铁、G15 沈海高速、国道 G228 贯穿全境，距离粤西机场约 1 小时路程，全面融入大湾区 1 小时经济圈。阳江港是国家一类对外开放口岸，年吞吐能力达 1 亿吨，其中阳西丰头片区规划建设 5 万吨级以上泊位 26 个。沿海地区程村镇的近河到溪头镇的散头咀这一岸段属洋边海沿岸，洋边海为一深入陆地的溺谷河口湾，沿海地段主要为冲积平原。阳西县沿岸高潮区局部有红树林及草滩分布，滩涂辽阔、平坦。散头咀至沙扒镇，主要由三个镰刀形沙湾连接而成，连接处呈半岛岬角状，是典型的山地溺谷岸段，滩涂类型有岩礁、砾石和沙滩。阳西县沙滩岸段占海岸线 40%，较长的沙滩岸段是上洋镇的河北沙滩、沙扒镇的月亮湾沙滩和海滨浴场沙滩。沙扒镇到儒洞镇这一岸段的特征与洋边海岸段相似，属儒洞河口岸段。山区地带主要是新墟、塘口，以及程村、织两镇的西北部，这些地区山地多、地势高。

阳西县地处南亚热带与热带过渡带，海洋性季风气候明显，主要气候特征为：冬暖夏长，雨热同季；雨季长，雨量充沛；光照时间长，热量丰富；气候温和，无霜期长；冬春有旱，夏季易涝。

（三）经济概况

2022 年阳西县地区生产总值同比增长 3.8%。其中，第一产业增加值为 68.73 亿元，同比增长 0.4%；第二产业增加值为 85.19 亿元，同比增长 7.7%；

第三产业增加值为 102.11 亿元，同比增长 3.7%。

（四）旅游资源

"阳西景点多、环境好，食宿消费也不高，所以我和老伴从今年春节一直住到现在。"住在沙扒湾的黑龙江游客王伯兴奋地说。退休以后，他每年都和老伴一起到南方"猫冬"，作为一对典型的"候鸟"老人，老两口对阳西优越的康养环境赞不绝口。

阳西县属于亚热带海洋性季风气候，年均气温为 23 ℃，可谓"冬无严寒、夏无酷暑"。凭借着良好的旅游接待能力和温润的气候条件，阳西康养旅游产业日臻成熟，宜居宜游的阳西也吸引越来越多的"候鸟"老人慕名而来。

阳西县提出打造"城区综合接待服务中心、北部森林康养度假带、中部山地康养旅游带、南部滨海度假旅游带"组成的"一心三带"全域旅游格局。特别是塘口、儒洞、织篢等镇都拥有特色温泉资源，具有良好的养生功效。

冬季一般是滨海旅游的淡季，为了弥补冬季滨海旅游吸引力不足的短板，阳西县加强滨海旅游和温泉旅游的融合，在加大温泉康养旅游景区建设的同时，还谋划将优质咸水温泉通过管道引入沙扒月亮湾，打造全新的"滨海＋温泉"暖冬旅游产品，全力将滨海旅游冬季做旺。

为了抓住康养旅游带来的"引流"效应，作为阳西县正在建设的大型文旅项目之一，大泉山海项目也在此积极布局。"我们项目规划了山海温泉康养度假板块，将引进康旅疗养、医养产业和演艺项目，能够更好地吸引'候鸟'老人，进一步扩大阳西康养旅游产业规模。"广东方直投资集团文旅公司总经理饶彬介绍说。

如今，以"候鸟"老人为代表的康养旅游群体在阳西不仅住得好，还能过得舒心、玩得开心。该县定期举办山歌、美食、风筝等主题文旅节庆活动，并利用"月月有戏"、送戏下乡等惠民活动，将优秀文艺节目送进社区。

（五）荣誉排名

2020 年 2 月，阳西县荣获广东省卫生县城。
2020 年 5 月，阳西县荣获广东省数字乡村发展试点县。
2020 年 8 月，阳西县入选"互联网＋"农产品出村进城工程试点县。
2020 年 9 月，阳西县荣获国家数字乡村试点地区。

2020年10月，阳西县入选广东省双拥模范城。

2022年7月，阳西县入选广东省"互联网+"农产品出村进城工程试点县。

2022年8月9日，阳西县入选2022年农业现代化示范区。

2022年8月11日，阳西县入选第三批国家农业绿色发展先行区。

四、前期准备

（一）确定活动路线

制定7月1—6日的活动方案。

7月1日（第一天）

内容：预计提前与当地实践单位取得联系。上午出发，下午到达后与实践单位进行座谈，了解阳西县教育整体情况以及教育方针，了解阳西县留守儿童数据，确定阳西县程村镇中心小学（待定）的具体情况，并与该校交流探讨具体实施过程。晚上实践团成员召开讨论会，规划前往目标学校的具体路线以及拍摄内容及思路，为第二天的课程准备材料以及教案。

7月2日（第二天）

内容：预计前往阳西县程村镇中心小学（待定），与学校负责人进行对接，了解小学情况，到指定教室开始布置。上午学生来到教室开始上课，向学生介绍团队成员并进行交流，随后开始上美术课，课程主题为"我的自画像"，由我们与学生共同完成。该主题有利于我们更好地了解学生，中午收集作品。下午对该校青年教师进行访谈，了解青年回归乡村的使命和初心，采访时用摄像机录制采访现场，认真做好笔录。利用放学后的时间对具有代表性的学生进行家访，了解学生的成长环境和家庭情况，在后续课堂中对每个学生进行个性化辅导，辅助家长做好家庭教育。晚上举行讨论会，小组成员归整当天收集的资料和访谈录并对课程问题进行归纳与讨论，准备第三天的教案以及物资。

7月3日（第三天）

内容：预计早上前往阳西县程村镇中心小学（待定），到达指定教室后准备开始上课，课程内容"传统剪纸花灯"，由我们与学生共同完成，完成后收集起来。下午抵达目标村落进行采访，与当地的村委进行交流，对村委会主任进行专访。晚上成员举办讨论会，汇整当天收集的材料以及访谈录并进行复盘讨论，准备第四天的教案以及物资。

7月4日（第四天）

内容：预计早上团队成员集合后共同前往当地密集居民区，到达指定地方后准备开始主题为"书行远方，共点微光"的公益摆摊活动，收集居民家中闲置的儿童读物绘本等，收集过程中邀请参与者在纸上写下他们对孩子的寄语，中午收摊后统计书籍数量。下午到学校把书籍分发给学生，并交流阅读感想。开展"我的梦想"主题活动，让每个学生谈谈自身梦想，同时播放提前联系家长录制的对孩子们的寄语。晚上举行讨论会，小组成员归整当天收集的资料和访谈录并对课程问题进行归纳与讨论，准备第五天的教案以及物资。

7月5日（第五天）

内容：预计早上前往阳西县程村镇中心小学（待定），到达指定教室后开始上课，课程内容为"绘本讲解"，由我们和学生共同讲述绘本故事，之后再将绘本送给学生，在讲解时应用摄像和录制。绘本主题课结束后，开展水火箭承载航天梦的科学小课堂与航空航天知识科普讲座，我们与学生分组制作，手把手教导，通过讲座与课堂，厚植学生的家国情怀，提升学生的创新性思维。活动中用设备录制整个过程。下午在学校布置展览，展览名称"星星的展"，将之前收集的作品布置在展架上。晚上举行讨论会，准备第六天展览的物资。

7月6日（第六天）

内容：预计早上前往阳西县程村镇中心小学（待定），到达展览位置开始准备，上午开展，邀请教育局领导以及学校老师参展，并进行网络直播，让在外务工的家长也能看到孩子们的作品。下午闭展，收拾物资，团队成员到达指定教室与老师和学生告别，全体合影留念。晚上举行讨论会，小组成员将收集到的成果汇总，整理不完善的信息，隔天进行完善。

7月7日（第七天）

内容：对照行程计划、采访计划、拍摄计划、走访考察内容，对实地考察和调研不足的地方进行补充，下午整理视频素材，并剪辑纪录片，制作宣传推文，联系当地宣传组进行后期宣传等。

（二）了解调研对象

2023年7月1—6日，荧光筑梦实践团成员在广东省阳江市阳西县程村镇针对留守儿童的家庭教育状况开展了调查。留守儿童是农村特殊的未成年群体。阳西县地处粤西地区，许多农村劳动力选择前往珠三角等地务工，长期以来形成的留守儿童问题不容忽视。本次调查的目的是以留守儿童的家庭教育问题为视角考察留守儿童的生存现状，即透过留守儿童的学校教育折射出地区留守儿童的教育状况、生活状况、心理状况。调研期间我们在中心小学为孩子们开展了一系列的"第二课堂"，与孩子们相处沟通，了解孩子们内心的想法。在调研即将结束时我们对学校的老师和校长进行了采访，向老师们和校长了解学校开设的活动课程，以及学生们的日常生活。我们在调查的基础上分析留守儿童的家庭教育需求，为解决留守儿童的家庭教育问题提出合理建议，以期为我国未来的发展和建设尽绵薄之力。

1. 广东省阳江市阳西县教育局

荧光筑梦实践团在指导老师官其文、李大伟的带领下赴阳西县教育局调研阳西乡镇的教育情况并开展乡村振兴系列志愿服务活动。阳西县教育局介绍了本县的基础教育情况及取得的成效，希望实践团通过此次活动为阳西县基础教育注入活力。

2. 程村镇中心小学校长及教职工

校长就程村镇中心小学的整体情况向与会人员进行了介绍。程村镇中心小学规模、人数位于阳西县前列，共17个教学点，有1 400余名师生，但教育资源有限。阳西县将着重布局调整，实现幼儿园—小学—初中一体化布局。在与学校教职工访谈的过程中我们了解了学生的日常学习生活，为进一步调研提供了参考和帮助。

3. 程村镇中心小学学生

在实践过程中我们与学生接触，通过为学生开展"第二课堂"等方式与他们进行交流，引导他们自发性地学习思考，帮助他们树立自信、阳光、健康的品格。

五、调研过程

（一）调研时间

2023年7月2—8日。

（二）调研安排

7月2日：赴阳西县教育局调研阳西乡镇教育情况并开展乡村振兴系列志愿服务活动。

7月3—6日：于阳西县程村镇中心小学开展为期4天的"第二课堂"支教活动。

7月7日：采访程村镇中心小学校长及教师，开展乡村振兴相关调研活动。

7月8日：开展结营系列活动——"童绘梦想"主题展、座谈交流会。

（三）调研内容

（1）在程村镇中心小学开展"第二课堂"陪伴教育，包含美术、音乐、手工、科学等课程。

（2）调研与支教活动相结合，通过采访当地教育局以及学校教职工，了解乡镇教育发展情况。

（四）调研方法

1. 个案调查和访谈法

对阳西县的青年教师团队开展采访调研，通过与当地支教教师与青年教师沟通并进行专访，以"青年人回归乡村支教"为题共同讨论，了解其回归乡村基础教育的心路历程，以坚定青年的初心与使命，弘扬乡村教师的"张桂梅精神"，以"张桂梅精神"为灯，号召更多青年积极投身于乡村振兴的伟大事业之中。

2. 抽样调查和问卷法

设计问卷"青年返乡助力乡村振兴"，通过对答案的整理来获取相关信息，辅助了解乡村振兴的相关内容。

六、乡村振兴现状分析

（一）背景

实施乡村振兴战略的本质是回归并超越乡土中国。中国本质上是一个乡土性的农业国,农业国的文化根基就在于乡土,而村落则是乡土文化的重要载体。振兴乡村的本质,便是回归乡土中国,同时在现代化和全球化背景下超越乡土中国。

实施乡村振兴战略,是要从根本上解决目前我国农业不发达、农村不兴旺、农民不富裕的"三农"问题。通过牢固树立创新、协调、绿色、开放、共享"五大"发展理念,达到生产、生活、生态的"三生"协调,促进农业、加工业、现代服务业的"三业"融合发展,真正实现农业发展、农村变样、农民受惠,最终建成"望得见山、看得见水、记得住乡愁"、留得住人的美丽乡村、美丽中国。

实施乡村振兴战略,有利于弘扬中华优秀传统文化。乡土、乡景、乡情、乡音、乡邻、乡德等构成中国乡土文化,是中华优秀传统文化的重要组成。实施乡村振兴战略,是重构中国乡土文化的重大举措,也是弘扬中华优秀传统文化的重大战略。

(二)发展现状

中国农业现代化步伐不断加快,农业生产逐步向集约化、规模化、智能化方向发展。农田水利、农业科技、质量安全等方面的政策和措施不断加强,有力地提高了农业生产效率和农产品质量。通过实施农村人居环境整治、提升村容村貌、推广绿色生态理念等措施,乡村环境也得到了有效改善。同时,农业现代化的发展也促进了农业产业链的完善,推动了农村经济的增长。农民生活质量得到了显著提高。农民的公共服务体系逐步健全,医疗、教育、养老等方面的保障不断完善。此外,农民的文化娱乐生活也得到了丰富,许多农村地区建立了文化活动室、图书馆等设施。

而随着中国城乡一体化进程不断加快,城乡融合发展得到了有效推动。基础设施建设和公共服务均等化等方面的政策和措施不断加强,使得城乡居民在教育、医疗、文化等方面的差距逐渐缩小。同时,城乡一体化还推动了城市资本、技术等生产要素向农村流动,为农村经济发展注入了新的活力。

除此以外,社会治理创新是乡村振兴的重要保障。近年来,我国政府不断推进社会治理创新,加强基层党建和村民自治实践相结合,完善乡村治理体系。与此同时,我国政府还加强了乡村法治建设,通过法律知识普及和矛盾纠纷调解等举措,有力地维护了社会稳定和公平正义。

在农业领域，科技创新提高了农作物产量和质量，推动了农业产业升级；在农村电商领域，模式创新为农产品上行和消费品下行提供了新渠道；在乡村旅游领域，创新业态模式和提升服务质量有助于吸引更多游客并推动乡村经济发展。

乡村振兴在不断发展的同时也出现了一些问题，例如，乡村生态环境状况不容乐观，土地生态环境破坏比较严重；乡村生态产业仍处于萌芽期，由于乡村生态产业的规划水平不高，进入市场的产品普遍价低质劣，难以满足消费者需求；生态环境治理体制不完善，乡村地区环保力量短缺，工作职责不清，处于劣势地位。

（三）发展趋势

1. 数字化助力乡村振兴

随着信息技术的快速发展，数字化已经成为乡村振兴的重要方式。未来，随着物联网和5G技术的普及，数字化将进一步助力乡村发展。数字化的发展将促进乡村的全面信息化，加速乡村智能化、产业化、服务化。比如，在农业方面，数字化种植技术将提高生产效率和农业生产质量，数字化销售和物流也将促进农业市场的连接和优化。

2. 绿色发展成为乡村发展主流

未来，纵深推进绿色发展是乡村可持续发展的关键。可持续发展需要符合生态环境要求的产业发展。农村可使"灰色"经济转型进入绿色经济领域，发展有机农产品和生态旅游等绿色产业，实现生态效益、社会效益、经济效益的良性互动。这有助于打造美丽乡村，增强乡村人气和吸引力。

3. 链式发展促进乡村发展

未来，乡村发展应该从单一产业的发展转变为产业链的发展。比如，发展乡村产业带动乡村旅游、农户种植，引入电子商务等其他产业的链式发展模式，可以提高乡村经济的整体效益和可持续性。

4. 文化振兴塑造乡村品牌

文化旅游已经成为乡村振兴的重要方向之一。未来，应加大文化振兴的投入，保护和发掘当地文化遗产，打造有特色的民俗文化活动，增强民族团结意识和文化自信，进而塑造乡村品牌，提高乡村活力和形象。

5. 多元化发展加强乡村竞争力

未来，乡村不应只依赖单一产业的发展，应以多产融合的形式发展。多元化发展可以增强乡村的综合竞争力，提高乡村社会和经济发展的可持续性。通过拓宽乡村发展的多元化方向，可形成差异化、品牌化、服务化的乡村产业新布局。这将有助于乡村的全面发展，增强乡村的经济基础和发展活力。

七、乡村教育现状分析

（一）发展现状

1. 硬件建设大幅提升，教学基础设施得到跨越式改善

在这次的走访调研中，我们能看到乡村小学的受教育条件有明显的改善，乡村小学教室配备了数字化黑板、多媒体电教室，还建设了图书室供学生学习课外知识。

2. 留守儿童、单亲家庭，家庭教育与学校教育严重脱节

根据我们的调研报告以及走访调查，发现农村家庭由于经济条件相对落后，大多为了过上更好的生活而选择外出务工，将孩子留给爷爷奶奶照顾。孩子在生活上缺少父母的关心关爱，而爷爷奶奶又过于溺爱，这让有的孩子不爱上学。孩子的成长只靠老师引导是不够的，家庭教育也是十分重要的一环。

3. 优秀教师流失严重，教师分布不合理

农村小学教师力量不足，分配不合理，例如调研团调研的程村镇中心小学，教师团队中不少教师身兼多职。教师团队力量薄弱，压力巨大。当前大学生毕业后大多选择留在城市，很少到经济发展相对落后的乡村工作，这导致乡村教师数量较少，青黄不接。

4. 农村学校体育、音乐、美术、英语等专业教师严重不足

在经济发展相对落后、教师资源不足等诸多因素制约下，乡村小学教育大多只注重学习成绩，对音乐、美术等重视不够。学生全面发展较为困难。

（二）发展建议

1. 扩充教师团队，提高教师素养

要提高乡村教学水平，必须扩大乡村教师的师资队伍，提高教师的教学水平，同时增加各方面的投入。政府和学校必须为教师创造更好的教学环境和生活条件，包括合理地改善他们的工资待遇和福利，吸引更多高素质的教师进入农村地区开展基础教育工作。在教学培训中，教师要掌握良好的教学理念和教学方法，并将其运用到课程教学中。举例来说，学校可以定期举办教育明星、能力比拼等活动，以不断鼓励教师在良性竞争下，更好地获得教学能力的提升和自身素质的进步。同时，农村地区的小学还可以与其他学校展开积极的合作，建立教师交流沟通的网络平台，通过定期举办教学经验的分享和交流会，让教师可以取长补短。此外，乡村地区的小学还可以与各大高校联系，让更多的大学生参与体验乡村生活。

2. 加强家庭交流沟通，组织家长活动

家庭教育是教育的重要组成部分，因此，农村小学教育的发展也必须充分动员家长积极地参与进来，发挥家长的正面引导和教育作用，引导学生树立正确的学习态度和学习意识。农村地区的小学教师应全方位加强与家长的联系，关注学生在学习过程中的点点滴滴。

3. 完善留才措施

乡村地区的留才措施尚待完善，目前主要存在以下问题：一是人才待遇偏低，在偏远山村工作生活单一、出行成本更高，难以吸引人才；二是人才投入不足，青年教师和离退休教师返乡工作，很多是靠感情、靠情怀，不能持久；三是人才容量偏小，人口的减少和老龄化，导致乡村的劳动力短缺、创新力下降，教育需求越来越小，人才容量也越来越小。

八、问卷"青年返乡助力乡村振兴"分析

（一）调查背景

乡村振兴战略是习近平同志 2017 年 10 月 18 日在党的十九大报告中提出的。实施乡村振兴战略，是党的十九大做出的重大决策部署，是新时代"三农"工作的总抓手。乡村振兴，教育先行；教育先行，教师为本。党和国家历来高度重视教师工作。习近平总书记强调，要从战略高度来认识教师工作的极端重要性，把加强教师队伍建设作为基础工作来抓。

2015 年 6 月，国务院印发《乡村教师支持计划（2015—2020 年）》，明确提出必须把乡村教师队伍建设摆在优先发展的战略位置，加强边远贫困地区乡村教师队伍建设。振兴乡村教育，乡村教师是关键之中的关键。教师是教育发展的第一资源，是国家富强、民族振兴、人民幸福的重要基石。乡村教师是发展更加公

平更有质量乡村教育的基础支撑,是推进乡村振兴、建设社会主义现代化强国、实现中华民族伟大复兴的重要力量。乡村教育振兴作为乡村振兴的战略支撑,其重中之重是加强教师队伍建设。乡村振兴最根本的是建设现代化经济体系,而乡村振兴的主力军是青年,他们也是最具活力的一代。

(二)调查目的

为研究青年返乡对乡村振兴的影响,推动青年返乡和乡村振兴有机结合,为乡村振兴注入新的活力和希望,实践团通过线上问卷来调查大学生对暑期开展第二课堂以及乡村振兴的了解程度,了解青年返乡的现状和心态,分析影响青年返乡的因素,总结青年返乡的经验和教训,为后续助力乡村振兴提供数据支持。

(三)调查数据

共收集问卷459份,有效问卷459份。以下是基于问卷的部分分析。

1. 您的年龄是?

各年龄段所占比例如图1所示。

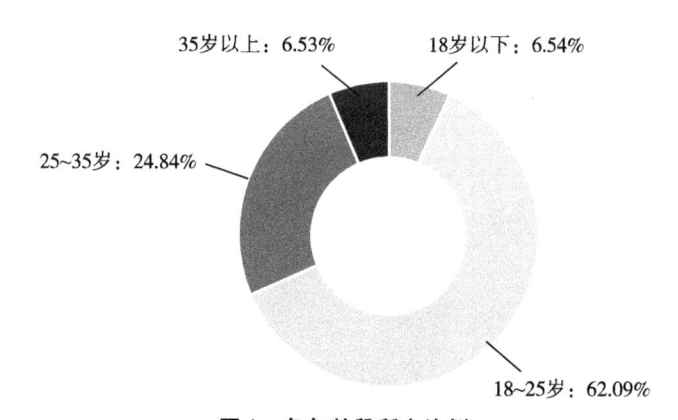

图1 各年龄段所占比例

这一调查结果表明本次问卷填写对象主要年龄阶段是青年。

2. 随着社会的发展和进步,您觉得现在的乡村发展如何?

对乡村发展的看法如图2所示。

研究乡村发展的现状对于本议题非常有意义,在改革开放之前,我国的乡村发展一直是缓慢的,甚至是被世人所遗忘的。在一、二线城市的发展到达一定瓶颈时,势必要同时发展乡村经济。调查发现,对于乡村发展的现状,有58.82%

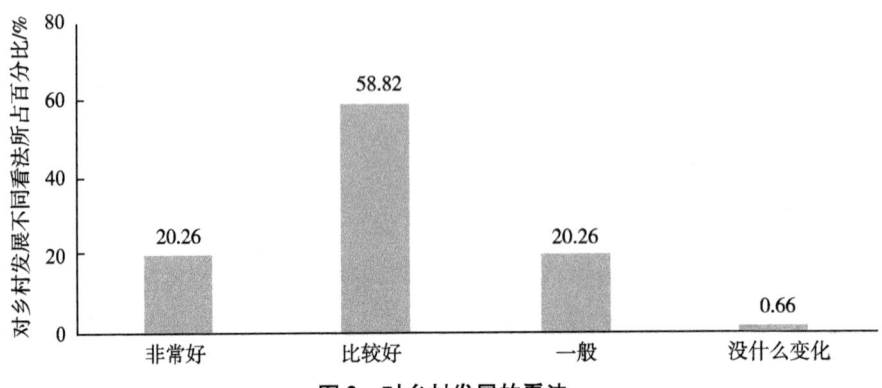

图2 对乡村发展的看法

的人认为现在的乡村发展比较好,有40.52%的人认为非常好和一般,只有0.66%的人认为没什么变化。从这个数据来看,随着社会的进步和发展,乡村发展具有普遍性,大部分人对现在的乡村发展持有积极态度,基本可以认为现在的乡村发展与过去相比具有向上的变化。

3. 请问您对乡村振兴战略了解多少？

对乡村振兴战略的了解程度如图3所示。

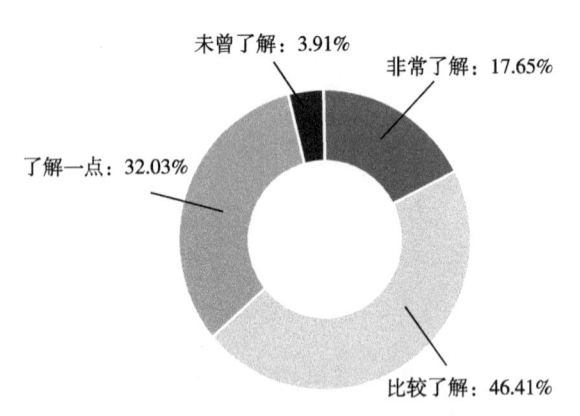

图3 对乡村振兴战略的了解程度

乡村振兴必然离不开乡村振兴战略,习近平总书记深刻指出,脱贫攻坚取得胜利后,要全面推进乡村振兴,这是"三农"工作重心的历史性转移。乡村教育事业是乡村振兴战略的重要支点,对接和服务好乡村振兴战略,以高质量教育赋能乡村振兴,是教育部门和教育工作者义不容辞的责任与担当。乡村振兴战略的创新之处可以从价值、制度、组织三个维度来认识,意义重大。可是从乡村振兴战略的了解程度调查来看，有 17.65% 的受访者表示非常了解乡村振兴战略，46.41% 的受访者表示比较了解，32.03% 的受访者表示了解一点，仅有 3.91% 的受访者未曾了解，这里说明乡村振兴的概念在中国并未完全普及，应该加大宣传力度，让更多的青年参与到乡村振兴活动中，让青年教师更好地成为乡村振兴的主力军。

4. 您认为乡村振兴战略宣传应该采取哪些方式？

人们对于乡村振兴战略了解程度不高可能是由于在制定乡村振兴战略宣传策略时，没有明确的目标受众，内容过于复杂，很多人可能难以理解其中的具体内容。对此受访者认为利用社交媒体进行宣传是最受欢迎的宣传方式，这显示了社交媒体在宣传乡村振兴战略方面的重要性，人们希望通过社交媒体更快、更全面地获取相关信息；希望通过定期开展宣传活动和座谈会来了解乡村振兴战略；发放宣传材料和手册也是比较受欢迎的宣传方式，这表明人们仍然喜欢通过传统的宣传方式来了解，因为宣传材料和手册可以提供详细的信息；利用学校和教育机构进行宣传是最不受欢迎的宣传方式，只占总有效次数的 43.79%，这可能是因为学校和教育机构的宣传方式受到了时间和资源的限制，无法覆盖到所有人。综上所述，乡村振兴政策宣传应采取多种方式，包括举办宣传活动和座谈会、利用社交媒体平台以及发放宣传材料和手册。这些方式可以满足人们对不同宣传方式的需求，提高政策宣传的效果。同时，学校和教育机构也可以考虑改进宣传方式，以提高受众的参与度。

5. 您是否听说过大学生利用假期开展"第二课堂"？

是否听说过大学生利用假期开展"第二课堂"的回答占比如图 4 所示。

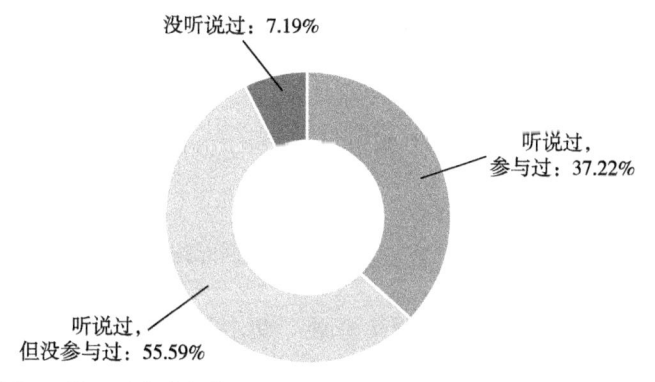

图 4　是否听说过大学生利用假期开展"第二课堂"的回答占比

随着脱贫攻坚战胜利号角的打响，乡村振兴也需要迫切地加大投入，广东省委提出"百县千镇万村高质量发展工程"助力乡村振兴。每个地方都有不同的特色，我们应该因地制宜，助力推广地方特色资源，加速推动乡村全面振兴。通过数据可以看出，虽然大部分人对大学生利用假期开展"第二课堂"有所了解，但参与度相对较低。

6. 您认为大学生开展第二课堂应该关注哪些方面？

兴趣爱好是大学生开展第二课堂最受关注的方面，占总有效次数的73.86%，大部分人认为大学生开展第二课堂要注重培养同学们的兴趣爱好，因为兴趣是最好的老师，当人对某件事物感兴趣时，能迅速地激发自我驱动力，主动探索、学习相关领域的知识。社交是一项非常重要的技能，它有助于个体在群体中建立联系，维持社会关系，传递信息和知识，以及共同协作。本次调查中社交占总有效次数的62.09%，他们认为大学生在开展第二课堂时需要关注同学们的社交方式。体育运动是大学生开展第二课堂中受关注度较高的方面，占总有效次数的59.48%。这表明大学生重视身体健康，希望通过参与体育运动来保持身体的健康和活力。

7. 你认为大学生开展"第二课堂"的未来发展方向是什么？

对"第二课堂"未来发展方向的看法如图5所示。

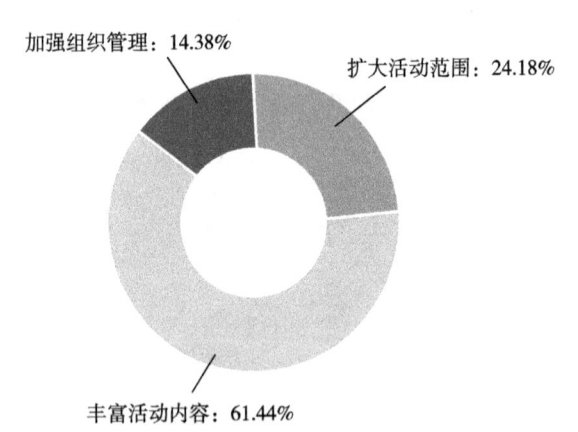

图5 对"第二课堂"未来发展方向的看法

本次调查中，参与者对于大学生开展"第二课堂"的未来发展方向进行了选择。其中，61.44%的人认为应该丰富活动内容，24.18%的人认为应该扩大活动范围，14.38%的人认为应该加强组织管理。可以看出，参与者普遍认为第二课堂应该注重活动内容的丰富性，同时也需要扩大活动范围和加强组织管理。因此，未来发展方向应该是在保证活动内容丰富性的前提下，进一步扩大活动范围和加强组织管理。

8. 您身边是否有青年在假期参加类似的活动？

有60.13%的人身边有青年在假期参加一点类似的活动，如图6所示。这可能意味着在假期时，一部分人选择休息或者参加其他类型的活动，而不是专门参加类似的活动。30.07%的人表示在假期中有很多青年参加类似的活动，这说明在一些社区或者团体中，有较多的青年选择在假期期间参加这类活动。这可能是因为这些活动具有吸引力或者有特定的机构在推广和组织。有9.80%的人表示在假期中身边基本没有青年参加类似的活动。这可能是因为在他们所处的环境中，这类活动的选择较少或者没有得到足够的宣传和推广。综上所述，根据数据分析，大部分人假期时在一定程度上参加类似的活动，但具体参与程度因个体和环境的不同而有所差异。

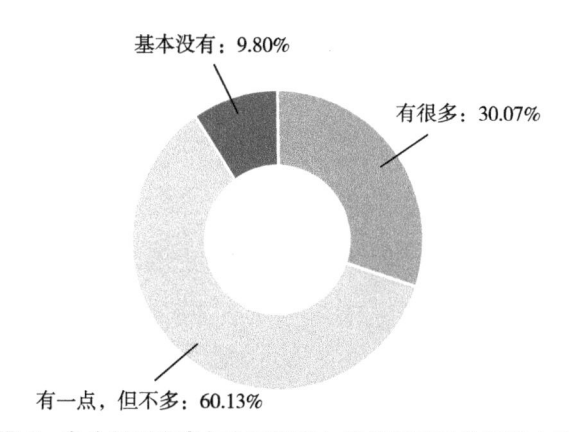

图6 身边是否有青年在假期参加类似的活动的回答占比

9. 如果有机会，您愿意参与到乡村振兴工作中吗？

对参与乡村振兴工作的意愿如图7所示。

调查结果显示，有80.39%的人认为去乡村工作或创业是在考虑范围之内的，因此我们认为返乡助农可实施性较高，返乡助农具有一定的发展前景。

10. 您认为乡村振兴的成功与否与青年的参与度有关吗？

图8数据显示，有87.58%的人认为乡村振兴的成功与否与青年的参与度有关，12.42%的人认为没有关系。可以看出，绝大多数人认为青年的参与与乡村振兴的成功有关。乡村振兴的成功与否与青年的参与度密切相关，因为在乡村振

不愿意：19.61%

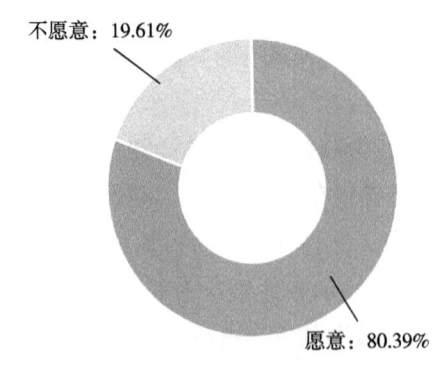

愿意：80.39%

图 7　对参与乡村振兴工作的意愿

兴中，青年是最为重要的力量，他们是乡村振兴的积极参与者和推动者。青年对乡村振兴有着更为积极的态度和热情，拥有创新精神和活力，可以发挥自身专业特长，推动当地的产业发展，提升当地的经济水平，为乡村振兴带来新的发展动力，促进当地文化的发展，为乡村文化注入新的活力。他们更愿意参与到乡村振兴中，贡献自己的力量。青年参与乡村振兴还可以为当地带来新的想法和思路，带动当地经济的发展。青年参与度的高低是衡量乡村振兴成功与否的重要指标之一。

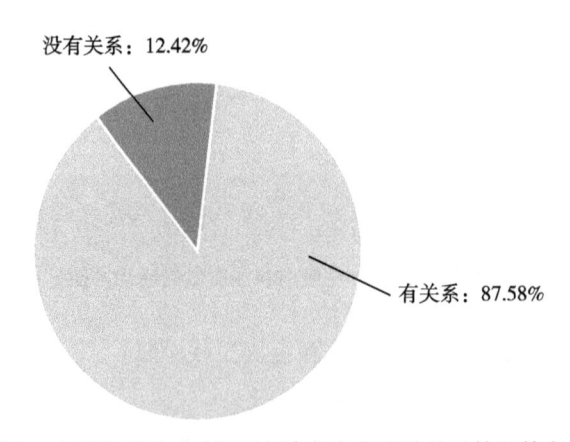

没有关系：12.42%

有关系：87.58%

图 8　乡村振兴的成功与否与青年参与度的关系的回答占比

（四）结论

乡村发展是当前中国面临的一个重要问题。随着城市化进程的加速和农村人口不断向城市转移，乡村地区的人口和劳动力不断减少，导致农业生产和发展面临巨大挑战。为了促进乡村的发展，国家出台了一系列的政策和措施，包括乡村振兴战略、乡村建设行动、乡村旅游等。这些政策和措施有助于改善乡村的基础设施、促进农业生产、增加农民收入、保护生态环境等。乡村振兴战略宣传是实现乡村振兴的重要保障，可以加强公众对乡村振兴战略的认识和支持，促进乡村振兴战略的实施。大学生利用假期开展"第二课堂"活动在我国十分流行。许多大学生在假期时会选择回到家乡或者去其他地方开展各种公益活动、社会实践、志愿服务等，以回馈社会、锻炼自我、拓宽视野。大学生在开展"第二课堂"活动时，应该关注以下方面。

1. 活动的目的和意义

大学生应该明确活动的目的和意义，确保活动的每一项内容都能达到预期的效果。

2. 活动的组织和实施

大学生需要考虑如何组织和实施活动，包括活动的时间、地点、参与人数等。

3. 活动的内容和形式

大学生应该根据活动的目的和意义，结合实际情况，设计出合适的活动内容和形式。

4. 活动的评价和引导

活动的评价和引导旨在提高活动的质量和效果，为今后活动的开展提供有益的借鉴和启示，并促进学生的个人发展。

随着社会的发展和进步，大学生开展"第二课堂"活动的未来发展方向应更加多样化、特色化。大学生在开展"第二课堂"活动时，可以使活动的主题更加深入和丰富，提高活动的内涵和吸引力。例如，可以将活动的主题与当前的社会热点、大学生的专业特长等联系起来，让活动更加有针对性和实效性。活动的形式和参与方式应更加灵活多样，以满足不同学生的需求和兴趣，并提高活动的参与度和实效性。例如，可以涵盖文化、科技、体育、环保等各个方面，让学生通过参与活动，提高自己的综合素质和创新能力。

乡村振兴是我们这一代人的责任。通过参与乡村振兴工作，我们可以为农村地区的发展做出自己的贡献，同时也可以让自己更好地了解中国农村的发展状况，锻炼自己的能力和素质。青年是乡村振兴工作的重要组成部分，其参与度将直接影响到乡村振兴工作的效果和成果。在乡村振兴工作中，青年可以发挥自身的社会责任感和使命感，积极参与到各项活动中，为乡村振兴工作贡献自己的力量。此外，青年还可以通过活动的参与和体验，更好地了解中国农村的发展状况，提高自身的综合素质和能力，为未来发展打下良好的基础。

九、乡村振兴未来发展性讨论与对策

（一）加大宣传，激发热情

各级人社部门和相关单位要充分利用各种渠道广泛宣传引导、鼓励、支持青年返乡就业，加大青年返乡创业先进典型、先进经验的宣传力度，发挥典型示范作用，让他们在政治上受尊重、精神上得荣誉、社会上有地位，营造良好的舆论氛围。定期通过各种渠道发布就业信息，解决返乡青年就业政策空白与不对接的问题，帮助返乡就业青年及时正确理解掌握政策，使返乡就业青年有归属感，能够真正融入家乡振兴发展中。

（二）完善服务，优化环境

乡村振兴的关键在于人，首先要有"人气"。要完善搭建返乡青年就业服务平台，发挥各平台的服务作用，提供在线课程、教育资源共享、活动报名等功能，让青年学生和教育资源更加便捷地匹配，提高教育的效率。建立服务效果监测评估机制，通过定期的服务评价和反馈，发现问题、改进服务，确保服务的有效性和可持续性。各相关部门要改进服务方式，强化效能建设，简化审批手续，转变工作作风，提高工作效率，提高服务水平。

（三）拓宽渠道，破解瓶颈

各级职能部门要积极落实金融支持政策，打造资金扶持平台，建立青年返乡教育基金，资助有能力的青年返乡者开展教育项目。给教育机构、学校或教育组织提供实习的机会，让青年返乡者有机会深入教育领域，了解教育工作的实际情况，增强实践能力。组织青年返乡者开展一系列教育活动，如讲座、培训、实习等，让青年更深入地了解乡村教育需求和问题，并提高自身的专业素养。让他们了解相关政策和措施，鼓励他们积极参与教育项目，增强他们的参与意识和积极性。

（四）量身定做，分类培训

一是提供多样化的教育培训。教育培训是青年返乡助力乡村振兴的基础，可以组织形式多样的教育培训活动，优化培训内容，帮助青年返乡者了解教育项目和相关政策，帮助青年学习新知识、掌握新技能，提高他们的教育水平和技能，使他们更有信心地参与教育项目。二是加强对乡村教师的培训，提高他们的专业素质和教学水平，建立导师制度，由有经验的教师或专业人员担任导师，与青年返乡者进行"一对一"的指导和培训，培育乡村骨干教师，让他们得到实质性的帮助和指导。要着力培养一批有思想、懂技术的乡村骨干教师，引导青年就近就地就业。

（五）典型培育，示范引领

乡村教育的发展需要社会各界的支持。乡村学校的师资队伍是影响乡村教育水平的关键因素。因此，要加强乡村教师队伍建设，提高他们的专业素质和教育教学水平，让他们成为乡村教育的中坚力量。各级职能部门要结合师资、项目和学校建设的实际，有效整合资源和条件，打造教育示范基地，发挥其示范效应，鼓励和吸引青年返乡参与教育事业，继续发挥教育示范基地典型引领、辐射带动效应，完善乡村学校信息化服务平台建设，打造乡村教育发展基础硬件，充分利用信息技术，提高乡村学校的信息化建设水平，实现教育资源共享，提高教育教学质量。加大对返乡杰出青年教师的典型宣传，积极引导青年教育者就地创业，反哺家乡，引导全社会共同关心和支持青年教师返乡工作，激发返乡青年教师工作热情。紧抓乡村振兴战略实施机遇，持续探索与凝练"一核双驱三联合"的路线。

（六）将乡村振兴与"第二课堂"相结合

"第二课堂"可以作为教育资源的一个补充，学生可以通过参加"第二课堂"活动，了解当地的农业、文化等，从业增强乡土情怀；"第二课堂"可以采用各种创新的教育方式，如游戏化教育、情境教学等，增强趣味性和学生的参与度，提高学生的学习效果；"第二课堂"可以作为一种城乡互动的方式，吸引城市的学生来到农村进行实践，提高农村学生的眼界和思维方式，促进城乡融合；"第二课堂"可以开设各种技能培训课程，如农村电商、农产品加工等，提高青年的技能水平，促进乡村振兴。

（七）解决人才缺乏问题

农村青年劳动力和人才流失现象不容忽视。农村青年人才的流失，容易动摇乡村教育的基础，使乡村教育发展后劲不足。我国发展的重要资源之一就是人才，全面建成小康社会也离不开人才。全面实现第二个百年奋斗目标——建设社会主义现代化强国，离不开人力资源。要将人才引进农村，就要考虑农村的特殊情况，使政策在一定程度上向农村倾斜，增加乡村教育经费，用于提高教师待遇，改善乡村学校的设施和条件，包括教学设施、住宿设施、运动设施等，吸引农村本地青年人才和外地青年人才到农村发展，参加新农村建设。通过宣传，吸引当地的外出务工青年回到家乡工作；通过农村青年返乡，减少农村留守人员数量，让农村留守家庭能够团聚。

（八）强队伍，在吸引大学生返乡加入乡村干部队伍上下功夫

乡村振兴，虽然关键在人才，但是根本还在乡村。只有为乡村两级的领导班子和工作人员注入新的思想和活力，才能切实改变当前缺人才、缺技术、缺发展思路的现状，所以要致力于在乡镇干部队伍和村干部队伍改革及吸引人才上下功夫。一是给大学生提供有吸引力的薪资待遇，包括基本工资、住房补贴、福利待遇等，吸引更多的大学生回到乡村从事教育工作；二是对教师队伍进行培训，向广大高校，特别是教育类高校，引进一批懂教育、爱农村的大学生，切实解决现有人员不适应现代化教育方式的问题和建立常态化帮扶机制；三是坚持按编额及时补充人员，对拟新招录乡村教师，特别是相对落后地区乡镇学校的教师，可以通过降低招考要求、提高招考成功率，确保人才能召回，人员能稳住，使人员结构实现持续优化；四是建立关爱激励机制，创造一个良好的工作环境，落实乡镇"五小"建设（乡镇小食堂、小澡堂、小卫生间、小阅览室、小文体活动室建设），提升青年教师幸福感和荣誉感，加大乡村教师专项补贴的倾斜力度，提高乡村教师的经济收入水平；五是加强宣传推广，通过各种渠道宣传和推广乡村教育队伍的工作情况，让大学生更加了解乡村教育的意义和重要性，让大学生有更多机会了解和参与教育工作的具体内容。

（九）强培育，在"内育外引"大学生返乡创新创业上下功夫

在与乡村振兴衔接过程中，政府应继续发挥主动性，在"内育外引"大学

生返乡创新创业上下功夫，补足农村的人才短板。一是要大力培育新型职业农民，"内育"在乡人才。结合建设"人人持证，技能社会"和农村劳动力建档立卡的有利契机，针对返乡大学生不同的专业背景和从事的职业，精准分类开展职业技能提升培训，建立考核认证体系，真正建立一支引领带动农村发展且长久驻留农村的大学生人才队伍。二是要吸引本籍大学生回流，"外引"返乡人才。以乡情乡愁为纽带，通过"项目、家乡情怀、亲情、政策"吸引本籍人才回归创业，在资金、土地、技术等方面给予政策倾斜，吸引在外就业的大学生返乡创业，对积极向上且能带领当地农村、农民致富奔小康的返乡大学生优先推荐为相应层级的代表和委员，引导大学生心系家乡、回乡创新创业，实现人才资源由乡村流出，再返回乡村、回馈乡村的良性循环。

（十）搞对接，在地校合作定向培训大学生上下功夫

当地政府应积极与高校对接，共建乡村振兴研究院、地方专项计划等平台，聘请农村教育发展方面的专家，分享工作经验，指导培训返乡大学生在现代教育事业发展上开辟出一片天地，切实提升农村实用人才队伍的能力，特别是提升返乡大学生的专业技能。例如，可以学习和借鉴山西省忻州师范学院与相对落后地区签订的顶岗实习支教合作协议，该校整批次派驻在校大学生到艰苦地区且缺少师资的乡村中小学顶岗实习支教，通过对农村现状的了解和对自身的实践锻炼，做好留在农村发展的心理准备和提高到乡村发展的机体承受能力，为乡村发展增添新鲜血液和创新活力，从而带动乡村振兴中现代教育事业的发展。

（十一）建机制，在人才基层导向和激励服务上下功夫

一是建立激励机制，增加农业、教育、医疗部门经费投入，进一步吸引农业、教育、医疗等紧缺人才回归乡村、奉献家乡，确保返乡大学生有资金从事专业工作。可对长期服务乡村且对农村发展有突出贡献的返乡大学生子女升学给予降分和破格录取的激励和鼓励，让他们住得下、干得好，不为子女升学担忧，不为生活牵累。二是建立政府购买服务机制，对农技推广实行合同制管理，选聘有学历、有资历、有能力的返乡技术人员服务农村，在给予相应级别工资的基础上，根据其工作量和贡献成效给予一定的奖励。三是引导人才向农村流动，返乡大学生等乡村人才在职称评审时要以实际业绩为主，进一步突破岗位数额和专业结构的限制，大力实施"三支一扶"，继续加大支教教师的输送力度，继续为基

层补充特岗教师，继续为基层派驻全科医生，提高乡村人才在服务基层的补助待遇，在现有的扶帮扶力度上，进一步引导及推动人才及资金向偏远农村流动。

（十二）优环境，在引导大学生返乡发展的政策制定上下功夫

建议出台招才引智支持大学生返乡创新创业的政策机制，对返乡大学生在编制、住房、教育、商事、创业等方面做出具体奖励和激励规定，解决返乡大学生等人才的后顾之忧，特别是在子女上学、配偶就业等关键环节要一人一策、因人施策，营造拴心留人的创新创业环境，构建返乡大学生能来得了、住得下、长久发展的长效机制。一是在引才政策上，建立返乡大学生引进机制，对专业性强且急需的人才，可以采取聘任方式招进，对边远山区的岗位可以降低限制条件和要求，在倾斜工资待遇的基础上，限定服务年限，指明发展方向和上升路径，确保返乡大学生待得住、能发展；二是在留才政策上，制定出台创新创业发展支撑政策和补贴方式，按照返乡大学生留在当地农村的服务年限，提供相应的资金激励、场地租用补贴、无息贷款、免税等政策，为返乡大学生在基层的长期发展提供优良的环境和良好的政策。

十、改善措施与发展建议

随着脱贫攻坚战取得了全面胜利，我国的乡村建设也有了翻天覆地的变化，但是总体而言我国乡村还是存在发展滞后的问题，产业技术缺乏、劳动力流失、农业支撑力不足，导致城乡发展差距依然比较大。乡村振兴的重点是人才补充和技术支持，这需要全社会的共同努力。高校是培养人才的摇篮，利用"第二课堂"培养学生的实践性、开拓性，将高校"第二课堂"与乡村振兴战略相结合，搭建特色实践平台，通过专业知识形成产业链、教育链，弥补高校"第二课堂"的教育实践缺失，推动产业信息化发展，吸引人才回流。团队通过多种调研方式，探索出一条"一核双驱三联合"特色路线。以推进乡村振兴、缓解教育发展不平衡的问题为核心，以"产学合作""社会实践"为"双驱"，将"高校、政府、企业"三者联合，紧密围绕"根植地方、服务地方、贡献地方"的宗旨，服务地方经济社会发展，持续探索与凝练"一核双驱三联合"的路线，以青春正能量助力乡村教育新发展。

（一）"一核"——推进乡村振兴

"一核"为核心，即"以推进乡村振兴、缓解教育发展不平衡的问题为核心"，这是大学生开展社会实践的初心使命，回答了"社会实践为了谁"的问题。

党的十八大以来，以习近平同志为核心的党中央高度重视教育事业，对教育工作做出了一系列重要部署和重要决策，推动教育事业取得历史性成就。党的二十大报告指出，加快义务教育优质均衡发展和城乡一体化，优化区域教育资源配置，强化学前教育、特殊教育普惠发展，坚持高中阶段学校多样化发展，完善覆盖全学段学生资助体系。如今，我国正在向着教育现代化新征程迈进。"到2035年，总体实现教育现代化，迈入教育强国行列，推动我国成为学习大国、人力资源强国和人才强国，为到本世纪中叶建成富强民主文明和谐美丽的社会主义现代化强国奠定坚实基础。"2019年2月，《中国教育现代化2035》发布，为我国教育现代化描绘了美好前景和奋进方向。

（二）"双驱"——产学合作与社会实践

党的二十大报告强调，教育、科技、人才是全面建设社会主义现代化国家的基础性、战略性支撑，要坚持教育优先发展、科技自立自强、人才引领驱动，加快建设教育强国、科技强国、人才强国。

由政府牵头，通过与高校建立产学合作，政府和高校可以相互推荐建立起"第二课堂"教育实践基地，线上线下相结合，并建立线上教学平台，通过网课的形式进行跨地域教学，与当地学校一起制定人才培养方案。平时采用线上扶持的方式，假期开展"三下乡"社会实践活动，以助力乡村学生实现梦想、振兴农村为背景，开设特色课程，通过课堂与乡间融合教学的多元化形式让新事物、新知识走进当地学校。课堂融合乡村、当地居民与学生，辅以特色课程（外语、博学讲堂、党史红色经典教育、毛笔书法、舞蹈、手工、情景剧、心理健康、健康与体育、环保、唱歌、主题班会），开设生理健康课、文明礼仪课、民族体育课等，整合团队资源进行教学活动。让留守儿童学会感恩身边的人，感受到党和社会的温暖，引导他们树立正确的人生观、价值观，做一个阳光少年。也可以走访老党员，由中共党员、中共预备党员带领入党积极分子、共青团员、少先队员共同学习党员精神，实现党的精神传承。社会实践团按照计划，开展相关的实践活动，如实地调查、问卷调查、访谈等，将产学理论转化为成果，并将实践成果进行整理、汇总和分析，形成可行的研究报告；高校进行推广，加快打造一批专精特新团队，培养一批引领型、成长型乡村教育骨干团队，将社会实践成果转化为实际应用成果，为后续的工作开展积累宝贵的经验。社会实践团可以在实践中，发现乡村问题，并提出相应的解决方案，助力乡村振兴。

青年强则国家强。党的二十大报告指出，广大青年要坚定不移听党话、跟党走，怀抱梦想又脚踏实地，敢想敢为又善作善成，立志做有理想、敢担当、能吃苦、肯奋斗的新时代好青年。当代中国青年生逢其时，施展才干的舞台无比广阔，实现梦想的前景无比光明，要坚定理想信念，自觉担当重任，让青春在全面建设社会主义现代化国家的火热实践中绽放绚丽之花。实践育人是思想政治教育体系的一个重要环节，是落实立德树人的根本任务，高校在推动学生成长成才、堪当民族复兴重任方面发挥了重要作用，坚持守正创新，坚持问题导向，持续推动新时代实践育人高质量发展。

依托高校产学合作，发挥产学合作、社会实践驱动作用，把企业合作基地作为学科实践的教学基地，实现专业知识和实践操作的有机结合，充分发挥产学合作、协同育人的优势，发挥专业知识对大学生参加社会实践的指导作用。

（三）"三联合"——高校、政府、学生

"三下乡"实践是高等学校实现立德树人的必要手段之一：打造教育实践基地，与高校"第二课堂"相结合，依托乡村振兴战略，构建实践育人、服务国家的系统工程。高校暑期开展"三下乡"活动可以带领学生走入农村地区，帮助学生在锻炼中获得成长。"第二课堂"的设置加强了实践育人的稳定性和持续性，可以更好地结合当地情况制定人才培养方案，以确保培养模式的专业性。"第二课堂"的建立确保了人才培养方案的系统完整，建立一套完整的评估培养制度绝不能脱离实践理论和实际背景，将高校、政府、学生三者相结合，优化人才培养机制，加强地区与高校之间的融合，实现双赢。

因此，通过建立"一核双驱三联合"合作关系，高校以相关专业大学生为纽带，与产学合作企业建立长效联系，引导青年大学生更好投身于乡村振兴建设之中，激发大学生的社会责任感，做到知行合一、躬行实践，在实践中学真知、悟真谛，以昂扬的姿态追逐青春梦想，以"知重负重，久久为功"的决心投身实施乡村振兴战略，加快农业农村现代化步伐，以众智众力撬动发展的"杠

杆"，以苦干实干让发展成效凸显出来，用汗水的浇灌推动乡村振兴"开花结果"，用功在不舍的脚步不懈赶考，让青春之力在基层大地上澎湃涌动。

十一、结语

党的十八大以来，以习近平同志为核心的党中央对新时代党和国家事业发展做出科学完整的战略部署，做出"建设教育强国是中华民族伟大复兴的基础工程"的重大论断和决策，坚持教育在社会主义现代化建设中的优先发展地位，党的二十大报告再次强调教育强国建设并提出新的更高要求，意义重大而深远。国务院于 2023 年 2 月印发的《质量强国建设纲要》中提到，积极发挥教育在助力乡村振兴中的基础性、先导性作用，用高校资源助推农村科教文卫事业发展，巩固乡村振兴成果。因此，高校应做好立德树人根本任务，依托学科优势、人才优势和科研优势，引导高校人才助力乡村事业发展，积极帮助乡村发展特色产业，为乡村产业振兴注入强大的内生动能。

然而，在区域发展不平衡的背景下，教育资源的分布仍存在较大差距，特别是农村地区和欠发达地区的教育水平相对较低。义务教育实现基本均衡后，乡村教育取得了一定成果，但仍然面临一些现实挑战。

《2022 年中国乡村教育发展报告》指出，当前乡村教育整体呈现出乡村学校与学生数量减少、寄宿制学校占比较高、小规模学校发展滞后、城乡教育差距仍然存在等特征，同时面临音体美及理化生类教师不足等问题；乡村学生身体素质进步明显，但在心理健康和社会情感发展等方面不容乐观；乡村学校与家庭协作缺乏有效机制和专业资源，仍需社会支持。

随着城市化进程加快和国家生育政策红利消退，乡村学校面临生源逐年下降的问题。如今，乡村教育还面临着"乡村空、城镇挤"的突出矛盾。尽管学校小学条件总体达标，但城乡在师资力量和文化环境等方面存在较大差距，导致一些乡村学校生源大幅减少，而城镇学校的随迁子女却不断增加。如今，义务教育已全面普及，乡村教育得到长足发展，但孩子们学习的道路上仍存在一些"绊脚石"。

通过本次实践活动，团队成员深刻认识到学习领会乡村振兴战略，感悟美丽乡村建设的生动实践，对"加快建设高质量教育体系，发展素质教育，促进教育公平"有了更为深刻的认识，对农村的孩子们有了更真挚的感情，在更深层次上理解了"人才振兴机制"的重要性和必要性。

对大学生志愿者来说，把个人奋斗融入国家和社会发展需要中，是最佳选择。当前，广东正在深入实施"百县千镇万村高质量发展工程"，全面推进乡村振兴掀起新热潮，特别是中国特色农业农村现代化进程加快，科技赋能让农业生产、农村生活、农民职业呈现全新面貌。在这一背景下，富有朝气、富有学识的大学生投身乡村振兴，大有可为，正当其时。

基层一线，是增长见识、了解国情的大课堂。做好种子工作、全面推进乡村振兴，需要志愿者花更多功夫、下更大力气。在此过程中，必然会遇到很多困难，有的困难可能超出想象。越是困难大、矛盾多的地方，就越要"俯下身子、沉下心来"，在服务基层的实践中经历摔打、挫折、考验，这样才能磨出真功夫、硬本领。

乡村振兴，关键在人，重点在青年。我们希望更多有理想、有知识、有创新力的大学生到乡村去，不拘一格创造未来，当地政府也必须拿出实实在在的举措，让志愿者愿意留、留得下、发展好。比如，制定出台务实管用的优惠政策，完善各类人才招引、培训培育、激励鼓励配套措施，有效破解融资支持、创新支撑、创业扶持等方面存在的问题；又如，完善基础设施建设和公共服务，营造有利于各类人才创新创业的大小环境等。

如此，有人才的奔赴，有政策的加持，推动乡村振兴便有了最扎实的基础和最厚重的底气。

参 考 文 献

[1] 苗爽. 社会策划模式下南村乡村振兴战略实施路径研究 [D]. 呼和浩特：内蒙古大学，2020.

[2] 胡宏亮，王慧，张健. 乡村振兴战略背景下面向农村的职业教育：作用机理、现实挑战与调适策略 [J]. 教育理论与实践，2023（27）：17-23.

[3] 张佩瑶，薛晖. 乡村振兴战略背景下高校思政教育推动乡村人才振兴的实施路径 [J]. 智慧农业导刊，2023，3（16）：129-132.

[4] 欧阳修俊，周润伍. 新时代教育服务乡村振兴的战略思考 [J]. 教育理论与实践，2023，43（22）：10-15.

[5] 陈琳琳. 农村教育高质量发展赋能乡村振兴的机理、模式与政策建议 [J]. 价格理论与实践，2023（07）：191-194.

［6］梁钰歆．乡村振兴背景下城乡义务教育资源优化配置研究［D］．太原：山西财经大学，2023．

［7］付钰．乡村振兴背景下农村留守儿童教育保障研究［D］．长春：吉林大学，2023．

［8］马玮岐．乡村振兴背景下乡村教师的身份重构［D］．桂林：广西师范大学，2023．

［9］金蓝青．教以兴镇：乡村新内生发展的路径研究［D］．长春：吉林大学，2023．

［10］刘嗣成．对农村小学教育现状的思考［J］．文化创新比较研究，2020，4（13）：133－134．

［11］马一先，邓旭．乡村教育助力乡村振兴的价值意蕴、目标指向与实践路径［J］．现代教育管理，2022（10）：50－57．

践行"千万工程"经验，擘画"五位一体"蓝图

——佛山市南海区社会实践项目

摘 要：乡村振兴涵盖经济、政治、文化、社会、生态五个方面的内容，是推进"五位一体"总体布局的重要体现。习近平总书记在浙江工作时亲自谋划、亲自部署、亲自推动"千万工程"这一项重大决策，其全面实施20年来深刻改变了浙江农村的面貌，为广东省九江镇乡村建设提供了诸多可借鉴学习的经验。本文采用统计分析法、实地考察法、人物访谈法等，对广东省佛山市南海九江镇等地进行实地调研，总结了"千万工程"经验在九江镇乡村振兴工作中的具体运用，并以此分析其需要改进的不足之处，从而助力九江镇统筹推进"五位一体"总体布局，在九江镇乡村产业、生态、文化、组织和人才振兴方面各自形成实践指引，为九江镇构建宜居宜业和美丽乡村提供实践遵循。同时，也验证了"千万工程"经验在乡村治理工作中更广阔范围的普适性。

关键词："千万工程"；"五位一体"总体布局；乡村治理经验

一、引言

（一）研究背景和研究意义

1. 研究背景

民族要复兴，乡村必振兴。习近平总书记在党的二十大报告中强调要全面推进乡村振兴，并在考察中指出，要全面建设社会主义现代化国家，最艰巨最繁重的任务仍然在农村。乡村振兴已成为我国构建新发展格局、推动高质量发展的重要组成部分。在第二个一百年的征程中，必须持续推进乡村的全面振兴，稳步推进农业强、农村美、农民富的全面实现。

中国是农业大国，农村经济的发展对于实现全面建设社会主义现代化国家的目标至关重要。然而，长期以来，农村地区在基础设施建设、农业发展、教育医疗和环境保护等方面存在明显的不平衡和不足。

在中国现代化建设的过程中，农村的发展一直是重要的议题。"千万工程"的推出是针对这一问题的重要举措。该工程自2002年启动以来，通过大规模投资和政策支持，致力于改善农村地区的基础设施水平，促进农业现代化发展，提高农民的生活质量和收入水平，推动农村地区的整体发展和现代化进程。

2. 研究意义

政策优化改进：通过深入研究"千万工程"在乡村振兴中的背景和做法，可以从经验总结和理论探讨的角度，为该工程的进一步优化和改进提供政策建议。通过了解工程的实施过程、政策效果和社会反馈，可以发现问题和瓶颈，并提供更加科学、有效的政策措施，以实现更持久、全面的乡村振兴目标。

知识产出与学术贡献：深入研究"千万工程"的背景和意义，有助于产出丰富的理论知识和学术贡献。通过系统整理、分析和总结"千万工程"和乡村振兴方面的理论知识、实践经验和政策案例，可以构建起完整的知识体系，为乡村振兴理论和实践提供重要的参考资料和理论框架。

可持续发展路径探索："千万工程"在乡村振兴中的应用既取得了一定成功，也面临一些困难和挑战。通过深入研究"千万工程"的背景和意义，可以探索推动乡村可持续发展的路径和机制，实现经济、社会和环境协调发展。这将有助于解决农村发展不平衡和生态破坏等问题，为乡村振兴提供可行性和可持续性的发展方案。

总之，深入研究"千万工程"在乡村振兴中的背景和意义，不仅有助于政策优化和改进，还能够产出丰富的理论知识和学术贡献，探索乡村可持续发展的路径，促进国际经验借鉴与对话。这些方面的研究意义将为农村振兴理论和实践的深化提供重要支撑，并对实现乡村现代化和全面建设社会主义现代化国家的目标具有重要意义。

（二）研究思路和研究方法

1. 研究思路

本研究将采取线上线下结合的方式，选择以广东省佛山市南山区九江镇下西社区为代表的乡村地区，实地考察"千万工程"在当地的具体实施情况。首先，通过参观工程项目、观察基础设施改善情况，与当地乡村干部、农民代表等进行访谈交流，了解"千万工程"对农村经济、社会、生态发展的具体影响和改变。其次，结合相关的文献资料，深入了解"千万工程"在乡村振兴中的理论基础和政策导向。通过对比分析各个地区的成功案例和经验，探讨"千万工程"在不同地域、经济条件和社会文化背景下的适应性和可复制性。再次，收集相关的统计数据和指标，如农村基础设施改善的数据、农业增产效益的数据等。利用统计分析法，对数据进行整理和分析，评估"千万工程"在乡村振兴过程中的具体应用效果和影响，发现潜在问题和改进空间。最后，根据实地调研、文献研究和数据分析的结果，总结"千万工程"在"五位一体"乡村振兴过程中的具体应用经验和成功要素。基于研究结果，提出具体的政策建议和措施，以进一步发挥"千万工程"的效益，推动乡村振兴的可持续发展。

2. 研究方法

调研团立足于乡村振兴的主题方向，采用统计分析法、实地考察法、人物访谈法等，针对广东省佛山市南海九江镇等地进行实地考察，具体内容包括参观当地农业转型成果，专访政府工作人员，参观国家级鱼花产业示范基地，寻访相关承包加工企业，探寻百年古村烟桥等，旨在理解党和政府关于农业的政策布局，学习"三农"发展经验，集中总结九江农业农村竞争优势，深度挖掘产业链推广借鉴价值，助力九江"文旅+农业"新模式宣传。

通过上述一系列相关实践调研进一步了解和考察九江立体多元农业体系建设和治理能力现代化的成果及存在的问题，为更好地实现乡村治理现代化，辅助调研村镇积极介绍推广优良农业发展格局，并宣传产业链创新优势，以带动招商引资，总结乡村发展普适性成功因素，为解决乡村治理困境、构建美丽的现代化乡村贡献力量。

二、"千万工程"和"五位一体"总体布局的相关概述

（一）"千万工程"相关概述

"千村示范、万村整治"工程（以下简称"千万工程"）是习近平总书记在浙江工作时亲自谋划、亲自部署、亲自推动的一项重大决策，全面实施20年来深刻改变了浙江农村的面貌，探索出一条加强农村人居环境整治、全面推进乡

振兴、建设美丽中国的科学路径。"千万工程"充分彰显了习近平总书记以非凡魄力开辟新路的远见卓识和战略眼光，全面展现了人民群众伟大实践同人民领袖伟大思想、伟大情怀相互激荡形成的凝聚力和创造力。在团队调研时，发现诸多"千万工程"经验在九江发展过程中的具体参考和运用的实例，在九江提升乡村振兴治理体系和能力现代化工作中发挥了重要引导启示作用。

（二）"五位一体"总体布局相关概述

"五位一体"总体布局即经济建设、政治建设、文化建设、社会建设、生态文明建设五位一体。"五位一体"总体布局是中国共产党对"实现什么样的发展、怎样发展"这一重大战略问题的科学回答，为用中国特色社会主义理论体系武装头脑、指导实践、推动工作，提供了强大思想武器。党的二十大报告提出，全面推进乡村振兴，坚持农业农村优先发展，巩固拓展脱贫攻坚成果，加快建设农业强国，扎实推动乡村产业、人才、文化、生态、组织振兴，全方位夯实粮食安全根基，牢牢守住十八亿亩耕地红线，确保中国人的饭碗牢牢端在自己手中。

因此，必须守住农业基本盘，守好"三农"基础这个应变局、开新局的"压舱石"。党中央认为，必须坚持不懈把解决好"三农"问题作为全党工作重中之重，举全党全社会之力全面推进乡村振兴，加快农业农村现代化。

三、九江镇在"千万工程"和"五位一体"总体布局下发展现状分析

（一）在"千万工程"背景下九江镇的发展成果

1. 产业振兴成果

在乡村振兴的"五位一体"中，产业振兴位居首要战略位置。产业振兴的有效推进，是乡村振兴的动力源泉，发挥着"引擎"作用，这关系到农业、农村、农民的全面发展。乡村产业振兴的关键就是要振兴现代农业。不过要明确的是，乡村产业并不能简单地看作乡村农业，将乡村产业与乡村农业简单粗暴地画等号是不恰当的。乡村产业发展要依托农村农业资源，以农业发展为主，同时要积极发展其他农村产业，形成以农业为中心、其他产业为辅助的产业集合体，从而实现农村一二三产业共同融合发展。发展乡村产业还应积极发挥农民主体性，

建立好利益联结机制，借助现代科学技术促使乡村产业规模化、智能化。

九江镇根据"千万工程"做法的经验启示，坚持因地制宜、科学规划，合理改进当地传统渔业方式，不仅保证了渔业资源可持续利用，也保留了原有的生态系统，从而维护自然环境的健康和市场的稳定。九江镇某社区的村民们总结出一套独家的养殖经验，并在村委的支持带动下，试点性地创办了渔业公司。公司引进先进的网格化可控温鱼苗培育设备，使鱼苗出品实现高数量和高质量的双量几何式增长，从年产五百万元到如今年产五千万元，丰富的经验和卓越的科技共同构成下西经济发展的双引擎。在乡村文旅产业发展同质化严重的今天，盲目地追求千篇一律的乡村文旅建设，不如脚踏实地紧紧依靠当地可利用资源扎稳根基，坚定产业道路自信，探寻出一条能够彰显特色的可持续发展之路。

此外，基于当地丰富的渔产资源，九江镇吸引了大量这一生产链上的相关企业，包括预制菜加工企业等。九江作为渔业养殖大镇，水产预制菜具有广阔的市场空间。对于消费者而言，水产预制菜简化了水产菜肴的烹饪步骤，给生活提供了不少便利，存在广阔的消费需求。2023年预制菜首次写入中央一号文件，为预制菜相关产业发展注入了强心剂，也为九江铺垫了一条优势强劲的发展道路。这些产业链上下游的优质企业不断加盟入驻，为九江新产业新业态茁壮成长添薪蓄力，从而充分激发乡村振兴的内生动力和活力，全面夯实了农民农村共同富裕的经济基础。

2. 生态振兴成果

坚持生态优先、绿色发展，是习近平总书记在"千万工程"项目推进中作出的重要指示。他强调要将村庄整治与绿色生态家园建设紧密结合起来，同步推进环境整治和生态建设；打好"生态牌"，走生态立村、生态致富的路子，并明确提出"绿水青山就是金山银山"。乡村生态振兴的本质就是坚持以人民为中心的发展思想，把实现人民对美好生活的向往作为出发点和落脚点。

"两山"理论蕴含着以人为本的理念。无论是绿水青山还是金山银山都是为了人民群众的美好幸福生活，致力于人类整体的永续发展和人民群众的期待与情怀。生态环境对人民群众的影响不仅是生活上的，还涉及人民群众的生存和发展空间，自然清新的空气、清澈见底的水源、和谐美丽的环境已经成为社会的普遍共识。只有利用好"绿水青山"，将"绿水青山"与"金山银山"的深刻内涵转化为生态实践才可以让人民群众感受到以人民为中心的发展思想。

在团队调研的过程中，九江镇乡村生态振兴整体现状稳中向好。乡村生态振兴实现了党建引领与村民自治的同步，推动了政府主导与村民主体的协同，推进了生态治理与自然环境的改善，初步建立了生态振兴的制度，实现了生态保护和经济发展的同步。

烟桥古村作为九江乡村生态振兴的重要一环，近年来收获颇丰。烟桥村四面环水，村庄的三面是竹林，三条水道把两行竹林合在一起，形成天然的"护村河"。烟桥村地属亚热带气候，四季分明。村北面靠近西樵，西面靠近西江主水道，村内纵横的水道大部分是西江的支流。2016年12月，烟桥村被列入第四批中国传统村落名单，其中广东省名村总数为34个。烟桥村总面积80万平方米，古建筑面积约3.8万平方米，河涌和竹林面积约5.8万平方米。村前长木桥原名"燕桥"，因终年水汽蒸腾、雾气缭绕，清乾隆年间已有"烟桥"之称，久而久之，村子也改名为"烟桥村"。古村规划严整，肌理完整，保存了大量清代古建筑群，静穆古朴。清代至今的烟桥八景分别为："长锁烟桥""水口斜阳""南塘月色""竹园午籁""平山落雁""松园鹤还""北堑鱼游""沙潭天晓"。

位于九江镇璜玑的鹭鸟天堂，自清代道光年间（1821—1850）便有鹭鸟在此世代繁衍。这里有数十亩竹林，四周被河流和鱼塘包围着，160多年以来都是众多鹭鸟栖息的地方，繁盛时曾达数万只之多。现在这里已成立自然保护区，生存在这里的野生动物（主要是鹭鸟）都受到保护。到鹭鸟天堂观鸟，最佳时机当在晨曦初现之时和傍晚时分，此时，白鹭、灰鹭、甘草鹭因昼伏夜出或昼出夜伏的习性而交相往返，与霞光美景辉映，构成一幅幅生态美图。改革开放以来，南海作为广东"四小虎"之一，更是走在经济发展的前列，但历届政府都十分重视生态环境的保护。在九江镇，现代化的新城与岭南水乡田园和谐共荣。

（二）在"千万工程"背景下九江镇的发展问题

1. 组织振兴问题

团队的调研情况显示，农村的思想工作开展相对较为困难，农民对当地村镇缺乏充分的信任。同时，受到教育程度的限制，农民的思想和观念也存在一定的局限性和偏见，这使我们有时候不得不处于一个两难的境地。

农民生活在农村，缺乏权力和资源，经济水平相对较低，主要依靠务农和外出打工维持生计。一提起农民，人们常常想到的是那些空巢的老年人、留守的儿童。

在政府提出新的供销模式思路后，九江镇某社区部分农民几乎忽视和抛弃了政府的桥梁作用。他们更倾向于保持较为原始的渔业生产方式，而不愿意为引进新的生产模式所带来的投资回报支付相应的分红。即使在分红之后，这种投资回报相对于目前的渔业生产模式能产生更高的收益。这一方面是因为农村普遍缺乏了解市场、懂经营和愿意为经济发展做出奉献的领头人。另一方面，如果基层党组织强行动用行政命令，可能处理不好与村委会的关系，并有可能聚焦矛盾。这既不利于农村民主政治的健康发展，也不利于党组织自身工作的开展。

2. 人才振兴问题

通过对九江镇政府人才办的采访和调研，我们发现当地的农业人才和基层工作者比例相对较低。因此，一旦遇到紧急情况，九江镇不得不从各类农业组织中临时借调人才。这会给下辖农业组织带来身份双重、一人多岗的问题。九江镇中拥有外出学习经历的高学历农学专业学生毕业后返回家乡工作的意愿较低，学习农业知识并不意味着他们愿意从事农业工作。同时，受制于时代发展，农村劳动力大量流失。改革开放以来，广东城镇化飞速发展，创造了大量的就业岗位。政府鼓励农民工进城务工以增加收入，大量农村青壮劳动力进入城市就业。这不仅使农业生产荒废，也导致农村人才质量无法提升。

时至今日，大学生普遍接受了优质的教育，拥有相对较高的素质。他们在学业上取得成功，期望毕业后在上学的城市找工作。一方面，因为他们在这里度过了四年的学习生涯，熟悉这个城市，并且建立了一定的人际关系。另一方面，由于大城市通常具备较高的经济水平，能够提供更好的就业条件与就业环境，相比于回到家乡或许更有助于学生个人的发展。因此，大多数学生在离开乡村后，返回乡村的意愿并不强烈。此外，他们拥有较高的学历和能力，在就业方面也有更多选择，这更加深化了本就明显的区域差异。

统计数据显示，在目前的农村人才中，超过一半的人仅拥有高中及以下学历（见图1）。多数农村人才的学历仅限于中专和大专水平，并且所学的多为基础学科。他们对于新农业、新技术和新发展理念的了解有限，对于现代化发展路径和模式的熟悉程度也较低。农村缺乏新型职业农民和经营管理人才，懂技术、善经营和熟悉管理的人才数量很少，这使得农村人才队伍的专业素质良莠不齐，平均质量不高。

调查问卷数据显示，农村人才引进后，政策和福利无法跟上，晋升空间有限。农村环境改善和基础设施不完善，从事助农兴农工作往往无法给予他们预期的收益和成就感，从而导致人才流失。由于部分地区财政紧张，对人才的补贴不

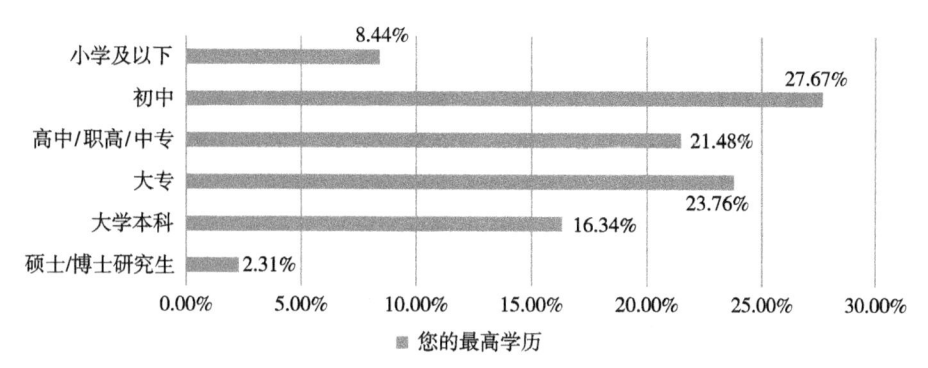

图1 下西社区村民学历调查

小学及以下 8.44%
初中 27.67%
高中/职高/中专 21.48%
大专 23.76%
大学本科 16.34%
硕士/博士研究生 2.31%

到位或者迟缓，安置措施不理想，使农村人才失去信心，最终离职。对于紧缺型人才和一般人才，引进条件的设置差异不大，对于迫切需要的紧缺型人才，缺乏有力的吸引政策措施，短期内难以吸引他们进入。大学生不愿意去乡村基层工作的主要原因如图2所示。

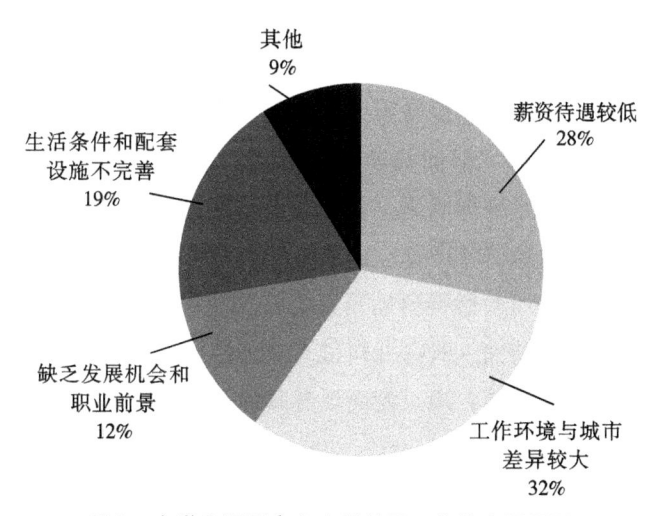

图2 大学生不愿意去乡村基层工作的主要原因

- 其他 9%
- 薪资待遇较低 28%
- 工作环境与城市差异较大 32%
- 缺乏发展机会和职业前景 12%
- 生活条件和配套设施不完善 19%

四、现阶段九江镇在"千万工程"和"五位一体"总体布局下的人才发展建议

对于农村人才流失的问题应着重关注。可通过薪酬留人、职位晋升留人、感情留人等方法并行来发挥作用，为农村人才提供较好的工作和居住环境、提高其收入、给予其荣誉奖励、与其建立良好感情等，使他们找到归属感和成就感，从

而留住人才。可在个人职业生涯发展上留住人才，增加具有农村工作经验的人才遴选岗位数量，让农村人才有晋升空间，促其更好地服务于农业农村发展。加大对农村人才队伍建设的资金投入力度，设立专项计划，增加农村人才的工作收入和补贴，增加科研项目经费。解决引进人才的安家定所问题，如配偶属于同一个系统，可为其解决就业问题，这样才能做到让他们长久定居，长期服务于农村。

人才的缺乏跟教育的发展水平有关，教育资源分配不平衡、偏差较大是一直存在的问题。一方面农村教育质量不如城市，另一方面教育体系上也存在漏洞，除了基础教育外，即九年义务教育，其他形式的教育很少介入农村，如职业教育。想要实现乡村振兴，除了引进人才也应当注意到既要授人以鱼，也要授人以渔，要求作为供给方的农村职业教育进行变革，提出并实施有效措施，根据乡村振兴目标实现的需要，提供相应的人才支持，做好相应的人才保障，形成良好的循环发展。当然这对农村职业教育的供给现状构成挑战，但同时也可以看作给予农村职业教育发展新的机遇，更何况当下农村职业教育非常缺乏，若能较好地完成改革，必然能获得更多的好处。

建立联动机制，拓宽人才引进渠道，促进多层次人才流动。调整农业技术人才的引进途径，可以采取"双向挂职"的方式，最大限度地发挥优秀人才的作用，实现项目建设和人才培养双赢。建立与当地特色融合发展的机制，让人才和当地特色融合，发展当地特色产业。加强与涉农高校和农业科研机构的合作，实现资源融通，农业数据用来做科研项目，高校和科研机构致为于培养农村人才。把工作做到平时、做到前面，对部分岗位人才进行岗前培养，选择合适人员，在平时的工作中顺带培养历练，通过轮岗提升其综合能力及随机应变能力。

五、总结

浙江"千万工程"之所以取得突出成效，最根本的原因在于习近平总书记的战略擘画、关心厚爱和关怀指导，在于习近平新时代中国特色社会主义思想的科学指引。必须更加深刻领悟"两个确立"的决定性意义，增强"四个意识"、坚定"四个自信"、做到"两个维护"，切实把浙江"千万工程"经验总结推广好、学习运用好，把握蕴含其中的习近平新时代中国特色社会主义思想的世界观和方法论，并不断转化为推进中国式现代化建设的思路办法和具体成效。

九江镇充分学习借鉴"千万工程"的种种成功经验，坚持生态优先、绿色发展，坚持因地制宜、科学规划，坚持循序渐进、久久为功，坚持党建引领、党政主导，坚持以人民为中心的发展思想，把实现人民对美好生活的向往作为出发点和落脚点。在佛山市一众村镇中，九江镇率先完成了"五位一体"的乡村振兴的总体规划和全局部署。

参 考 文 献

[1] 顾益康．"千村示范、万村整治"工程二十年伟大成就与经验启示［J］．农村工作通讯，2023（19）：14-17．

[2] 黄祖辉，傅琳琳．我国乡村建设的关键与浙江"千万工程"启示［J］．华中农业大学学报（社会科学版），2021（3）：4-9．

[3] 李军，张晏齐．"千万工程"经验助推乡村建设的历史逻辑与实践路径［J］．南京农业大学学报（社会科学版），2024（2）：16-26．

解析党史教育模式，深研红色文化传承

——河南安阳红旗渠社会实践项目

摘　要：红色文化是我们的优良传统和宝贵的精神财富，是中华人民共和国的底色。高校作为社会主义先进文化的集散地和维护国家意识形态安全的前沿阵地，肩负着新时代传承和弘扬红色文化的光荣使命。红旗渠精神等红色文化资源和传统文化资源在安阳市占据着举足轻重的地位。新时代高校应该如何传承和弘扬红色文化这一时代命题？我们从实践出发，结合我校传承延安精神的具体实践以及"五个一百"特色育人品牌展开实地调研，并且运用自身平台以及技术对安阳市的红色文化精神以及传统文化进行多种形式的宣传，让更多人认识安阳，让这座古都在中国式现代化的进程中绽放绚丽之花。

关键词：红色文化；中国式现代化；调研；宣传

一、调研主体

（一）调研背景

2023年是全面贯彻落实党的二十大精神的开局之年，是全面建设社会主义现代化国家开局起步的关键一年，是实施"十四五"规划承上启下的转折点。中国共产党第二十次全国代表大会，是在全党全国各族人民迈上全面建设社会主义现代化国家新征程、向第二个百年奋斗目标进军的关键时刻召开的一次十分重要的大会。习近平总书记在党的二十大报告中指出，坚持和发展马克思主义，必须同中华优秀传统文化相结合，并于河南安阳考察期间强调，中华优秀传统文化是我们党创新理论的根，推进马克思主义中国化时代化的根本途径是"两个结合"。

习近平总书记在党史学习动员会上提出要发扬马克思主义优良学风，坚持分类指导，明确学习要求、学习任务，推进内容、形式、方法的创新，不断增强针对性和实效性。同时发挥好互联网在党史宣传中的重要作用，抓好青少年学习教育，着力讲好党的故事、革命的故事、英雄的故事，厚植爱党、爱国、爱社会主义的情感，让红色基因、革命薪火代代传承。此次实践调研，通过追溯考察河南安阳的红色记忆、访谈红色人物、挖掘红色故事、品味红色文化实现将红色文化宣讲在基层、实践在基层，从百年党史中汲取文化自信力量，并把马克思主义思想精髓同中华优秀传统文化精华贯通。

（二）调研路径及内容

调研路径如图 1 所示，具体调研内容如图 2 所示。

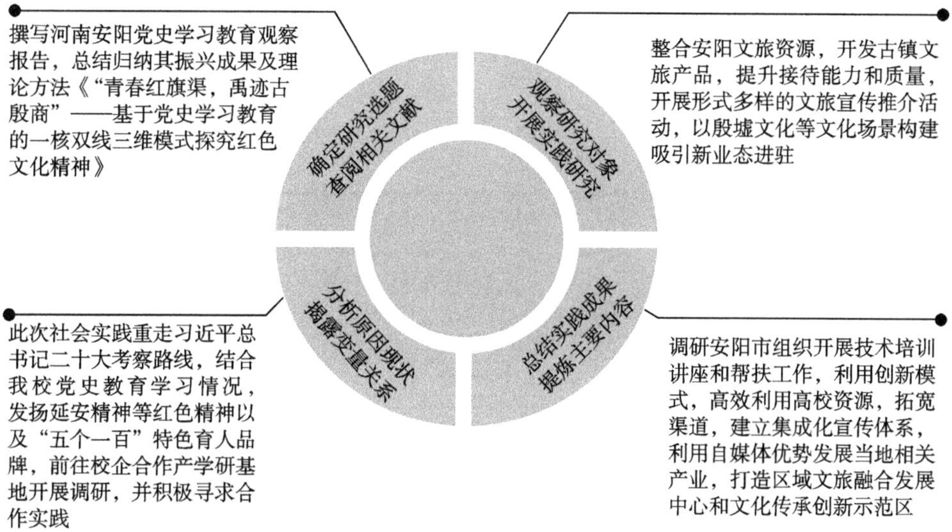

撰写河南安阳党史学习教育观察报告，总结归纳其振兴成果及理论方法《“青春红旗渠，禹迹古殷商”——基于党史学习教育的一核双线三维模式探究红色文化精神》
确定研究选题 查阅相关文献
观察研究对象 开展实践研究
整合安阳文旅资源，开发古镇文旅产品，提升接待能力和质量，开展形式多样的文旅宣传推介活动，以殷墟文化等文化场景构建吸引新业态进驻
分析原因现状 揭露变量关系
总结实践成果 提炼主要内容
此次社会实践重走习近平总书记二十大考察路线，结合我校党史教育学习情况，发扬延安精神等红色精神以及“五个一百”特色育人品牌，前往校企合作产学研基地开展调研，并积极寻求合作实践
调研安阳市组织开展技术培训讲座和帮扶工作，利用创新模式，高效利用高校资源，拓宽渠道，建立集成化宣传体系，利用自媒体优势发展当地相关产业，打造区域文旅融合发展中心和文化传承创新示范区

图 1　调研路径

（三）调研意义

1. 发挥党史学习教育立德树人的重要作用

党史学习教育是高校落实立德树人根本任务、培养社会主义事业建设者和接班人的必修课。如何让高校党史学习教育常态化、长效化值得深思。对此，实践团建立党史学习教育的“一核双线三维”模式，围绕党的二十大精神探究红色文化，融合新媒体优势，通过“线上 + 线下”相结合的方式开展沉浸式“理论课堂”、开放式“活动课堂”以及项目式“实践课堂”，利用青年视角下的党史学习教育资源，以社会实践为主要载体，探究推进高校党史学习教育“三维课堂”可视化、多样化、多维度成果的实现。

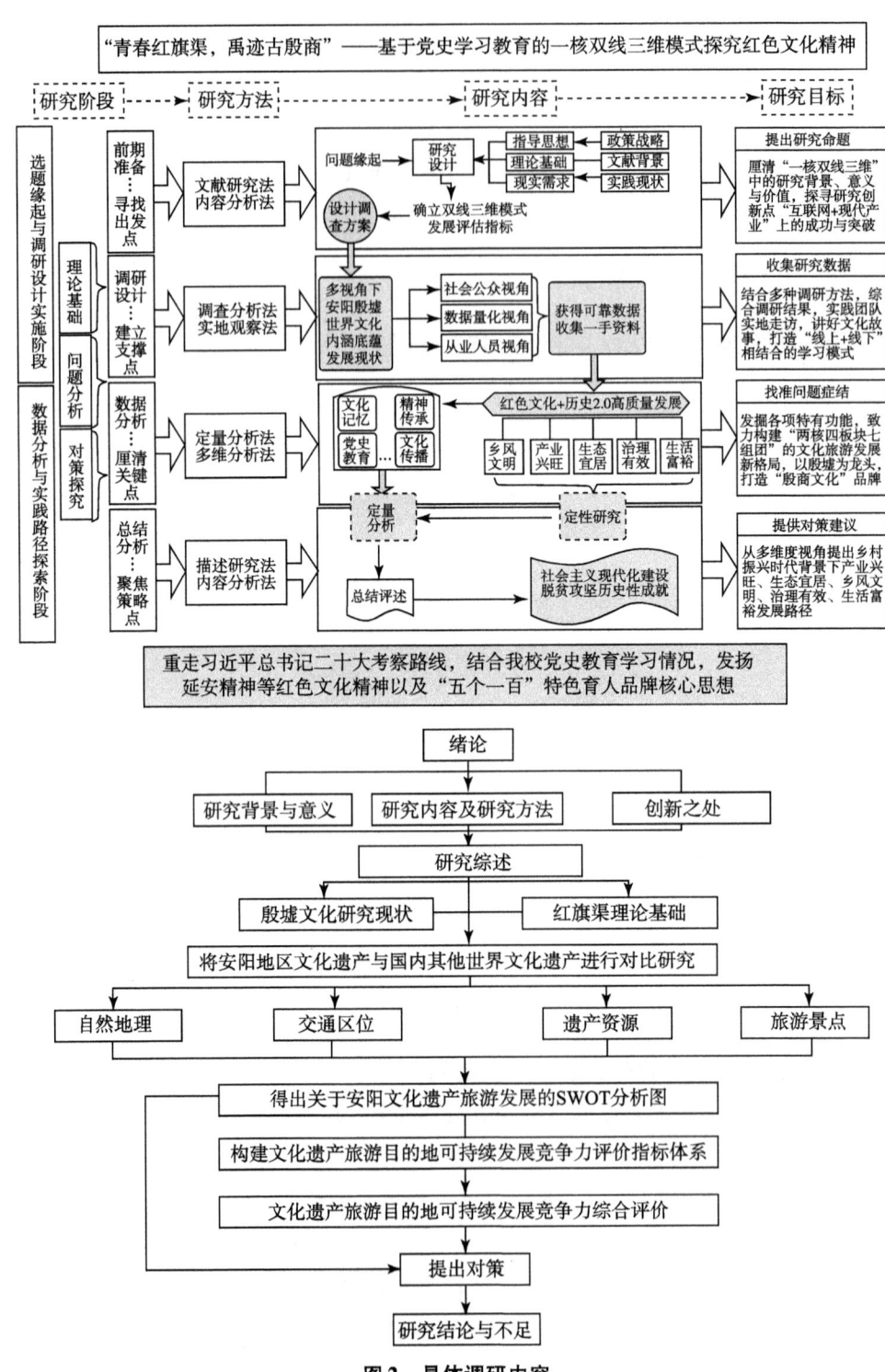

图 2 具体调研内容

2. 重走习近平总书记考察光辉足迹

跟随习近平总书记的步伐，实地走访打卡河南安阳红色地标，深入殷墟博物馆、红旗渠纪念馆及谷文昌纪念馆开展调研学习，融合大创项目——基于AIGC技术赋能文化标识的研究复刻文物纹路，与海报的创作设计相结合，同时引入微信、抖音、快手、小红书等新媒体矩阵，追寻红色印迹，重温峥嵘岁月，不忘初心，牢记使命。引领青年大学生实践在基层，感悟在路上。

3. 聚焦青年视角，提升党史学习积极性和创新性

扎根青年视角，开展多样化、多角度、多方位、多形式的普及宣传，进行潜移默化、润物无声的党史学习教育，探索搭建云上党史学习红色微课堂，深入学习习近平新时代中国特色社会主义思想及党的二十大精神，统筹推进思想政治一体化建设，将红旗渠精神深度融入学生思想政治课堂和实践教育教学。

二、实践过程

（一）安阳博物馆

本次实践调研循着习近平总书记赴安阳考察步伐前往安阳博物馆，以"双线"多维方式创建云端党史学习教育课堂，系统了解当地历史、文化和党建工作等，并在安阳博物馆及周边实地拍摄，录制宣传视频，扎根青年视角，用影像记录探索城市文旅价值。始终围绕"两个结合"，有效引导青年学生提升自我的政治认同、思想认同和情感认同，做马克思主义的坚定信仰者、践行者和传播者。

（二）殷墟遗址

习近平总书记在殷墟考察时指出，"殷墟出土的甲骨文为我们保存3 000年前的文字，把中国信史向上推进了约1 000年"。为贯彻落实习近平总书记考察期间的重要讲话精神，以"中华优秀传统文化是我们党创新理论的'根'，我们推进马克思主义中国化时代化的根本途径是'两个结合'"为指导思想，实践团队从红色文化的独特创造和价值理念挖掘中国特色。团队成员分别前往大邑商厅、青铜器厅、玉器厅、甲骨厅及特展厅五大展厅了解殷商文明，一览千年历史缩影，护文明之火种、传永续之文脉。团队成员在了解殷墟遗址的文物考古挖掘及研究保护利用工作的同时，通过自主设计文化海报、禹迹 App，推动中华优秀传统文化创造性转化、创新性发展，为民族复兴立根铸魂。

（三）中国文字博物馆

基于习近平总书记提出的"中国的汉文字非常了不起，中华民族的形成和发展离不开汉文字的维系"，实践团成员踏入全球第一座以文字为"藏品"的中国文字博物馆，依次参观走访了宣文馆、徽文馆和博文馆，依托仿真投影、虚拟景观及古文字还原技术等多角度、多层次、多形式的展览方式深入殷墟甲骨文的发现、挖掘和研究历程，从字法自然、甲骨纪事、钟鼎千秋等十四个单元，聚焦青年视角，全面了解学习中国文字发展史，厚植爱党爱国爱社会主义情感。

（四）红旗渠纪念馆及周边村落

位于河南林县（今林州市）的红旗渠，是几代干部群众艰苦奋斗的结果。为梳理挖掘红旗渠精神的孕育过程及深刻内涵，读懂中国共产党人接续奋斗的精神密码，汲取百年党史中形成的优良传统和精神力量，实践团成员率先参观红旗渠线上云展厅，了解展厅大概情况。进入红旗渠纪念馆后，实践团成员在"Web3D 引擎＋AI 智能交互""数字沙盘"等元宇宙新技术的支持下深入学习，真正体现了党史学习教育"三微课堂""理论＋实践"和"线上＋线下"模式的应用，将党史学习教育成果最大化。传承红旗渠精神将有助于引导广大党员筑牢信仰之基、补足精神之钙、把稳思想之舵，坚持中国特色社会主义道路自信、理论自信、制度自信及文化自信。

此次调研实践，团队成员走访周边村落，实地考察，运用新媒体技术带动红色文旅发展，通过人物访谈法，对党员、村民代表及修建红旗渠的乙等劳模进行线下采访。其中老党员岳秋福同志表示红旗渠的修建结束了林县"十年九旱、水贵如油"的苦难历史，从根本上改变了林县人民的生产生活条件，带动了周边村落的发展，创造出巨大的经济和社会效益。同时指出红旗渠精神和延安革命精神一脉相承，希望青年人能够把知识落实到实践，做好红旗渠精神的传承人。"弘扬以伟大建党精神为源头的中国共产党人精神谱系"。作为新时代青年，吾辈肩负使命，正逢其时、不可辜负。

（五）谷文昌纪念馆

实践团参观谷文昌纪念馆并调研太行山周围生态，将党史学习教育同生态文明保护相结合。实践团针对太行山生态环境建设，深入太行，通过与当地渔民对话，自主设计调查问卷。安阳人民坚持生态优先、绿色发展，统筹开展治山、护渠、整田、增绿，大力实施太行山水林田湖草生态保护修复试点工程，不断加强林草湿资源保护，加快形成"一核三屏四带五边"的生态保护格局，让安阳大地青山常在、绿水长流、空气常新。实践团从学习"红色引领，绿色崛起"的战略角度，感悟新一代林州人民血脉相承、不忘初心、砥砺奋进的红色基因。

三、调研方法

调研方法如图 3 所示。

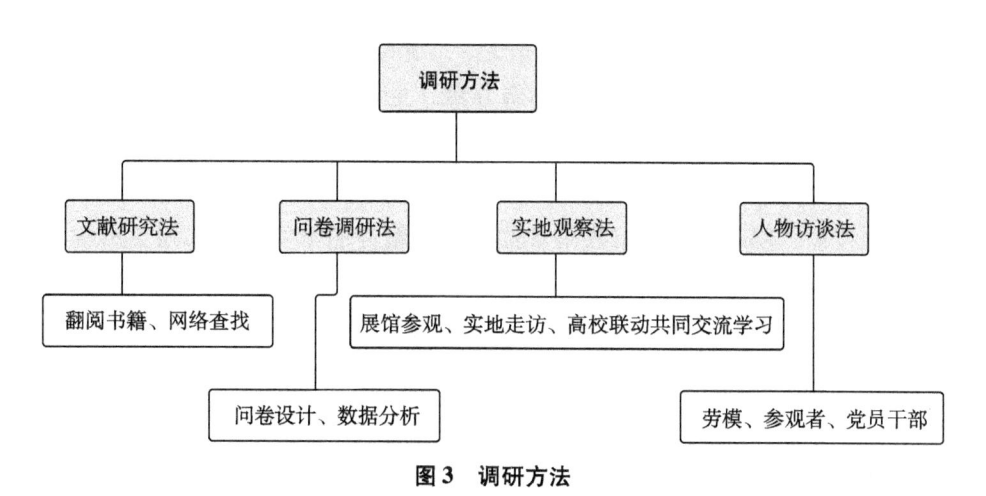

图 3 调研方法

（一）问卷调研法

1. 问卷设计
问卷调研得出的关键词如图 4 所示。
2. 数据分析
数据分析如图 5 所示。

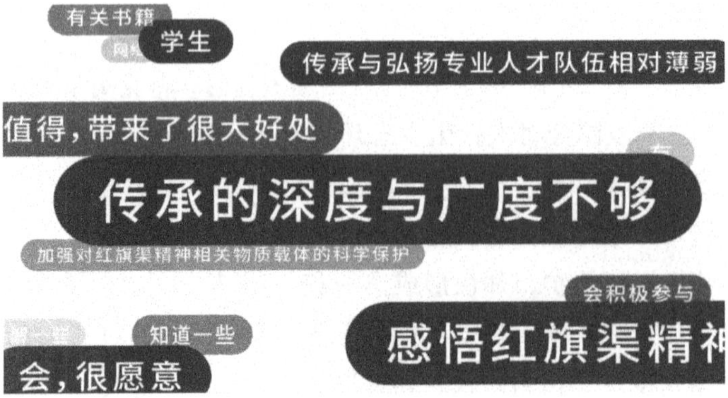

图 4　问卷调研得出的关键词

（二）文献研究法

1. 翻阅书籍

运用文献研究法，对党史学习教育模块进行了提出课题、研究设计、文献收集、文献整理和文献综述五个环节的研究，对文献进行剖析与整理，加深团队对实践课题的认识，从而提出创新性调研方案（见图6）。同时，在大量阅读有关安阳市红色文化精神等相关文献资料后制定调查问卷。

2. 网络查找

在出发前，团队成员检索收集了红色文化精神的学习案例和相关影响的文献，也对比分析了政策、环境等对党史学习教育起到的决定性因素。通过知网、万方和维普等数据库，以"党史学习""红色文化"和"红旗渠精神"等作为关键词查找了相关文献作为研究参考，同时也为本次研究提供了理论依据。

（三）人物访谈法

针对前期调研中存在的问题和在调查问卷中未能获得的具体资料，结合调研地的特点设计相关问题，对劳模岳秋福、党史馆参观者和党员干部等进行深度访谈，主要围绕红色文化（以红旗渠精神为主）的内容以及影响等内容展开。

1. 劳模岳秋福

团队成员走访红旗渠周围村落，采访修建红旗渠的一等劳模老党员岳秋福同志（见图7），主要围绕红旗渠修建的历史、红旗渠精神和延安精神以及对青年的期望等内容展开。

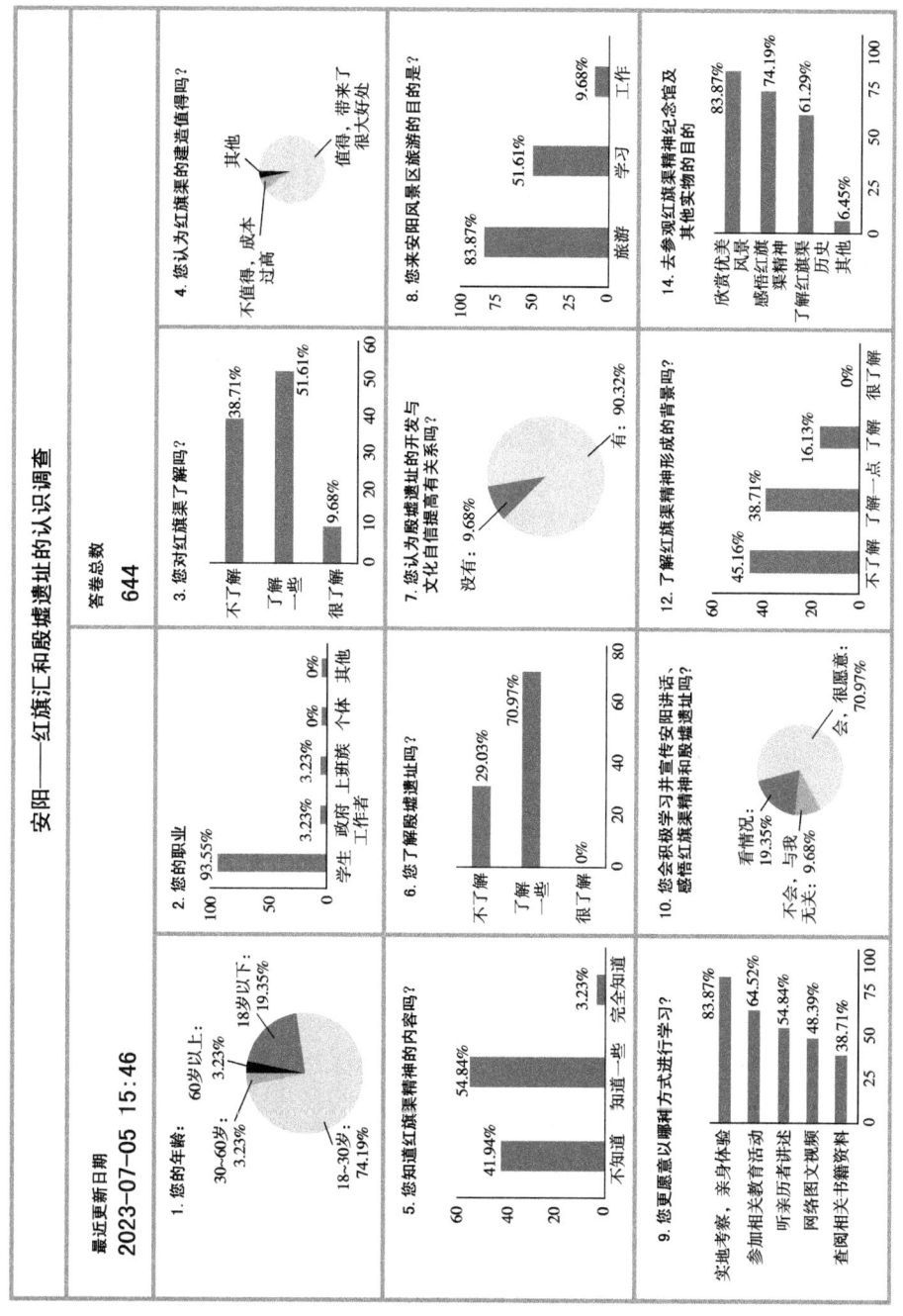

图5 数据分析

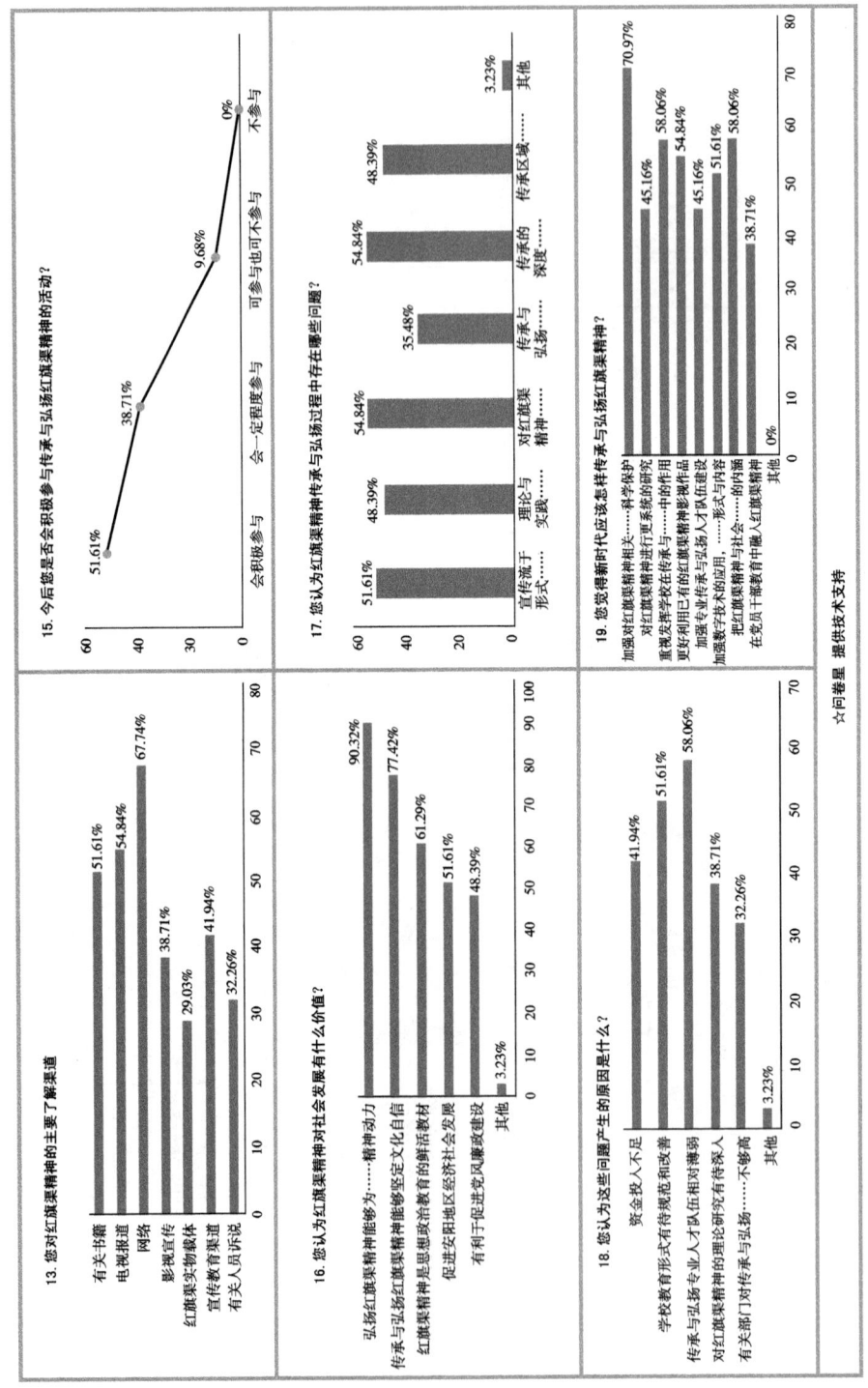

图5 数据分析（续）

图 6　实践团成员进行研究学习

图 7　采访劳模岳秋福

2. 党史参观者

团队成员实地参观红旗渠纪念馆，采访来自山西的村民代表（见图 8），主要围绕学习红旗渠精神展开。

3. 党员干部

团队成员实地参观红旗渠纪念馆，采访一位有 14 年党龄的党员（见图 9），主要围绕对红旗渠精神的感悟展开。

（四）实地观察法

1. 展馆参观

在本次研究中，团队成员到安阳市中国文字博物馆、殷墟博物馆、林州市红旗渠纪念馆、谷文昌纪念馆等地进行实地调研。

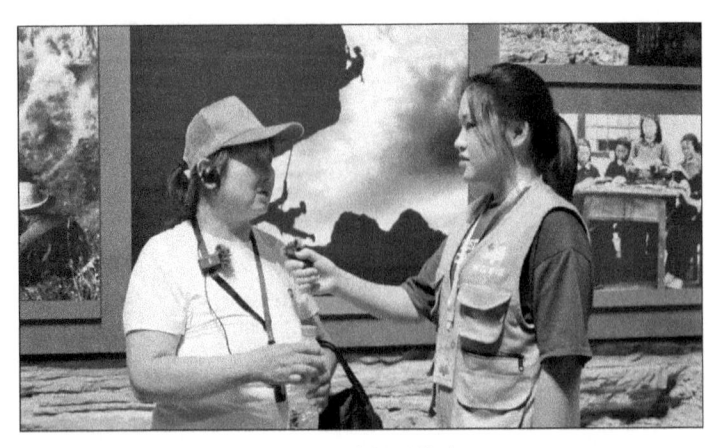

图 8　采访村民代表

图 9　采访党员

2. 实地走访

通过走访村委会、与党员谈话、观察党史古迹（见图 10）、拍摄纪录短片，多方面深入了解党史学习的情况以及弘扬红色文化的情况。

3. 高校联动共同学习

红旗渠精神带动了"探寻热"，团队在参观红旗渠纪念馆后与其他高校考察团共同交流学习。

四、实践成果

（一）宣传报道

截至目前，实践团前往河南安阳实地考察获得《人民日报》人民号、河南

解析党史教育模式，深研红色文化传承　　167

图10　实地走访

广播电视台、安阳市团委等多家媒体报道（见图11），宣传力度较大。

图11　相关报道

（二）专题视频

截至目前，团队已制作专题视频 5 部（其中包括 1 部对红旗渠一等劳模岳秋福的专题采访），视频被多家媒体收录报道，视频分别围绕红旗渠实践专题、殷商文化实践专题、太行山区精神红绿结合专题、实践团全程实践专题、典型人物采访专题展开（见图 12）。

图 12　专题视频

（三）专题摄影集

实践团队根据实践地点拍摄专题摄影集多部，主要围绕安阳市内文化博物馆、安阳市人文、红旗渠专题、太行风光进行实地拍摄（见图 13）。

（四）文物专题海报

实践团根据拍摄的文物，运用纹理提取等相关技术给文物设计对应的海报（见图 14），更好地宣传文化标识。

解析党史教育模式，深研红色文化传承 169

图 13 专题摄影集

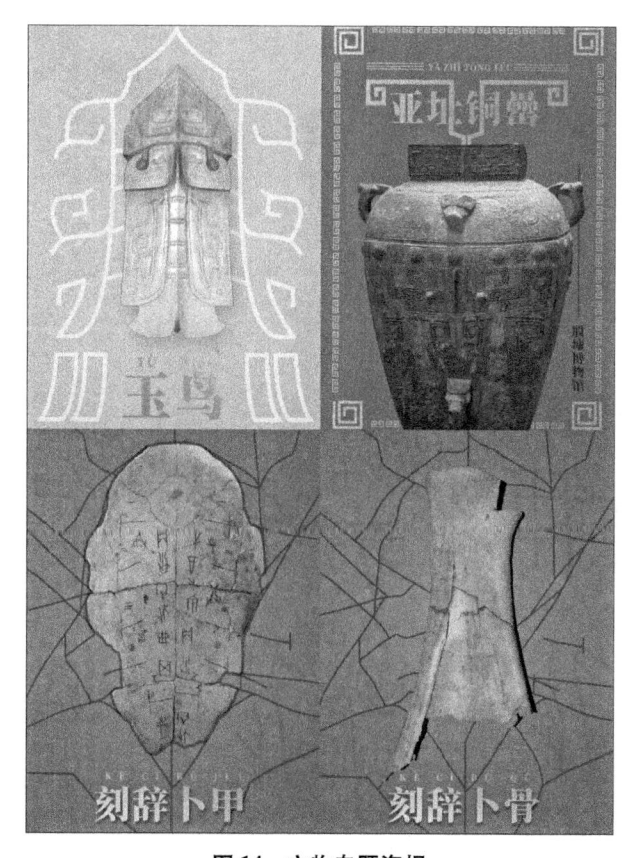

图 14 文物专题海报

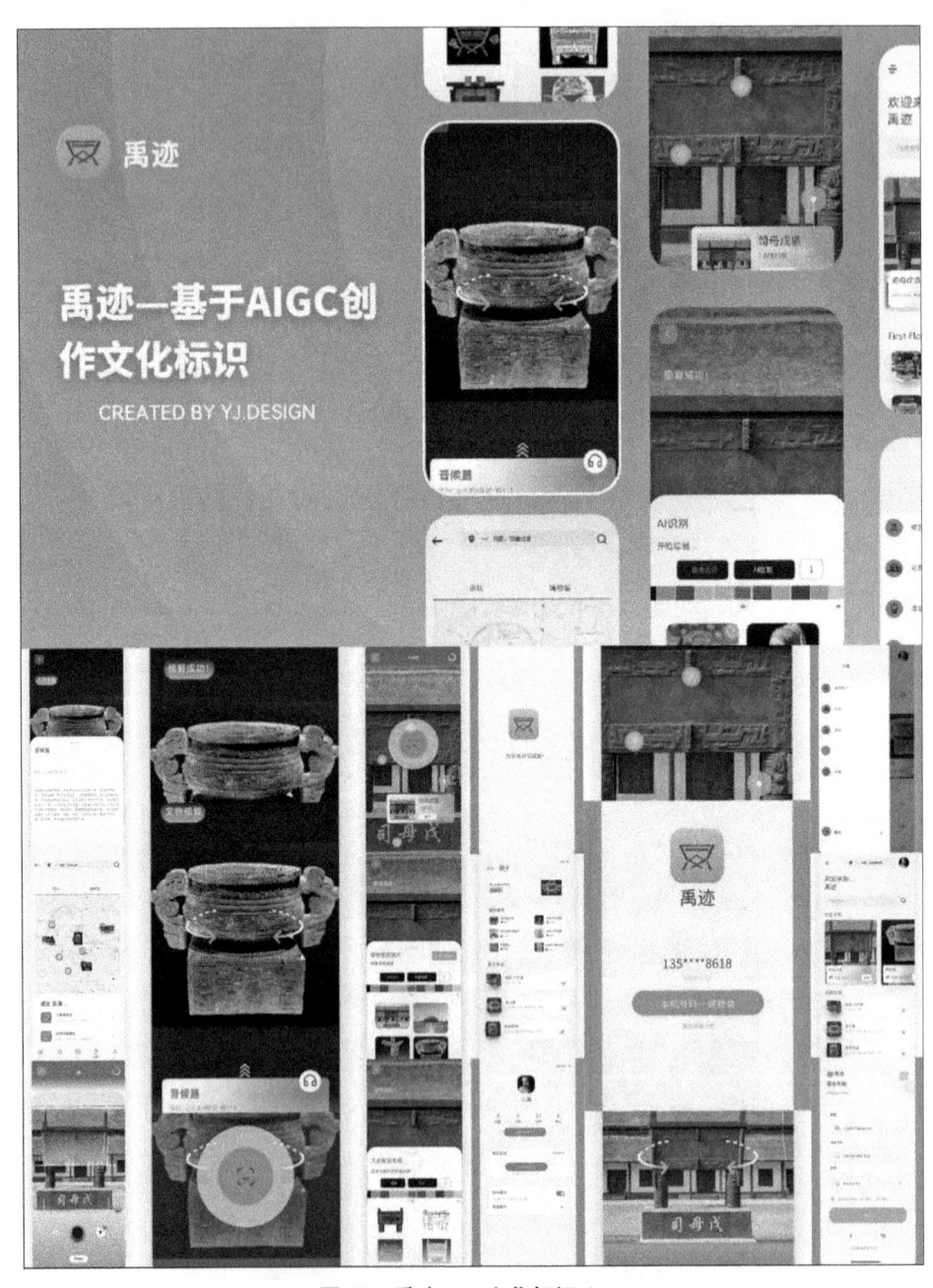

（五）禹迹——文化标识 App

禹迹——文化标识 App 如图 15 所示。

图 15　禹迹——文化标识 App

我们要坚定文化自信，增强做中国人的自信心和自豪感。为落实总书记重要讲话精神，传承中华优秀传统文化，团队成员结合自身技术设计禹迹——文化标识 App，通过实践帮助大学生创新创业项目落地。在实践期间，该 App 还获得中国高校计算机大赛移动应用创新赛华南赛区一等奖；App 运用相关技术已获批学校大学生创新创业项目立项一项。

（六）乡村振兴大数据服务平台

习近平总书记在陕西省延安市、河南省安阳市考察时强调，全面建设社会主义现代化国家，最艰巨最繁重的任务仍然在农村。要全面学习贯彻党的二十大精神，坚持农业农村优先发展，发扬延安精神和红旗渠精神，巩固拓展脱贫攻坚成果，全面推进乡村振兴，为实现农业农村现代化而不懈奋斗。根据总书记这一重要讲话，结合安阳实地调研，发挥当代大学生的自身优势，实践团给当地设计了乡村振兴大数据服务平台（见图 16 和图 17），将总书记的重要讲话落实到实际行动中。

五、结果分析

（一）安阳市红色文化精神发展相关问题

1. 红色文化资源挖掘不够深入

红色文化资源挖掘不深入，这受到多种因素的影响。虽然政府对红色资源的开发和建设持重视的态度，但通过调研发现仍有大量散落在民间的历史档案，后又由于迁移等各方面原因而大量流失，不能体现其历史、教育、文化价值。

2. 红色文化资源传播效果不好

人们对红色文化资源的认知不足且不够深入，只看到红色文化的表层，没有将其置于精神层面去认知和理解。全民学习红色文化精神的氛围不浓，目前红色文化精神主要的传播阵地仍然在党政机关、事业单位等，广大人民群众和其他社会阶层人士缺乏对红色文化学习的积极性，全民学习红色文化精神的氛围还未形成。

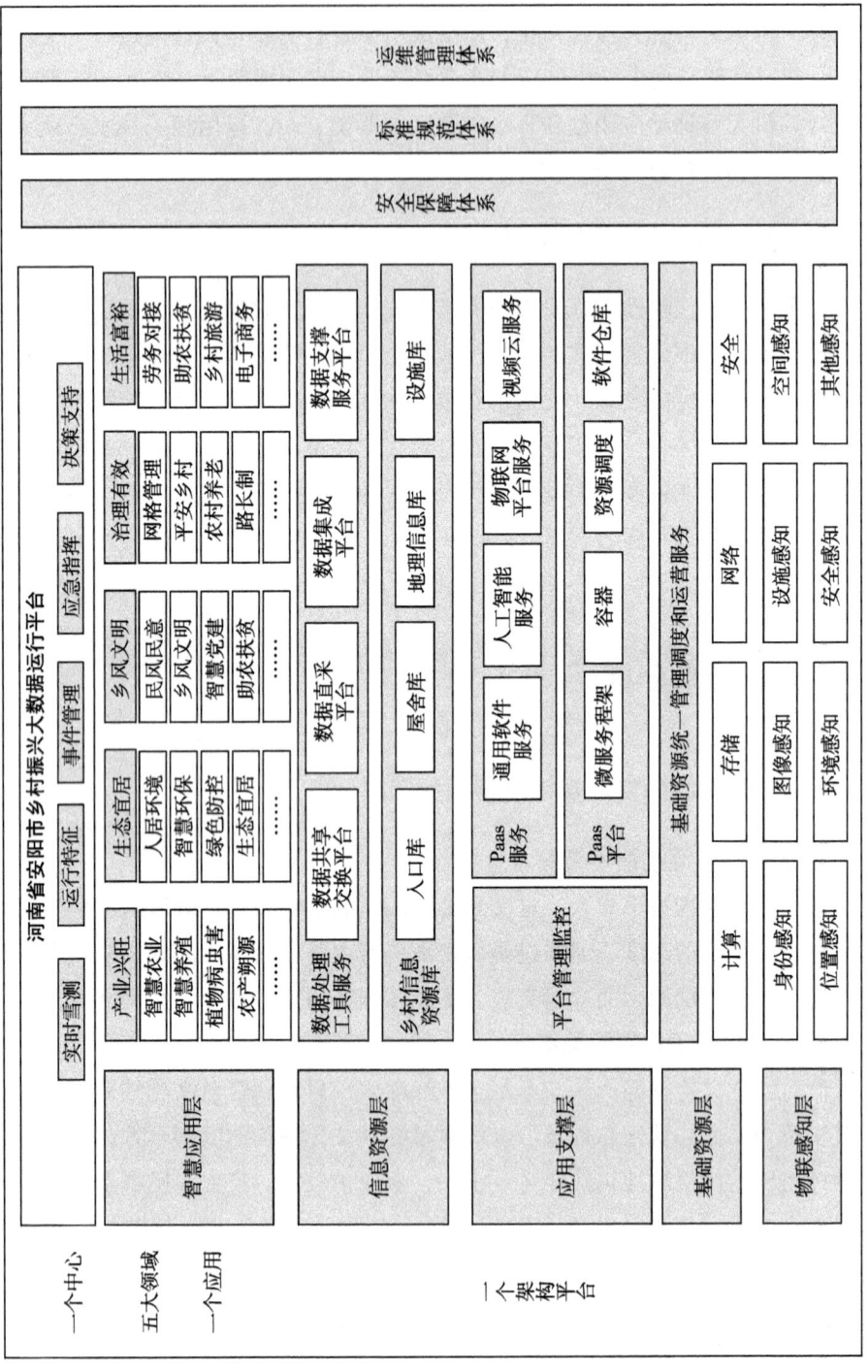

图16 河南省安阳市乡村振兴大数据运行平台

解析党史教育模式，深研红色文化传承   173

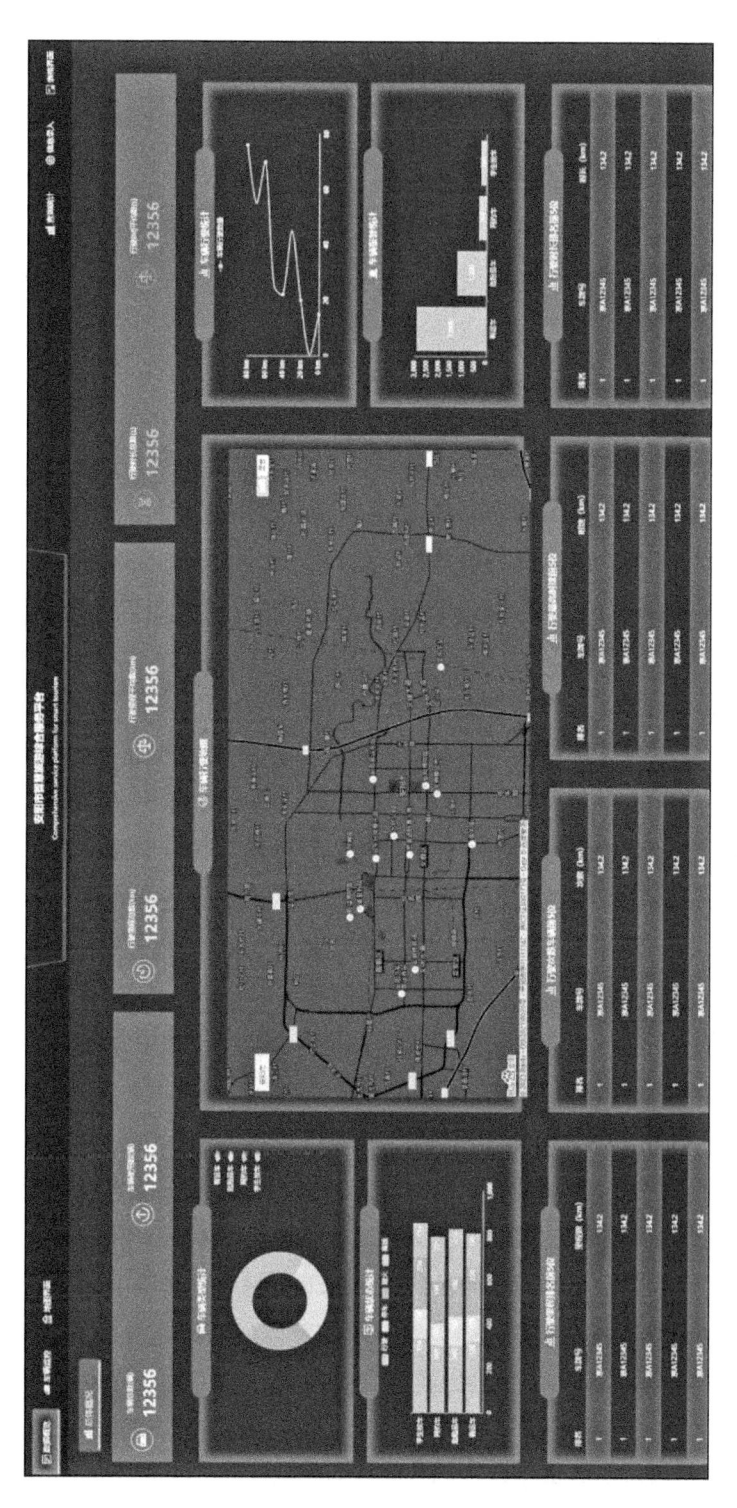

图17　安阳市智慧旅游综合服务平台

3. 红色文化资源传播形式单一

当今红色文化传播渠道仍为红色文化展览、新闻报道、报纸杂志等，传播渠道单一。在参观红色景点时，往往流于形式，走马观花，达不到震撼心灵的效果。

4. 红色文化资源开发不成体系

河南是红色文化大省，虽然现在红色文化的传承已经形成热潮，但是由于文化体系缺乏科学整合和学科建设，很多地方的红色文化内涵开发比较单一，没有形成完整体系。

（二）高校党史学习教育现状

1. 高校大学生接受党史学习教育主动性不高

在高校，大学生接受党史学习教育往往是被动的，其自觉性有待进一步提升。许多大学生学习党史知识的动力要么是为了"迎合考试需求"，要么是因为"受学校和教师的压力"，这无疑凸显了学生在学习党史知识上的自觉性亟待加强。

2. 高校党史教育资源挖掘不足

高校党史学习教育在资源挖掘方面存在不足，缺乏时代性、创新性和特色。如今，高校普遍存在"重科研轻教学"的现象，然而在党史学习教育文化领域却恰恰相反。许多高校教师在党史文化教育资源方面重视教学而轻视科研，他们热衷于红色文化教学，但对党史学习教育文化资源的挖掘显得滞后。正是高校对红色文化研究的"轻视"，导致红色文化教育资源挖掘不足，很多教学素材和案例与 20 世纪并无太大差异，缺乏时代性和创新性。同时，在教学中，教师们往往忽略了当地具有特色的红色文化资源，而倾向于使用外地广为熟知的红色文化资源，这种做法舍近求远，缺乏特色性。

3. 党史学习教育模式单一

党史学习教育模式跟不上新时代的步伐，多元思潮乘机侵入。当今，很多高校党史课堂还是采取传统的灌输式教学模式，教学方法单一，案例过时，内容表达枯燥无味。落后的党史学习教育模式以及陈旧的教育方法等造成了党史学习教育缺乏吸引力与感染力。在实际的党史学习教育工作中所收获的教育效果不佳，从而使得党史学习教育成为"走过场"。在新时代，作为互联网的重度使用者的大学生来说，网络的便捷性、多样性等特点让他们能快速高效地获取通俗易懂的党史知识，党史信息的获取不再单纯依靠课堂教育。

（三）针对存在问题的对策商讨及方案

1. 拓展教育的载体

高校应该在党史学习教育中拓展多种载体，以取代过去单一的课堂教学方式，更加注重学生的参与，并让其参与到团体和活动中。基于这一点，学校可以增加与党史内容相关的社团和兴趣社，目的是将对党史感兴趣的学生聚集在一起，定期开展有关党史的活动，从而扩大党史学习教育的影响力。此外，在党史学习教育过程中，学校也应提供相应的环境和载体。一些学校在思想政治素质教育中未能建立相应的人文和自然环境，这将削弱学生学习党史的兴趣。为此，教师可以采用专题讲座的方式进行党史学习教育，将党史内容分为不同的主题，这种方式有助于及时反映中共党史学科的创新成果和研究方式，并减少以往按照时间线进行教学的不足。通过引导，激发学生对知识的探索兴趣，培养学生的创新意识和创新精神。因此，高校应该致力于创造党史学习教育的环境和载体，不断丰富和扩展人文和自然环境，通过设计校园人文环境，为党史学习教育营造良好氛围。

2. 围绕"一核双线三维"路径开展党史学习教育

结合我校"五个一百"特色育人品牌，大力发展学生的第二、第三课堂，鼓励大学生走出校园，开展各种实践活动。同时，运用"一核双线三维"党史学习教育路径，为学生提供全面学习红色文化精神的机会。在第二、第三课堂方面，积极推动学生参与各种社会实践和志愿者活动。鼓励学生积极参与社区服务、环境保护、扶贫助残等社会公益事业，使他们能够身临其境地感受社会的需要和责任。此外，组织学生参加各类文化艺术活动，培养他们的审美情趣和创造力，丰富他们的文化修养。鼓励大学生走出校园，去感知和体验真实的世界。组织学生参观考察企业、政府机构、科研院所等，让他们亲身了解社会各行各业的工作和发展现状。同时，鼓励学生参与国内外的交流与合作项目，培养他们的国际视野和跨文化交流能力。运用"一核双线三维"党史学习教育路径，引导学生深入学习红色文化精神。通过开展实践调研和做实事的过程，让学生亲身感受革命先辈们的奋斗历程和精神风貌。组织学生参访革命纪念馆、烈士陵园等，开展主题班会、座谈交流等活动，通过亲历亲见的方式，让学生更加深入地理解和传承红色文化精神。

3. 加强红色文化资源的宣传与利用

发挥高校大学生的自身优势，使用多种宣传形式对红色文化资源进行宣传。

利用多种媒体和渠道，如校园广播、在线平台、宣传片等，宣传推广红色文化教育的重要性和意义。积极引导学生参与相关活动，提高学生的参与度和认同感。

建设红色文化资源库：整合和收集本校的红色文化资源，包括红色教育基地、文物展览馆、纪念书籍等，以便学生随时学习和参观。同时，与其他高校和相关机构建立合作关系，共享资源，提高红色文化教育的影响力。

鼓励学生参与研究和创新：引导学生参与党史文化研究项目，培养他们的研究能力和创新意识。通过学生的参与和贡献，丰富党史教育资源，提高时代性、创新性和特色性。

（四）结语

通过本次社会实践调研，我们对《青春红旗渠，禹迹古殷商——基于党史学习教育的"一核双线三维"模式探究红色文化精神》这一主题有了更深入的了解。这一主题是以党史学习教育为基础，探究红色文化精神在青年群体中的传承与发展。在实地考察了青春红旗渠和禹迹古殷商后，我们深刻领悟了红色文化的重要性和深厚内涵。

红色文化是中国共产党和革命先辈们为了民族独立和人民解放而建立起来的，在长期的革命斗争中形成、发展起来的。它是一种为了维护国家利益和人民权益而奋斗的精神力量，是我们青年人应该传承和发扬的宝贵财富。

青春红旗渠和禹迹古殷商作为红色文化传承的重要载体，向我们展示了红色文化的丰富内涵和弘扬精神。青春红旗渠是一条充满青春激情和红色记忆的运河，它见证了中国共产党的光辉历程和革命先辈们的牺牲奉献。禹迹古殷商是中华文明的发源地，代表了中国几千年文明的沉淀和传承。

通过本次调研，我们不仅了解了红色文化的历史渊源和价值内涵，而且更加深入地认识到红色文化对于培育和熏陶青年群体的重要性。作为当代青年，我们应当继承和发扬红色文化精神，坚定理想信念，树立正确的世界观、人生观和价值观。

同时，我们还应当将红色文化精神与现代青年文化相结合，进一步激发青年群体的创造力和创新意识。通过创造性的方式传承和发展红色文化，我们可以更好地在实践中体验红色精神所蕴含的力量，为实现中华民族伟大复兴的中国梦贡献自己的力量。

总而言之，本次社会实践调研让我们深刻认识到红色文化精神的重要性，并进一步提高了我们对于红色文化传承的重视程度。我们将坚定信念、胸怀理想，将红色文化传承下去，成为坚守初心、勇往直前的红色先锋。我们将时刻铭记红色文化的伟大和革命先辈们的奋斗，为民族复兴砥砺前行，为实现中国梦贡献自己的力量。

参 考 文 献

[1] 习近平. 扎实推进依法治军从严治军 [N]. 中国青年报，2014-12-16.
[2] 刘润为. 红色文化与文化自信 [J]. 红旗文稿，2017 (12)：4-7.
[3] 全惠琼. 论红色文化在中学生社会主义核心价值观培育中的应用 [J]. 科教文汇，2018 (9)：22-23.
[4] 靳强，靳妍钰. 高校红色精神文化内涵式发展路径建构 [J]. 吉林师范大学学报（人文社会科学版），2018 (5)：103-107.

深耕"清远样板"模式，探索乡村振兴路径
——清远市英德市社会实践项目

摘 要：乡村是具有自然、社会、经济特征的地域综合体，兼具生产、生活、生态、文化等多重功能，与城镇互促互进、共生共存，共同构成人类活动的主要空间。乡村兴则国家兴，乡村衰则国家衰。全面建成小康社会和全面建成社会主义现代化强国，最艰巨最繁重的任务在农村，最广泛最深厚的基础在农村，最大的潜力和后劲也在农村。实施乡村振兴战略，是解决新时代我国社会主要矛盾、实现"两个一百年"奋斗目标和中华民族伟大复兴的中国梦的必然要求，具有重大现实意义和深远历史意义。

广东省清远市全面落实中央和省的乡村振兴战略部署，坚持把乡村振兴示范带建设作为统筹推进五大振兴的"样板区""先行区"，在久久为功推进"五级梯度"创建美丽乡村的基础上，全面强化党建引领、系统谋划、机制创新、资源整合和差异化发展，深入开展乡村振兴实践探索，以高标准打造"清远经验"乡村振兴示范带为抓手，大力推进强县促镇带村，促进城乡融合发展，努力开创农业高质高效、乡村宜居宜业、农民富裕富足的乡村振兴新局面。

近年来，英德市如期完成脱贫攻坚任务后，市委、市政府深入贯彻习近平总书记重要讲话和重要指示精神，全面实施乡村振兴战略，做好党建、规划、土地、资金、人才"五篇文章"，实现了巩固拓展脱贫攻坚成果同乡村振兴有效衔接，加快农业农村现代化，不断开创英德"三农"工作新局面。本次调研围绕广东省清远市英德市积庆里茶厂、英九庄园绿色产业发展有限公司、英红博物馆等地展开。

关键词：乡村振兴战略；英德市；农业农村现代化

一、前言

（一）研究背景

中共广东省委在《广东省人民政府关于做好2023年全面推进乡村振兴重点工作的实施意见》中提出，广东省全面贯彻落实党的二十大精神，深入贯彻落实习近平总书记关于"三农"工作的重要论述和对广东系列重要讲话、重要指示精神，坚持和加强党对"三农"工作的全面领导，坚持农业农村优先发展，坚持城乡融合发展，强化科技创新和制度创新，聚焦实施"百县千镇万村高质量发展工程"，聚力广东"三农"高质量发展。

近年来，在清远1.9万平方千米的广袤土地上，一幕幕乡村蝶变的故事不断上演，农业高质量发展稳步推进，农民收入持续增加，城乡差距不断缩小，乡村振兴迈出坚实步伐。2022年，全市新增省级"一村一品、一镇一业"专业村24个、专业镇9个，数量居全省第一；全市农林牧渔业总产值增长7.3%，其中五大产业总产值增长10%。全市民生支出占一般公共预算支出的78.5%，城乡居民人均可支配收入增长4.1%。

面向新征程，清远久久为功，全面推进乡村振兴，谱写农业农村高质量发展新篇章，推动乡村振兴继续走在全省前列，努力探索新时代乡村振兴"清远经验"。全面推进乡村振兴，描绘独具清远生态、浓郁文化特色的乡村振兴美丽画卷。"重点突破—多点开花—齐头并进"，分阶段逐步推进清远市乡村振兴示范带建设，将清远市打造为区域协调城乡融合发展的新典范、绿色生态高质量发展的新标杆、岭南风韵特色发展的新样板。

（二）研究目的及意义

宣传清远市乡村振兴"产业兴旺、生态宜居、乡风文明、治理有效、生活富裕"的伟大成果。当前社会的主要矛盾已转变为人民日益增长的美好生活需要与不平衡不充分的发展之间的矛盾，随着城市的快速发展，需要大力实施乡村振兴战略。国家要基本实现现代化，推进农业农村现代化、实现农民农村共同富裕是核心目标。而英德市利用自身优越的环境资源优势，打造出组织、产业、生态、文化、人才"五大振兴"的"样板区""先行区"。通过对英德市的实地考察，亲身体会，实践团定将更加真切地感受到社会主义现代化建设和乡村振兴的历史性成就。

调研英德市在农产品产业上的创新收获与经验。质量兴农、绿色兴农、品牌兴农是推动乡村振兴、农业高质高效的鲜明导向。在省市县三级党委、政府推动高质量发展的有利形势以及清远、英德市委、市政府推动打造英德百亿产业总体部署的发展机遇下，英德茶企通过产业融合，走出了一条集育苗、种植、加工、销售、旅游、文化等为一体的全产业链发展道路，摆脱过去"依靠茶叶销售生存"的传统模式。

调研清远市在自动化科学技术上的成功与突破。一是清远市如何打造贯穿于耕、种、收等全生产流程的无人化、智慧化耕作模式，以及如何正确运用大数据平台助力生产技术的提升、产品质量的提升、品牌影响力的提升、销售市场的扩展；二是清远市如何通过无人农场开启科技创新、引领乡村振兴的"清远模式"，助力乡村振兴、助力数字化乡村的发展与推广。数字化乡村，既是乡村振兴的战略方向，也是建设数字中国的重要内容。

二、调研方法及样本说明

本次调研以实地观察和人物访谈为主要调研方法，并结合文献分析法，所得数据和资料真实科学、全面客观。

（一）调研方法

本次调研采取文献分析法、实地观察法和人物访谈法。

1. 文献分析法

浏览英德市人民政府网和人民网等权威网站近年来对英德市乡村振兴成果的相关报道，获得初步了解与认识，对所搜集到的英德市乡村振兴成果的文章、报道进行整理总结，使本次调研活动及调研报告拥有更明确的调研方向与基础理论。

2. 实地观察法

实地观察法是一种通过实地访问和观察来获取信息和了解情况的方法。它常用于调研、考察、采购等领域。实地观察有助于获取直观的感受和实际的数据，以便做出更准确的判断和决策。

实地观察法主要是通过参观各个示范点，观察乡村的自然环境、社会风貌、经济活动和文化特色，评价乡村振兴的现状和问题，能够对英德市乡村振兴的成果有更为直观的了解。

3. 人物访谈法

访谈的形式主要是面谈，访谈围绕当地的发展现状、存在的问题以及未来发展等内容展开。访谈的对象包括当地的领导、党支部、村委会、居民等，访谈过程中，使用录音笔和笔记本记录了访谈者的回答和观点，以便后续分析和总结。

（二）调查对象及分类

调查对象包括当地的企业领导、党支部成员、村委会成员、居民。通过采访，实践团可以客观地了解当地未来发展方向，以及在实现乡村振兴的道路上遇到的障碍。

通过采访企业领导，了解他们对乡村振兴战略的认识和支持情况，以及他们在支持乡村振兴方面的主要举措；通过采访党支部成员，了解他们在乡村治理、服务群众、引导发展等方面的工作情况和困难；通过采访村委会成员，了解他们在组织村民参与乡村建设、管理村务公开、协调资源利用等方面的工作情况和困难；通过采访当地居民，了解他们对乡村振兴战略的态度和期待，以及他们在生产生活中遇到的问题和需求。

（三）调查规模及覆盖面

本次社会实践实地考察了英九庄园、积庆里茶园、英红博物馆、西牛镇等乡村振兴示范点。这些示范点分别涉及茶叶种植、生态旅游、红色文化和乡村治理等方面，体现了乡村振兴战略的多元化和差异化发展。

三、调研地区概括

（一）英德市

英德市，广东省辖县级市，由清远市代管，位于南岭山脉东南部，广东省中北部，北江中游，土地面积 5 634 平方千米，是广东省面积最大的县级行政区，也是广东省直管县财政改革试点。

英德市，是"中国红茶之乡"。数据显示，截至2022年，英德市现有茶园面积达17.5万亩，全年干茶产量超过1.4万吨，茶叶产值已超50亿元，综合产值超60亿元。全市现有茶叶企业556家，其中省级重点农业龙头企业13家。新型经营主体茶叶专业合作社达163家，从业人员达15万人。"英德红茶"品牌价值达37.18亿元。

（二）广东英九庄园绿色产业发展有限公司

广东英九庄园绿色产业发展有限公司是一家致力于中国红茶产业化发展的现代高科技企业，总部位于清远市英德市英红镇。公司以"英红九号"为品牌定位，以"1+N"产业联盟模式，整合上中下游，致力于构建英德红茶产业联合体共享服务平台，打造从茶园到茶杯的"6T"标准，致力于成为"英红九号"领先的平台服务商。联合"英红九号"核心技术原创者广东省农业科学院茶叶研究所成功研发了"英红九号红茶智能化生产线"，成立英德红茶中央加工技术工程中心，率先建立英德红茶标准化生产体系，成为英德红茶规模化生产标准的制定者。

（三）英德市积庆里茶园

积庆里茶园有着"中国美丽田园"之称，茶园采用"科技+产业园"的模式，用科技支撑英德红茶的全产业链。尤其在种植生产环节，一方面，在园区内试点安装生物信息对抗站，引进先进的遥感监测技术，对茶树病虫害实行监控预防，构建产业园综合管理服务平台，对茶园实现可视化、动态监测管理；另一方面，由华南农业大学作为实施主体对野生茶树资源进行普查和开发利用，积极开展英德红茶品种的选育和培植，扩大英德红茶优势特色茶树种质资源的收集和保存，推动红茶良种繁育基地建设及品种示范推广。

（四）广东英德市英红博物馆

英红博物馆设在原英红华侨茶场场部旧址，英红历史文化基本陈列由英红镇人民政府和广东华侨博物馆共同主办。展览面积1 100平方米，分"热土华章——英红场史展""红茶新秀——英德红茶历史展""峥嵘岁月——英德茶场知青文化展""侨自越南来——英红归侨历史展"四个展厅，共展出图片1 100张，文物、实物资料等766件（套），辅以雕塑、浮雕、场景、视频等，并设多媒体等互动项目，资料翔实，实物丰富，形式新颖，手法多样，概要勾勒英红创业、发展的历史，展示英红归侨文化、红茶文化，大力弘扬"大公无私、艰苦奋斗、团结拼搏、薪火相传"的英红精神。英红博物馆将被打造成广东省内最强的镇级博物馆之一，成为英红镇以至英德市的文化名片以及广东省爱国主义教育基地。

（五）清远市英德市西牛镇小湾村

小湾村位于清远市英德市西牛镇，以农业种植为主，种植麻竹笋、砂糖橘、冬瓜等作物。小湾村以麻竹笋为主导产业，形成麻竹笋产业园，并注重产业链延伸，推进一二三产业融合发展。2019 年，小湾村被评为"全国乡村治理示范村"；2020 年，小湾村参加清远市第一届乡村振兴大擂台赛事，获得全市"金奖"称号。

四、乡村振兴战略下，英德市发展现状及分析

（一）产业

英德市在产业发展方面立足乡村发展实际，提出打造英德红茶、麻竹笋两大百亿产业集群，推动全环节提升、全链条增值、全产业融合，促进乡村产业高质量发展。以创建国家现代农业产业园为契机，成立广东英德红茶产业研究院和红茶研发中心，引进高层次人才团队进行科技创新和成果转化。与广东外语外贸大学、仲恺农业工程学院等 7 所高等院校共建"高校人才工作站"，推动企事业单位和国内外高校、科研院所开展产学研合作。开始启动实施以水稻（丝苗米）、水产、茶叶、麻竹笋、蚕桑、糖蔗等 1 个或者 2~3 个关联度较高的优势产业为主导产业的镇域产业园创建工作。

英德市是广东省重要的农产品生产基地和供应地，农林牧渔及服务业总产值 143.1 亿元，全市农村居民人均可支配收入超 2 万元。其拥有丰富的茶叶资源，是中国红茶之乡。英德红茶是国家地理标志产品，享有"中国红茶第一品牌"的美誉。

英德市是全国最大的麻竹笋生产基地之一。麻竹笋是国家地理标志产品，被誉为"天然绿色食品"。2020 年，英德市麻竹笋种植面积达到 30 万亩，麻竹笋总产量达到 12 万吨，总产值达到 15 亿元。

英德市的农业结构正在优化升级，以水稻（丝苗米）、蔬菜、水果等为主导的粮油副食品生产基地建设取得明显成效。2020 年，英德市粮食总产量达到 22.8 万吨，蔬菜总产量达到 28.6 万吨，水果总产量达到 11.6 万吨。

（二）人才

英德市政府制定实施《英德市中长期人才发展规划纲要》，设立"人才发展专项资金"和"乡村振兴人才发展基金"，相继出台《英德市进一步加快人才发展建设实施方案》等文件，建立健全人才工作机制，释放人才政策红利。实施"英州计划"，立足茶叶、医疗等优势特色产业及民生事业，累计扶持 8 个项目，投入 340 万元，入选项目数量和财政投入总额位居 8 个县（市、区）前列，累计引进培养紧缺人才逾 4 000 人次。实施"星火接力工程"，安排 36 名优秀年轻干部到镇（街）挂职锻炼，在 2021 年镇级领导班子换届时把 28 名表现优秀的年轻干部充实到镇级领导班子中。实施"回雁工程"，着力引导英德籍外出就读的大学毕业生回乡就业创业，提供就业岗位 600 余个、实习和见习岗位近 800 个，组织大学生开展服务乡村发展活动。打造农业科技集聚平台、乡村人才培育平台、专家人才帮扶平台等，与高校、科研院所开展产学研合作，引进高层次人才团队进行科技创新和成果转化，培养壮大乡村教育、医疗、产业发展等领域的人才队伍。

（三）文化

英德市深挖红色资源，利用革命遗址和烈士纪念设施开展党史学习教育、爱国主义教育、廉政教育和红色旅游，弘扬红色文化、传承革命精神，构筑精神高地。依托英德市"大英德、大北江、大森林、大乡村"的自然生态和文化民俗资源，构建"一核、两轴、四区、多点"的旅游布局，打造生态旅游、休闲旅游、乡村旅游等特色产品，提升旅游产业发展水平。保护和传承英德的非物质文化遗产，如英德红茶、麻竹笋等地理标志产品，以及英德木版年画、英德戏曲等民间艺术，丰富文化内涵，增强文化自信。培育和发展文化创意产业，如动漫游戏、影视音像、数字出版等新兴领域，以及茶叶文化、竹文化等传统领域，推动文化与科技、旅游、农业等产业融合发展，提高文化附加值。

英德市拥有丰富的文化资源，如有革命遗址 146 处、烈士 608 人、非物质文化遗产代表性项目30个等。这些资源为英德市的文化建设和发展提供了坚实的基础和优势。

英德市的旅游业是文化行业的重要组成部分，也是英德市的支柱产业之一。2020年，英德市接待国内外游客总人数达到1 339.6万人次，实现旅游总收入达到108.8亿元。

英德市的文化创意产业是文化行业的新兴领域，也是英德市的战略性新兴产业之一。2020年，英德市共有文化企业（含个体工商户）近3 000家，实现营业收入约20亿元。英德市的文化创意产业在培育新动能、促进转型升级方面发挥了重要作用。

（四）生态

英德市深入贯彻绿色发展理念，把生态文明建设摆在突出位置，把良好生态环境作为乡村振兴的支撑点、农民生活品质提升的着力点，全力以赴打造麻竹笋百亿产值产业，以高水平生态环境保护推动经济高质量发展。持续深入推进绿美广东生态建设示范点创建工作，打造以连樟林长绿美园为点，南粤古驿道为线，连江口镇、下太镇、黎溪镇三镇融为一体的绿美英德生态建设样板区。深入实施森林质量精准提升行动，确保完成人工造林2 000亩，低质低效林改造8 851亩，封山育林3 040亩，新造林抚育1 800亩，森林抚育2.26万亩。

英德市的森林覆盖率达68.84%，成功获批广东石门台国家级自然保护区和英德国家森林公园，建成乡村绿化美化示范村179个，新增森林公园4个，新增湿地公园2个。英德市的森林生态系统服务功能不断增强。

（五）组织

英德市坚持党建引领，以组织振兴推动乡村全面振兴。英德市加强党的全面领导和党的建设，持续在抓基层、补短板、强弱项上下功夫，基层组织建设全面发力、多点突破、纵深推进。英德市总结推广连樟村党建经验，全面建立"三包三联"制度，完善村级重大事项"四议两公开"、村级各类组织向党组织报告工作等制度，强化党组织对村级事务的全面领导。持续深入推进"头雁工程"，大力实施"党员人才回乡计划""青苗培育工程""学历提升计划"，将农村致富带头人、退役军人、回乡创业青年等能人充实到村党组织带头人队伍中。健全党组织领导乡村治理机制，以实施"4+1+N"支部主题党日活动为抓手，全面规范农村党组织活动内容和形式，促进基层党建与乡村振兴深度融合，以高质量的党建引领农业农村快速发展。

五、英德市乡村振兴仍存在的问题

（一）产业现代化不全面

英德市针对部分产业进行了科技创新，但农业科技创新能力不强，农产品加工深度不够；且具备科技创新的农业产业目前仅有英德红茶、麻竹笋等产业链。产业链并非所有环节都具备科技创新优势，目前产业链中仍存在可以采用机器运作却依旧采用人工操作的地方。

（二）人才机制不完善

就目前而言，英德市高层次创新型人才不足，尤其是在茶叶、麻竹笋等特色产业领域；人才培养机制不够完善，人才培训质量和效果有待提高；人才激励机制不够灵活，人才评价体系不够科学；人才服务保障水平有待提升，人才工作宣传力度有待加强。

（三）乡村文化振兴力度不够

文化资源开发利用不够充分，尤其是红色资源和非物质文化遗产；文化产品创新能力不强，尤其是在新媒体、新平台上的传播力度和影响力；文化服务保障水平有待提高，尤其是在农村地区和边远地区。

（四）生态开发利用不充分

生态资源开发利用不够充分，尤其是红色资源和非物质文化遗产；生态产品创新能力不强，尤其是在新媒体、新平台上的传播力度和影响力；生态服务保障水平有待提高，尤其是在农村地区和边远地区。

（五）基层干部队伍建设不充分

基层干部队伍建设还需加强，尤其是在乡村振兴一线工作人员的专业化能力和服务水平上；基层党组织活力还需提升，尤其是在动员群众参与乡村治理和发展的有效性上；基层党建与乡村振兴的融合还需深化，尤其是在推动产业、人才、文化、生态等方面的协同效应上。

六、针对存在问题的对策商讨及方案

（一）乡村振兴背景下英德红茶产业发展建议

1. 结合资源市场需求

近年来，红茶行业竞争激烈，产品同质化日趋严重，要紧跟消费者需求，以市场需求为导向，结合时代发展和流行趋势，研发袋泡茶、网红茶等茶类单品。同时考虑到想要跟进市场风向的文化门槛较高，对企业能力有较大考验的现实，可以由政府和行业协会提供必要的市场分析和政策帮扶，引导企业及时转向。

2. 持续延伸红茶产业链

通过拓展茶叶下游制品，延伸红茶产业链，发展茶油、添加茶叶提取物的化妆品、茶叶制品等产品，创建具有特色的茶产品矩阵，并以此提高英德红茶产业附加值。

3. 持续发展公共品牌

英德市茶业行业协会利用已有的公共品牌，明确各个品种的品牌授权、监管方法和实施细则，明确英德红茶区域品牌日常管理维护的体系和责任，同时要求申请使用英德红茶的品牌要组织专家、法律部门、监管部门进行评估，市政府也要严厉打击假冒伪劣英德红茶的品牌，提供一个稳定、健康的市场环境；未来在当地展销中心建成后还能利用该中心举办有一定影响力的展销活动，进一步加强"英德红茶"品牌的知名度。

（二）乡村振兴背景下英德红茶企业发展建议

1. 充分运用互联网平台

积极运用微信公众号、抖音、小红书等自媒体平台，扩大英德红茶宣传覆盖面。同时利用淘宝、拼多多、京东、阿里巴巴等线上销售渠道，扩充客源，保持销量。

2. 智能化生产促进规模化发展

通过推广以标准化为核心的工业化生产体系，推进"英红九号"茶叶生产标准化、规模化，打造茶叶种植加工的"温氏模式"。此外，通过联动周边家庭农场，打造全产业链横向联合体共享平台，从茶园的生态、选育、种植，到加工工艺、产品品控和消费者最终的品饮，深入探索并形成标准，在确保规模化生产的同时保障茶叶的品质。

3. 乡村振兴背景下小湾村发展建议

英德市西牛镇全面贯彻党的二十大精神，贯彻落实省委、省政府提出的重点工作方向，紧紧围绕"村子要稳定、村民要致富、集体要发展"的思路，发挥生态资源优势，推动绿色发展，打造了一批特色农产品品牌和农旅一体化项目。在这里，绿水青山不仅是美丽的风景线，更是老百姓的幸福源泉。

小湾村里好风光，生态宜居绿水清。遵循"产业兴旺、生态宜居、乡风文明、治理有效、生活富裕"的总要求，小湾村以党建为引领，致力于乡村振兴和实现高质量发展。小湾村以农民增收为核心，以发展村级集体经济为突破口，以推进农村环境综合整治为重点，以深化农村综合改革为根本动力，全面推进乡村振兴战略的实施。这一系列举措推动了农业提质增效、农村文明进步，实现农民增收致富。

小湾村在建设美丽乡村的路上已经迈出了巨大的步伐，我们所给出的相关建议可以进一步发挥其生态资源优势，打造特色农业和乡村旅游，吸引更多的游客和投资者，增加村集体经济收入和农民个人收入。例如，小湾村可以利用其丰富的麻竹笋资源，开发麻竹笋采摘、加工、销售等产业链，打造相关品牌；小湾村也可以利用其优美的自然风光，开展农家乐、民宿、露营等旅游项目，提供休闲、体验、教育等服务。小湾村可以加强基层党建和乡村治理，提升村民的参与度和满意度，营造良好的社会风气和文化氛围，促进乡风文明和社会和谐。例如，小湾村可以完善村级重大事项"四议两公开"、村级各类组织向党组织报告工作等制度，强化党组织对村级事务的全面领导；小湾村也可以开展农民素质教育、文化娱乐活动、志愿服务活动等，提高农民的文化素养和社会责任感。

（三）乡村振兴背景下英红博物馆发展建议

1. 充分发挥乡村文化博物馆功能

英红博物馆以藏品展览陈列为主，展览形式包括雕塑、浮雕、场景、视频、多媒体展示等，大部分博物馆的展览陈列以静态展示为主，参与性和互动性较低，体验式、沉浸式展览较少，接待游客量相对较少。英红博物馆应积极争取经费支持，打破场地、配套设施的限制，举办主题活动、节日庆典等社会教育活动，主动走出去，进入城市社区和学校进行红色文化巡展。

2. 引进乡村博物馆人才

在专业性人才方面，博物馆不仅仅要注重人才的引进，也要逐步提高现有工作人员的业务水平，根据博物馆现实条件按时进行专业培训，提高英红博物馆工作人员的业务水平；人才引进要与专业培训相结合。关于博物馆的人才引进，政府在完善人才引进的同时，博物馆也要提高自身吸引力，优化办公水平，提高员工福利，缩小与大型博物馆的差距。

参 考 文 献

[1] 李新. 学习领会习近平新时代中国特色社会主义思想的世界观和方法论[J]. 理论视野，2022（11）：18－25.

[2] 中共中央党史和文献研究院. 论"三农"工作[M]. 北京：中央文献出版社，2022.

[3] 习近平. 加强政党合作 共谋人民幸福——在中国共产党与世界政党领导人峰会上的主旨讲话[J]. 当代党员，2021（15）：3－5.

借数学建模之力，启茶旅融合景区发展新程

——潮州市上饶镇社会实践项目

摘　要：习近平总书记在党的二十大报告中对推进乡村振兴做出了深刻论述和全面部署。习近平总书记指出，产业振兴是乡村振兴的重中之重。要把乡村产业纳入城乡产业体系大格局中，推动城乡产业协同发展，加快推动乡村产业升级。但是在如今的山村中仍存在着基础设施不全、村民参与度低、乡村劳动力资源流失严重等问题。广东省上饶镇提出了"红色"+"绿色"的发展模式，依托当地丰富的红色资源与历史悠久的茶叶种植历史，结合茶旅融合景区的发展经验，走出一条具有上饶地区特色的"红"+"绿"发展之路。实践团在上饶镇开展社会实践，希望丰富茶产业相关内容，提高红色旅游服务质量，探索一条红色文旅提高茶叶产销之路，争取做到"一片叶子富一方百姓"，进而实现乡村振兴。

关键词：茶旅融合；"红色"+"绿色"发展模式；乡村振兴

一、引言

（一）研究背景和研究意义

1. 研究背景

乡村振兴是新时代中国特色社会主义发展的重要任务之一，旨在解决我国农业农村发展面临的一系列问题。习近平总书记在党的二十大报告中对推进乡村振兴做出了深刻论述和全面部署。这标志着党和国家对于乡村振兴的重视，也为乡村振兴指明了前进的方向。现在的乡村振兴仍面临着城乡发展不平衡、农业发展瓶颈、人口流动和乡村空心化、资源环境压力加大、农村社会矛盾突出等问题。广东省潮州市上饶地区深入贯彻"产业振兴是乡村振兴的重中之重"这一宗旨，基于上饶地区丰富的红色资源和悠久的茶叶种植历史提出"红色"+"绿色"的

发展模式，打造茶旅融合景区，拓宽村民就业渠道，增加村民收入。

（1）红色资源背景。

上饶镇位于饶平县北部山区，地处粤闽两省饶平、大埔、平和、诏安四县交界，曾是土地革命时期中共饶平县委机关驻地。在新民主主义革命时期，上饶人民在中国共产党的领导下，为了建立和保卫红色政权、保卫革命胜利果实，英勇斗争，前赴后继，不屈不挠，为人民的解放事业付出了重大的代价。现有红色景点追远堂、红军楼、雁溪楼、茂芝会议纪念馆、全德学校旧址等。

（2）绿色资源背景。

上饶镇地处粤闽交界的偏远山区，雨水丰沛，植被茂盛，森林覆盖率达70%以上。当地茶园普遍处于海拔400~800 m的高山地段，土壤酸碱度为4.8，年降雨量为1 700 mm左右，霜冻较少，高山浓雾常年笼罩，茶树在此生长虫害少，品质高。

2. 研究意义

青春向党实践团围绕"红色"+"绿色"的发展模式，前往广东省潮州市上饶地区进行调研，通过走访调查、收集数据、实地考察等方法了解当地的红色旅游资源与茶叶种植情况。同时，也在当地进行茶旅融合景区概念与发展理念的普及，使村民了解在"红色"+"绿色"的宗旨下，建成茶旅融合景区的优势。实践团在当地了解到最新的乡村发展情况后，进行数学建模，用数学建模的知识分析如何才能促进当地茶旅融合景区的建成，以帮助当地尽快实现乡村振兴。

（1）推动当地经济发展：通过发展"红色"+"绿色"的理念，即红色旅游业与茶产业的结合，可以促进当地旅游业和茶产业的协同发展。红色旅游业吸引游客前来参观，茶产业为游客提供具有地方特色的茶叶产品，从而带动当地经济发展。

（2）优化农户售茶方式：项目研究发现，传统的售茶方式主要依靠农户将茶叶售往距离较远的茶市场，受限于交通等因素。通过红色旅游业可以使农户更便捷地将茶叶销售出去，提高销售效率和茶叶的知名度。

（3）提升产业竞争力：通过线性回归分析找出不同因素对茶产业收入的影响权重，帮助农户了解不同因素对茶产业的贡献程度。根据权重分配资源，优化投入，提升茶产业的竞争力和效益。

（4）决策支持与政策制定：项目研究为当地政府和企业决策提供了科学依据和参考。相关部门可以根据研究结果调整政策，提供更有针对性的扶持措施，推动红色旅游与茶产业的融合发展。

（5）推广经验和模式：借鉴上善村项目的成功经验，促进农村经济的发展，提高农民收入，推动农村振兴。

（6）社会效益和文化传承：红色旅游业的发展有助于传承当地的历史文化和红色记忆，激发群众的爱国热情和民族自豪感。

（二）研究思路与研究方法

1. 研究思路

如今旅游经济与商品经济快速发展，广东省潮州市上饶地区紧跟发展潮流，推出"红色"+"绿色"发展模式，因此我们将其定为重点调研对象。团队将利用科学的研究方法调研当地"红色"+"绿色"发展模式的优良经验，通过分析当地丰富的红旅资源与茶叶种植的悠久历史，结合当地的基础设施、劳动力数量等情况得出调查结论。

2. 研究方法

（1）统计分析法。

通过对广东省潮州市上饶镇上善村、茂芝村、二善村等多个村落进行实地走访调查，搜集并整理资料。通过层次分析法和相关性分析法等，找出影响旅游业和茶产业的关键因素，并进行线性回归分析，得出影响因素的权重。

（2）个案访谈法。

针对前期调研中存在的问题和未能获得的具体资料，团队结合调研地的特点设计相关问题，对调研地的村干部、村民、上饶镇茶产业协会会长以及相关单位的领导人进行深度访谈，主要围绕当地乡村红色景区的建设与绿色茶叶的种植与销售情况展开，同时收集调研地的相关数据，为调查报告提供科学有力的论据。

（3）实地考察法。

在本次调研中，团队分别前往广东省潮州市上饶镇上善村、茂芝村、二善村、永善村等多地进行实地考察，走访了上善村红军楼、追远堂，茂芝村茂芝会议纪念馆等红色景点，同时也对上饶地区的茶田、销售中心等地进行了走访调查。

（4）文献调查法。

团队借助互联网查找当地电子文献，并前往当地文化馆查阅相关文献，探访当地茶博物馆，了解上饶镇红色革命史与茶叶种植情况。

(5) 问卷调查法。

团队分别设计线上、线下调查问卷（共 400 份），最终得出此次调研所需的相关数据。

二、推进茶旅融合景区建设面临的困境

产业振兴是乡村振兴的重中之重。当地产业的发展程度会对乡村振兴产生极大的影响，目前，乡村产业振兴仍面临着诸多困境。如今的上饶地区面临着基础设施不健全，村民对发展理念了解不透彻，劳动力资源流失严重等诸多问题。

（一）基础设施不健全

乡村建设进度缓慢、基本公共服务不到位，是乡村振兴过程中的难题。在许多农村中，基础设施建设情况不容乐观，偏远山区甚至没有完整的通村道路；乡村的医疗水平低下与教学条件差，也使得村民无法得到基本的公共服务。没有较为科学化的医疗组织与高素质能力的教师驻扎乡村，有的村民为了得到更好的治疗条件与教育条件，选择前往城市生活。而无行动能力的村民则很难到城市谋求更好的条件。乡村人口因此减少，从而影响乡村振兴的推进。

（二）村民对发展理念了解不透彻

乡村发展理念并未深入人心，村民并不了解乡村的发展方向，容易盲目发展，导致事倍功半。而村民对于发展理念了解不透彻也造成了村民对于当地政府工作的支持力度低，不能做到个体的发展与乡村集体的发展相统一，不仅使得个体不能得到很好的发展，也使得乡村振兴步伐缓慢。让村民了解、理解发展理念，进而实践发展理念，是乡村振兴工作所面临的困难之一。

（三）劳动力资源流失严重

城乡经济发展不平衡，致使村民外出务工，大量涌入城镇。人口的大量流失，会使农村的经济、公共服务等方面出现凋敝和萧条的景象，还会导致农村的房屋闲置、废弃现象严重，土地无人耕种。一些有技术、懂管理的年轻人离开农村是限制乡村地区发展的主要原因之一。这些劳动力资源的流失，导致农村农业

基础设施的建设和维修缺乏人手,再加上地理位置等限制使乡村发展进度缓慢,给产业发展、农业现代化发展工作增加了难度,限制了乡村地区的发展。

三、"红色"+"绿色" 现状与发展

"红色"+"绿色"发展模式是上饶地区的发展方向,未来上饶地区将围绕此大力发展红色旅游与茶产业,打造茶旅融合景区,"红色"+"绿色"发展模式将是上饶地区实现乡村振兴的核心模式。

(一) 红色资源现状分析

1. 追远堂

2017 年 12 月,上善村被广东省委组织部列入"红色村"党建示范工程建设。上善村牢牢把握住机遇,把"红色村"创建和社会主义新农村建设结合起来,建立了追远堂烈士陵园。追远堂(饶北革命史馆)布馆内容,涵盖上善村(双善村)革命斗争史实、部分历史老物件、革命烈士名册和事迹等内容,它是上善村红色旅游景点最为亮眼的存在。

2. 茂芝会议纪念馆

新建的茂芝会议纪念馆位于旧址旁,于 2017 年 6 月落成并正式开馆,纪念馆占地 1 580 平方米,建筑面积 520 平方米。茂芝会议纪念馆以"茂芝会议"历史为主线,布置了南昌起义、茂芝会议、井冈山会师的资料介绍及当年遗留下来的作战工具,科学布置陈列品,利用暖色调灯光烘托红色氛围。陈列展品 34 件,展线长 12 米,陈列面积 240 平方米。而茂芝会议旧址坐落在上饶镇朱德广场的一侧,远看极像一间普通的民宅,门楣上方写着"全德学校"四个大字,迄今已有 200 多年历史。茂芝会议纪念馆是上饶地区投入极大精力打造出的红色旅游景点,如今的茂芝会议纪念馆每年仍然有大量游客参观。

3. 雁溪楼

雁溪楼位于饶平县上饶镇上善村鸭母坑自然村,始建于清光绪三十四年(1908 年)。坐东北朝西南,呈圆形,直径 48 米,占地面积 1 809 平方米。二进围屋,前平房,后三层楼房,中心处辟有内埕,楼内共分 26 开间,水井 1 口,石构门楼、门额。门额阴刻"雁溪楼",石墙基,墙体由黄泥土夯筑,灰瓦屋面,屋面檐口均悬挑。雁溪楼规模较小,保存较好,2011 年 4 月被饶平县人民政

府公布为县级文物保护单位。上善村雁溪楼也是卢仓烈士的故居，卢仓烈士曾为换出 18 名阶级兄弟挺身而出，被敌人杀害。雁溪楼虽外表平平无奇，但深入了解后一定会被革命先辈奉献、无私、忘我的精神所打动。

（二）绿色资源现状分析

（1）气候条件优越：潮州市上饶地区属于亚热带季风气候，全年气候温和，雨水充沛，光照充足，非常适合茶叶生长。

（2）土壤条件好：潮州市上饶地区的土壤多为砂质土壤，土层深厚，土壤肥沃，富含有机质和矿物质，有利于茶叶的生长和品质提升。

（3）茶叶品种丰富：潮州市上饶地区有着丰富的茶叶品种，包括凤凰单枞、大红袍、铁观音等，这些品种都具有独特的品质和口感，深受消费者喜爱。

（4）产业链完整：潮州市上饶地区的茶叶产业链已经相当完善，包括种植、加工、销售等各个环节，可以为茶叶的生产和销售提供全方位的支持。

（5）品牌影响力大：潮州市上饶地区的茶叶品牌在国内外都有着很高的知名度和影响力，如凤凰单枞、大红袍等，这些品牌的茶叶品质优良，深受消费者的喜爱和认可。

四、茶旅融合景区的发展

（一）打造茶旅融合景区的优势

上饶地区拥有得天独厚的茶叶种植条件，地理位置优越，土壤条件优良，水资源丰富。上饶镇有着 800 多年的种茶历史。这里的茶农经过多年的实践和探索，积累了丰富的茶叶种植和加工经验，为茶叶品质的提高提供了有力保障。上饶镇地理位置优越，交通便利，是两省四县交界之地，并且气候宜人，适宜开展各类户外活动和旅游项目。除此之外，上饶镇还有其他旅游资源，如自然景观、民俗文化、特色美食等。除了上饶镇本身的资源外，当然也少不了政策支持，潮州市政府对红色旅游产业的支持力度较大，投入了大量的资金和资源，为上饶镇红色旅游的发展提供了有力的保障。

（二）茶旅融合景区未来发展方向

1. 定位方向

上饶镇应当根据自身的地理环境、文化底蕴、交通条件等因素，进行精准定位，打造具有特色的茶旅融合景区。

2. 产品方向

上饶镇可以开发多种茶旅产品。

（1）茶文化体验产品：游客可以参与茶叶采摘、制作、品鉴等活动，深度体验茶文化。

（2）茶文化旅游产品：上饶镇可以开发与茶文化相关的旅游线路，如茶园徒步、茶山观光等。

（3）茶美食产品：上饶镇可以推出与茶叶相关的特色美食，如茶餐、茶饮等。

（4）茶旅民宿产品：上饶镇可以打造具有茶文化特色的民宿，提供舒适的住宿环境。

3. 运营方向

上饶镇可以采取以下措施来提高景区的运营水平。

（1）建立完善的管理机制：上饶镇应当建立健全的景区管理机构，负责景区的规划、建设、运营和管理。

（2）加强营销推广：上饶镇可以通过线上线下多种渠道，加大对景区的宣传推广力度，吸引更多游客。

（3）提升服务质量：上饶镇应当注重提高景区的服务水平，为游客提供优质的旅游体验。

4. 文化方向

上饶镇可以依托丰富的茶文化资源，发展茶文化产业，如茶文化培训、茶文化交流等，提升上饶镇的文化软实力。

五、研究结论

（一）数学建模概括

对当地进行调查可以发现，红色旅游业的发展会直接影响茶产业，于是我们通过在网上搜寻资料以及了解当地的现实情况，总结了影响当地旅游业发展的因素，设置了交通建设的投资、基础建设投入、乡村振兴政策的投入、人均可支配收入、游客数量、游客人均消费、旅游产业链整合和景点推广与营销9个评价指标。我们通过问卷调查的形式让当地居民填写每个评价指标之间的相对重要性，之后通过层次分析法得到影响旅游业发展的因素，有游客数量、人均可支配收入、乡村振兴政策的投入、基础建设投入和交通建设的投资，并且通过了一致性检验，证明了结果的可靠性。

我们通过在网络资料以及当地村委会提供的资料，得到各指标近10年来的数据，对这些数据绘画折线图初步分析了其走线趋势；之后通过Pearson相关性分析得到交通建设的投资与茶产业收入的相关性系数比较小，结合当地的发展情况对该现象产生的原因进行了分析。

对除了交通建设的投资之外的四个因素与茶产业收入进行线性回归分析，得出不同因素对应权重比例，得到了茶产业收入与游客数量、人均可支配收入、乡村振兴政策的投入和基础建设投入的线性方程，对该线性方程进行了结果分析并对其进行检验，我们得出了四个指标的影响大小。最后我们基于以上的分析得出对应的建议。

（二）茶旅融合景区的建议

由以上分析可知，游客数量、人均可支配收入、乡村振兴政策的投入和基础建设投入与茶产业收入存在线性关系。针对以上提到的影响茶产业收入的因素，政府在近几年给上善村提供了很大的支持。下面我们将分别分析并给出适合上善村茶产业发展的建议。

1. 增加游客数量

通过对上善村村委书记，以及上善村前村委书记兼上善村茶产业协会会长的访谈，我们得知，当地政府对上善村红色旅游发展给予了大力支持，比如新建卢仓故居、追远堂等红色旅游景点，为了进一步发展旅游业，上善村将斥巨资种植2 000亩樱花，打造樱花美景，以此来吸引游客到上善村游玩。除了红色旅游与山间美景，上善村还具有悠久的茶文化历史，其优质的茶叶品种以及优秀的市场品牌推广使得其茶叶远近闻名，为上善村吸引游客增添了靓丽的一笔。

但是同时我们也对上善村提出以下建议：

（1）丰富旅游资源：红色景区是吸引游客前来的关键，上饶地区作为曾经的苏区革命根据地，拥有着丰富的红旅资源，政府应该充分挖掘当地抗战的英勇事迹。如果红色旅游资源被充分利用起来，乡村振兴将不再遥不可及。

（2）开发茶园、茶文化馆、茶叶制作坊等一系列茶产业：茶文化旅游景点，能让游客沉浸在上善村悠久动人的茶文化当中，进而以绿色带动经济，提高当地农民的收入，真正做到"一片叶子富一个地方"。

（3）提升服务质量：优质的服务可以给游客留下好的印象，促使他们成为回头客并推荐其他人来游玩。要培训和提高旅游从业人员的专业素质和语言沟通能力，提升旅游服务质量，打造友好、舒适的旅游环境。

（4）加强宣传推广：通过丰富的宣传渠道，如互联网、社交媒体、旅游展会等，积极宣传当地旅游资源、独特体验和特色活动。制作使游客眼前一亮的宣传资料，推荐特色旅游线路，激发游客来上善村游玩的兴趣。

（5）大力发展旅游基础设施：完善基础设施有助于提升旅游体验。在实地走访调查中我们发现，上善村的交通建设并不完善，并且酒店、旅馆等设施较少，投资发展酒店、旅馆、交通运输、景区设施等势在必行。只有确保游客有舒适、安全的住宿条件和便捷的交通方式才能提高景区口碑，进而增加游客数量。

（6）推动旅游创新：提供丰富多样的旅游产品和体验，包括特色美食、文化表演、农家乐等。吸引不同类型的游客，增加旅游消费。

（7）加强合作与联动：与其他地区、旅行社、景点以及相关产业进行合作与联动，联合发展旅游业。建立旅游行业协会或组织，促进信息交流、资源共享和市场拓展。

（8）加强旅游数据分析：通过收集和分析旅游数据，了解游客的特点、需求和偏好，根据实际情况调整旅游策略和措施，提升旅游产品和服务的质量与吸引力。

2. 提高人均可支配收入

我们通过对上饶镇茶产业协会会长访谈得知，上饶镇成立的茶产业协会，会教授农户如何种茶、采茶、制茶和售茶等。经过一系列的培训，上善村的茶叶品质、产品口碑有显著提高，在提高农户制茶技能的同时也增强了上善村的茶业品牌影响力。上善村在政府的支持下正在修建交易市场，其目的是为农户们提供销售茶叶的新渠道，提高他们的收入，在这个过程中政府不收取其任何费用，真正做到为民服务。

但是同时我们也对上善村提出以下建议：

（1）促进经济增长：鼓励和支持当地经济的发展，增加就业机会和创造更多的收入来源。这可以通过吸引投资、培育产业、支持创业和扶持中小微企业等方式实现。

（2）改变上善村采集茶叶方式：目前偏向于手工采摘，并且有些茶叶种植地海拔比较高，农户在采摘时可能存在安全隐患，所以上善村可以通过农业现代化、农业科技推广、农产品加工等措施，促进农业产业的发展，提高农民的收入水平并且减少安全隐患。

（3）加强社会公平与福利：通过改善教育、医疗、住房等公共服务，以及社会援助政策，减少收入差距，提高弱势群体的可支配收入。

（4）加强社会保障体系：建立健全的社会保障体系，包括养老保险、医疗保险、失业保险等，减轻家庭的经济负担，提高居民的可支配收入水平。

3. 加大对乡村振兴政策的投入

通过采访上善村的居民可知，随着脱贫攻坚战的打响，上善村也投入了脱贫攻坚当中，例如，政府投资建设龙头企业带动农户进行茶叶种植采摘工作，政府投资建设培训基地，培训基地不仅培训种茶制茶技术，还培训医护、家政、餐饮等其他行业技能，从根本上治贫。以种茶制茶为主、其他产业为辅的经济发展模式一直延续至今。

但是我们也对上善村提出以下建议：

（1）提高财政预算：政府可以通过增加财政预算来增加对乡村振兴政策的投入。这包括增加乡村振兴专项资金、提高财政拨款比例等。政府可以重新分配资源，将更多的资金用于乡村振兴项目和措施。

（2）改革税收制度：政府可以考虑改革税收制度，通过减免税收政策，为乡村振兴工作创造更多的发展机会。

（3）提高政策的针对性和效果：加大对乡村振兴政策的投入需要确保资金的使用具有针对性和高效性。政府可以深入了解相对落后地区的实际情况和需求，制定有针对性的政策，确保资金用于最需要的领域和项目，提高乡村振兴政策的实效性。

（4）加强乡村振兴工作的组织和管理：建立健全的乡村振兴工作机制和管理体系，提高资金使用的透明度和效率。加强对乡村振兴项目的监测和评估，及时发现问题并采取措施加以解决，确保乡村振兴项目资金的有效利用和目标的实现。

4. 加大对基础建设投入

上善村从开展脱贫工作后，不断增加对基础建设的投入，改善了当地的能源、水利、通信等基础设施，提高了生产力和居民生活水平，推动了当地的可持续发展，特别是红色旅游地的修建、保护机制日益完善，例如，追远堂建设，对卢仓故居、品字楼的保护等。但是，在加大投入的同时，也存在着一系列的问题，如交通运输方面的资金仍旧匮乏，这也成为限制该地发展的一个重要因素，同时有些区域规划不合理，不能确保资金的有效利用和项目的质量。

所以我们也对上善村提出以下建议：

（1）加强 PPP 合作：政府可以积极推动公私合作（PPP）模式，在基础建设领域吸引民间资本的参与。通过与民间企业合作，共同投资建设基础设施项目，并分享风险和收益，加快基础设施建设进度。

（2）优化土地利用和资源配置：政府应合理规划和利用土地资源，提高土地利用效率。同时，合理配置资源，确保资源优先用于基础建设领域，提高投资的效益。

（3）注重生态环保：在进行基础建设时，要注重生态环境保护，推行可持续发展理念。采用绿色建筑、节能技术等措施，减少对环境的影响，提高资源利用效率，保护生态环境。

（4）加强规划和研究：制定长期的基础设施规划和发展战略，科学规划建设项目，避免冗余和重复建设。同时，加强研究和评估，了解社会经济发展趋势和居民需求，确保基础建设符合发展需求。

参 考 文 献

[1] 闵庆文. 农业文化遗产旅游：一个全新的领域 [J]. 旅游学刊, 2022 (06)：1-3.

[2] 卢世菊，周泽芳. 农业文化遗产旅游研究进展及趋势——基于 CiteSpace 可视化分析 [J]. 华中师范大学学报（自然科学版），2022 (06)：1021-1033.

[3] 刘琳燕，孙云. 福建茶文化旅游开发探析 [J]. 茶叶科学技术，2011 (03)：39-44.

[4] 雷兴国. 特色小镇建设背景下杭州市茶文化旅游推广策略研究 [D]. 杭州：浙江工业大学，2016.

直击乡村振兴难题，深度剖析建言献策

——河源市连平县社会实践项目

摘　要：民族要复兴，乡村必振兴。习近平总书记在党的二十大报告中指出，全面推进乡村振兴，全面建设社会主义现代化国家，最艰巨最繁重的任务仍然在农村。正确认识乡村发展资源及其转化，突破乡村振兴的建设壁垒，成为重要一环。青年学生作为国家新一代坚强力量，要勇挑时代重担，投入乡村建设，学习考察、因地制宜，以乡村建设助力农业农村现代化。

为贯彻落实党的二十大精神、团省委广东青年大学生"千万工程"突击队行动和"三下乡"社会实践工作有关要求，北京理工大学珠海学院10位青年学生组成"乡见"北理珠实践团，以"乡见·相见·香践·享践"为主题，于7月7—13日走访调研广东省河源市连平县乡村振兴现状。团队通过走访连平县四镇七村四街道，以五个振兴为主线，通过文献研究、问卷调查、实地调研、人物访谈、电商助农、志愿服务等方式，深入了解连平县乡村振兴战略实施情况及不足之处，为当地建言献策，以小见大，助力更多乡村振兴高质量发展。

关键词：乡村振兴；社会实践；青年学生

■ 一、绪论

（一）调研背景

习近平总书记在二十大报告中指出，全面推进乡村振兴，全面建设社会主义现代化国家，最艰巨最繁重的任务仍然在农村。如今的中国经过八年接续奋斗，绝对贫困得以消除，区域性整体贫困得到解决，而推进脱贫地区乡村振兴、脱贫县农村居民收入较快增长、生活质量继续提高是当下的重要任务。世界百年未有之大变局加速演变，守好"三农"基本盘不容有失，当下，乡村振兴战略对于守好粮食安全和防止规模性返贫等底线至关重要。2023年，作为全面贯彻党的二十大精神的开局之年，正处在巩固拓展脱贫攻坚成果与乡村振兴有效衔接的关键时期，广东省实施发展战略，促进城乡区域协调发展。在这个战略机遇和风险挑战并存、不确定难预料因素增多的时期，各地级市、乡镇对于乡村振兴战略的实施也暴露出问题，不能有"一俊遮百丑"的想法，只有在产业、人才、文化、生态、组织五方面都实现了振兴，才能真正实现乡村振兴。在此背景下，实践团通过结对"千万工程"、实地调研、电商助农、人物访谈、志愿服务等方式，多方面多角度了解连平县的乡村振兴实施情况，对收集内容进行整理分析，为当地建言献策，对加快农业农村现代化、基层实施乡村振兴具有重要的现实意义。

（二）调研目的与意义

1. 调研目的

连平县位于广东省东北部，作为乡村振兴示范样板拥有优质的资源以及巨大的发展潜力。经初步调查研究发现，连平县紧跟乡村振兴步伐，深入实施乡村战略，扎实推动乡村产业、人才、文化、生态、组织全面振兴。但通过实际数据和政府工作报告等官方信息了解到，连平县在乡村振兴过程中有一些不足之处：一是县域经济总量偏小，抗风险能力不强，尽管在与深圳市南山区对口扶贫优势互补下，情况有所改善，但相对贫困落后的基本县情还没有从根本上改变；二是产业结构不优，工业产业相对较弱，农业结构调整不够彻底；三是县城辐射带动作用不强，人才流失与就业问题较为突出，农民收入增长不平衡。这些问题在实践乡村振兴中具有典型代表性。连平县作为广东省首批乡村振兴示范样板，上述情况在广东省进一步落实"千万工程"中具有典型示范的参考意义。通过调研找出连平县在实施乡村振兴过程中各个方面存在问题，同时找准原因，以提高人民幸福感为出发点和落脚点，辩证看待目前连平县所存在的问题，多方探讨交流连平县现有问题的解决方法，提出有针对性、有实效性的措施。

2. 调研意义

目前关于乡村振兴战略的研究大多还局限在将乡村振兴战略浅显地套搬在乡镇上，多数建议与乡镇实际情况不符，不具备时效性和针对性，对于调研乡村的实际情况和群众需求不明确。在此背景下，以广东省河源市连平县为研究对象，走访连平乡镇及街道，通过不同调研方法，掌握客观真实数据，与村干部、群众等深入探讨，以产业体制改革为切入点，以建设美丽乡村为重点，以完善乡村治理为保障，以培育文明乡风为抓手，结合创新驱动发展战略对乡村振兴存在的问题进行分析并提出建议，为乡村振兴战略在产业、文化、人才、组织、生态振兴当中提供新的发展思路，为"千万工程"实施、乡村振兴深入提供典型案例，对实现乡村振兴、构建新农村具有重大现实意义。

（三）调研设计、调研思路和调研方法

1. 调研设计

2023年6月3日，"乡见"北理珠实践团首次召开线下会议，确定出行目标和主题，明确所要关注的问题和具体活动内容。而后商讨确认实践活动总体流程，仔细讨论如何从各方面助力乡村产业振兴；确认需要联系的相关部门，且其能否为实践团队提供帮助；准备实践过程需要的物资和费用清单等。

2023年6月5日，实践团与连平县团县委、上坪镇小水村村民委员会、连平县博物馆、忠信镇政府等取得联系，洽谈合作事宜，并在6月6日与共青团连平县忠信镇村民委员会在"千万工程"突击队项目对接平台进行项目结对，获得必要的支持和充足的资源。

2023年6月12日，实践团召开线上会议，商讨团队实践具体事宜，确定活动思维框架、Logo设计图、团队马甲设计、团队社会实践路线图以及宣传册、宣传扇的设计与制作。6月18日，实践团召开第二次线上会议。根据实践团的目标和主题，制订详细的行程计划和日程安排，包括具体地点、时间、活动内容等；考虑可能遇到的挑战和风险，制订安全计划和应急预案，并提供必要的培训和指导。确保团队成员了解紧急联系人、医疗设施位置等重要信息，并配备必要的急救药品和装备。

2. 调研思路

实践团积极响应广东省青年大学生"千万工程"突击队行动，立足于"返家乡"实践平台。团队中三位成员来自广东省河源市连平县，对连平县具有较深了解。"乡见"北理珠实践团以"乡见·相见·香践·享践"为主题走进连平县。通过实地走访、数据分析、座谈交流、发放问卷等形式，了解当地的乡村振兴政策实施情况，收集连平县相关统计数据，并进行分析和比较，评估乡村振兴工作的效果。

3. 调研方法

（1）问卷调查法。

团队通过搜集、参考有关乡村振兴的相关调查资料，结合连平县人民对本县乡村振兴战略了解状况编制匿名调查问卷。通过线上线下发放问卷，进行数据采集。通过分层随机抽样方式，针对不同年龄阶段、不同身份连平县居民老中青群体进行调查。本次抽样调查共发放问卷623份，回收623份调查问卷，实际有效问卷616份，可信度较高。

（2）个案访谈法。

采用面对面交流座谈、"一对一"专访等方式，与上坪镇乡村美育基地、忠信镇新时代文明实践所单位的20余位工作人员进行沟通交流，了解当地乡村振兴战略开展基本情况，了解乡村振兴战略实施以来当地生活环境、社会保障等方面的变化情况，进一步分析人们对政府、村委会实施乡村振兴工作的满意度与不足之处，多角度多方位多维度了解连平县乡村振兴发展情况。

（3）数据分析法。

根据实际有效问卷的调查结果制作饼状图和条状图进行数据分析，结合乡村振兴中的"五大振兴"分析连平县乡村振兴战略实施中存在的问题并提出相应的对策与建议。

（4）文献分析法。

通过搜集、整理中共中央、国务院关于做好2023年全面推进乡村振兴重点工作的意见、连平县人民代表大会政府工作报告、乡村振兴调研报告、论文等，形成科学认识的方法，筛选出本次实践团调研内容，为本次实践调研提供了理论基础。通过对文献系统性的分析，结合实践团成员的前期准备，有针对性地提出问题，构建本次实践调研框架：以"五振兴"为主线、"四主题"为关键，调研当地乡村振兴现状。

（5）实地调研法。

针对前期初步调研中存在的疑问，团队结合调研群体的特点设计相关问题，对各调研地的村民、工作人员等进行深度访谈。实践团实地了解鹰嘴桃产业链，协助工作人员测查水质并清理河道，探访忠信镇司前村古寨、忠信镇柘陂村华南小学红色教育基地，走访忠信花灯博物馆、忠信商贸特产街，感受非遗魅力，领会匠心精神，品尝忠信特产，以点带面地了解连平县乡村振兴的发展情况，实地感悟乡村振兴发展成就，将乡村振兴战略与社会实践相结合。

二、调研现状分析

连平县位于广东省东北部，是一个以农业为主导产业的地区。在首批 10 个广东省文化产业赋能乡村振兴典型案例中，连平县乡村振兴南部片区示范带成功入选，它是河源市唯一入选的典型案例。近年来，连平县以创建广东省乡村振兴示范带为抓手，大力发展富民兴村产业。

加快农业农村现代化，一批示范带、示范村初显成效，美丽宜居环境指数不断提升，构建起"点上出新，线上出彩，面上成景"的乡村振兴发展格局。但根据连平县政府工作报告数据，连平县也面临着农业发展困难、产业结构单一、基础设施薄弱、生态文明宣传不足等问题。为了解具体问题并提供相应的解决方法，实践团因地制宜设计调研计划。

（一）元善镇

元善镇是连平县委、县政府所在地，是连平县政治、经济、文化和旅游中心。境内有黄潭寺、连平县博物馆等市、县级重点文物保护单位，同时辖区内还有西山瀑布等"连平八景"。团队在此地重点研究当地在组织振兴、文化振兴、生态振兴等方面的情况。2023 年 7 月 7 日上午，实践团前往元善镇开展有关乡村振兴的问卷调研，本次问卷调研主要面向居民与商户。在元善镇，实践团成员分为三组，前往三条主线路与居民、商户进行深入交流，发放相关问卷以收集更多的数据，问卷包括农业产业发展、基础设施建设、教育医疗等方面的内容。

团队成员以小组的形式分别在镇里派发问卷，并与当地村民进行面对面的交流，在更直观地了解乡村振兴实施情况的同时，帮助村民更进一步地了解乡村振兴政策。在村民口中，我们了解到村民在教育资源方面的需求。根据走访调研情况，我们发现元善镇存在以下问题：产业专业化不足，没有形成完整的品牌或品牌竞争力不强；农村破旧泥砖房存量较多；污水处理设施建设进度滞后；群众参与积极性不高等。

（二）上坪镇

上坪镇是粤赣省界（河源）乡村振兴示范带建设组团之一，被誉为"中国鹰嘴蜜桃之乡"，辖区内有"万亩桃园，十里桃花"的特色旅游景观。团队为了调查当地在产业振兴和生态振兴方面是否有可取之处，在 7 月 7—8 日，前往上坪镇进行关于乡村振兴实施情况的问卷调研，调研对象以当地村委会、志愿者、桃园果农为主。我们对与乡村振兴有关的工作人员进行访谈，同时与深圳信息职业技术学院实践团相互分享助力乡村振兴的经验，更加坚定为人民服务的理想信念。

调研发现，上坪镇相较于以前有较大的变化，乡村振兴的实施有落到实处。如上坪镇结合资源禀赋发展特色产业项目，依托当地各具特色的资源和产业，着力发展"一村一品"产业，同时村内的物流运输极为便利，为桃农销售桃子提供巨大的帮助。在当地举办的"鹰嘴蜜桃节"上，团队了解到当地还有需要完善的地方。例如：鹰嘴蜜桃品种单一、同质化严重，会出现上千个卖家同卖一类商品的情况；当地种植行业老龄化较为严重；农村人居环境整治工作成效不显著，并且存在用水不太稳定的情况，仍需相关部门进一步解决完善。

（三）内莞镇

内莞镇境内拥有以喀斯特地貌景观著称的原生态胜迹苍岩景区、一河两岸特色古树风光及田园风光等，素有"小桂林"之称。团队调研当地在生态振兴方面是否有值得参考之处。7月8日，团队来到内莞镇的大席河碧道进行调研。实践团参与青年志愿服务，实地了解近年来乡村振兴背景下乡村生态发展趋势，积极为乡村生态振兴注入青春力量。正值村民农忙结束，我们沿着碧道对村民进行走访，从村民的口中了解到内莞镇的乡村振兴提高了百姓生活水平。例如，道路不再是凹凸不平的水泥路，已经变成了柏油路，村民出行更加便利。道路照明也得到了改善，对比以前没有路灯的碧道，晚上一片漆黑，但如今的碧道安装上了崭新的路灯，灯火通明。在实地调研后，我们了解到当地这几年在生态环境，尤其是在人居环境上的改善，但同时实践团通过与当地居民近距离沟通了解到内莞镇存在居民生活水平较低、产业发展水平较低等问题。

（四）忠信镇

忠信镇作为粤赣边区商贸文化重镇，先后被评为"广东省商贸特色小镇""广东省民间文化艺术之乡""广东省民宿产业促进乡村振兴试点镇"等，当地的忠信土特产和国家"非遗"——忠信花灯，对于实践团研究当地在产业振兴、文化振兴等方面的情况具有重要意义。7月10日，实践团前往忠信镇，结对"千万工程"项目进行实践。团队走访忠信镇柘陂村华南小学红色教育基地、司前村古寨，传承红色基因，以文化建设助力乡村振兴。团队走访忠信花灯博馆、忠信商贸特产街。忠信花灯诠释着"传承不息，久久为功"的精神，是忠信镇宝贵的精神财富。土特产也是一个地区物质财富的体现。实践团利用新媒体矩阵积极探索"文化+产业"模式，助力忠信土特产"走出去"。在忠信商贸特产街，实践团通过"一对一访谈"，了解商户对忠信镇乡村振兴的满意度以及忠信特色产业对当地的影响。团队走进忠信镇大坪村，在村干部的带领下，绘制"文化墙"，发挥大学生的艺术素养和创新意识，打造"一墙一文化，一墙一风景"。实践团成员在参观的过程中，对各村的居民进行了问卷调查，了解到忠信镇存在非物质文化遗产代表性项目传承人断层、少数非遗传统文化濒临失传、特色产品产业链现代化水平不足，基础设施建设较为老化等问题，这些问题迫切需要解决。

三、河源市连平县在乡村战略实施中存在的问题

（一）基础情况——乡村振兴战略未在当地全面普及

从图1所示的调研结果来看，当地乡村振兴宣传工作取得了一定效果。走访发现，当地通过乡村公告栏、宣传栏、文化墙、宣传标语、宣传横幅等传统宣传方式，将乡村振兴战略做了介绍。但是仍有18%的村民从未听说过乡村振兴战略，说明在宣传方面还存在一定的局限性，可能是由于官方传播渠道不够顺畅，多以传统书面形式呈现，这直接影响到受教育程度较低、思想观念陈旧的村民对政策信息的获取，难以将其做到全面化覆盖。同时结合图2村民了解乡村振兴战略的意愿来看，82.26%的村民愿意了解乡村振兴战略，体现了大部分村民主动学习了解、深化对乡村振兴战略认识的积极性较高，对乡村振兴可能带来的利处充满期待。

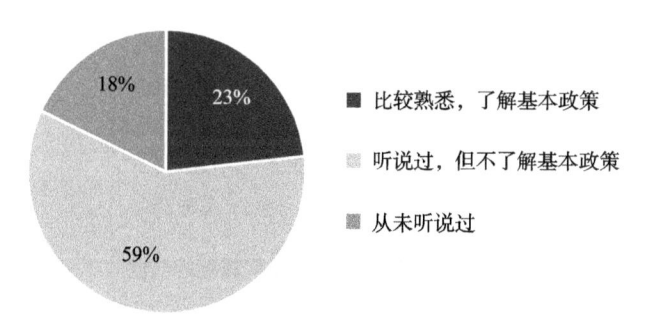

图1 村民对"乡村振兴战略"的了解程度

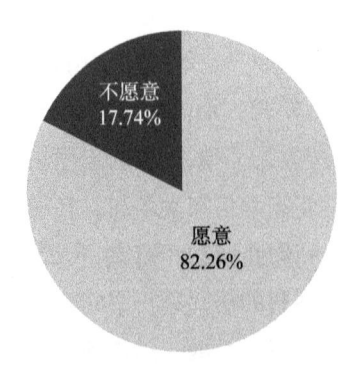

图 2 村民了解乡村振兴战略的意愿

（二）产业短板——农村产业结构不完善，发展后劲不足

连平县统计局的统计数据显示，全县 2022 年农林牧渔业总产值为 35.27 亿元，约占当地生产总值的 35%。由图 3 可知，村民认为所在村目前重要的产业中，农林牧副渔业占比 68%。团队在实地调查中观察到，当地自然风景优美，种植环境优越，当地政府也提倡发展种植业，但结构不完善，发展后劲不足。以中国鹰嘴桃之乡——上坪镇为例，当地特色产业鹰嘴桃生产链较短，无法加工成果汁果干等，产业结构较为单一，仅存在于"种植培养—开花欣赏—采摘销售"的阶段，消费市场大部分在广东省内，未探索出开拓销售范围和延长加工产业链的模式，缺乏多样化和高附加值。

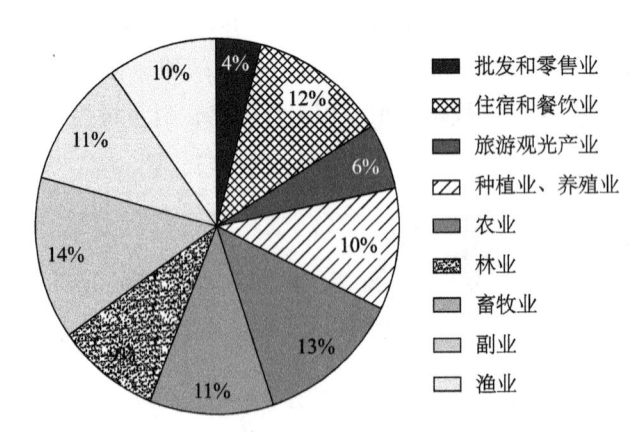

图 3 村民认为所在村目前重要的产业

鹰嘴蜜桃发挥经济作用仅依靠每年小暑到大暑桃子成熟销售时期，乡村经济

容易受到天气、市场波动的影响。团队在探访当地果农时得知，大部分果农在农闲时期，寻找其他增收工作的积极性低，就业创业机会少，长期闲在家中，半年以上都没有稳定的经济收入和生活保障。从图4可知，缺乏协调农忙农闲时期的工作机会，在一定程度上影响了村民的生活水平。

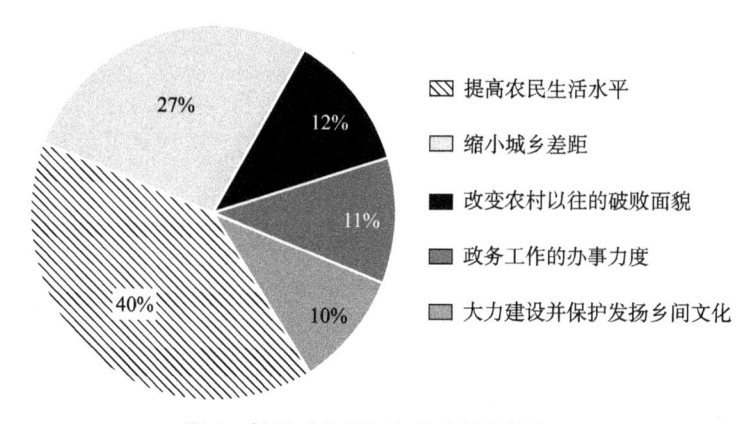

图4 村民对乡村振兴战略的具体期望

在忠信镇特产街调查得知，虽然特产街将忠信镇特产商业聚集于此，但商业街内缺乏照明设施与电动遮阳设施，给予购买者的体验感较差。此外，农产品深加工业小而散，以小作坊为主，主要是一小部分自给自足的粮食产业，一些土特产产品成本高、技术含量低，在大的市场环境中竞争力不足，缺乏过硬的竞争优势，造成特色产业发展后劲不足。实施品牌战略的措施还不够硬，仍未打造出真正的龙头企业，没有形成全县自身的品牌特色和优势。农民增收不稳定，潜力不足。

（三）人才短板——教育资源不平衡，协同育人未实现

由图5得出，当地村民认为每年负担最重的项目是教育费用，依次为医疗费用和生活费用。由图6可知，教育与贫困问题为农村较突出的问题。站在村民的角度分析，教育问题包括教育费用过高、教育发展水平较低、师资匮乏等问题。对于部分收入较低、文化程度不高的村民来说，家庭可支配收入难以分配给教育方面，且无法给孩子营造家庭学习氛围，存在"有教无养"的问题，不利于孩子的心理健康发展；对于收入较高、受过良好教育的村民来说更希望将孩子送到城里学校接受教育，这加速了农村生源的流失，农村"空心化""老龄化"问题凸显；站在农村教师的角度分析，农村地区生活和教学条件相对比较艰

苦，工资待遇低且加入人才流动的浪潮导致教师队伍不稳定，支教老师任教时长较短。在发放调查问卷的过程中，团队遇到当地的一名乡村教师。据了解，该教师所在的学校有时存在一个老师同时教授几门课程的现象，无法真正做到"一课一师"，严重影响教育质量和教学效果，不利于青少年学习更多的专业理论知识。

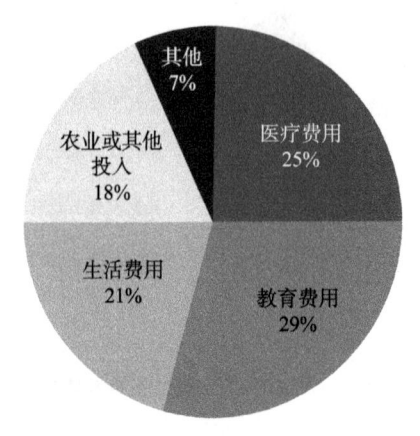

图 5　家庭支出占比

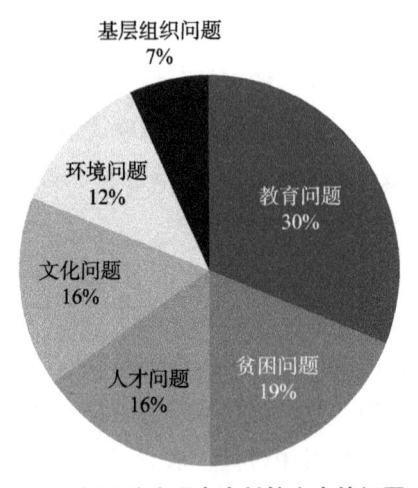

图 6　村民认为现在农村较突出的问题

从以上调查数据分析，乡村振兴主要是要解决"人"的问题，当地仍存在师资人才引进困难、农村教育政策无法满足农村人口接受教育的需要、部分家长教育观念保守的问题。

近年来，随着乡村振兴战略的不断普及宣传，村民对其也有了一定了解。由图7可知有33%的村民愿意支持子女回乡，53%的村民看政策力度决定是否支持，但仍有14%的村民不愿意让子女回乡。这从侧面反映出伴随城镇化进程的加速，城乡人才流动未实现双循环，乡村人才空间被大幅挤压，许多从村里走出去的有高学历、高技能的青年都不愿意回到乡村。农村所呈现的教育问题与"招人难""用人难""留人难"问题并存，体现当地对人才返乡下乡的政策支持力度较小，乡村引进、激励体系还不够健全。青年劳动力不足导致产业振兴动力不足，青年干部乡村治理方法老旧，青年返乡下乡创业的阻碍普遍存在，是现今农村人才资源方面存在的问题。只有实现人才振兴，乡村振兴才能拥有最长久最稳定的内生动力。

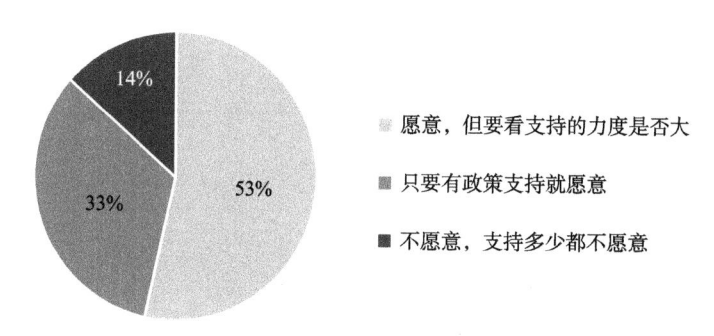

图7 如果有关于乡村教育振兴的政策性支持，村民是否支持子女回乡

（四）生态短板——人居环境整治、"厕所革命"不够彻底

由图8可知，77.44%的村民所在村有公共厕所，有22.56%的村民所在村并没有公共厕所，这反映出"厕所革命"进行得不够彻底，具体方案缺失、资金紧缺和农民积极性不高等都是主要原因。厕所常常被视作衡量文明的标志之一。与村民"一对一"访谈时了解到村内可能存在无序建设与标准较低的情况。如公共厕所间隔距离较远，辐射圈较小，不能完全满足村民需要；未按标准建设及设施损坏，日常管护不到位。乡村"厕所革命"既是对乡村卫生环境的改造，更是乡村旅游发展的迫切需求。

近年来，连平县大力实施乡村建设行动，推进产业转型升级。由图9可知，有40.65%的村民认为当地最突出的环境问题是生活垃圾污染问题。在调查中得知，镇中心垃圾处理设施配备较为齐全，由环卫部门定期处理，但村中普遍存在村民随意倾倒生活垃圾的现象，其中既有村民保护环境意识较差的原因，也有乡

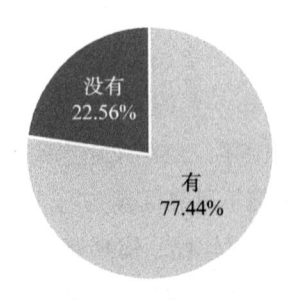

图8　村民所在村是否有公共厕所

村干部和环保部门宣传引导力度不够的原因。水污染也是村民比较关注的问题，占比25.04%，对化肥农药及地膜污染问题的关注，占比18.86%。连平县作为河源农业大县，有鹰嘴桃、忠信花生、火蒜等特色农业，占比较大，使用化肥农药可能造成水体的污染。农村污水治理任务面临投资成本高、管网建设滞后、维护保障困难等问题。

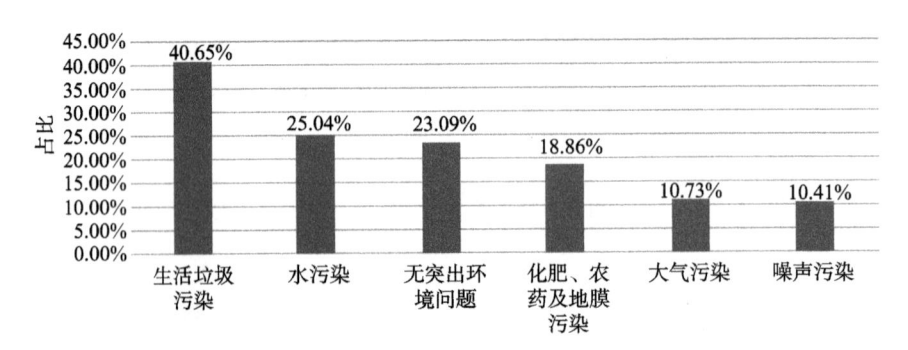

图9　村民认为所在村突出的环境问题

在图10中，有67%的村民认为突出环境问题有所改善；6%的村民认为当地没有突出问题。据走访了解，农村"脏、乱、差"面貌不断转变，农村环境面貌和管理水平明显提升，但人居环境整治水平参差不齐。部分乡村灵活结合当地文化、生态特色，积极落实"三清三拆"综合整治行动并带动村民共同打造高质量居住环境。但部分乡村未找到合适方法，大拆大建或无序建设，对农民利益和诉求考虑不够周全，且群体居住环境没有同步提升。这反映出乡村环境治理取得一定成效但仍需继续努力，乡村生态环境治理制度体系有待完善，农民生态环境保护意识有待增强。

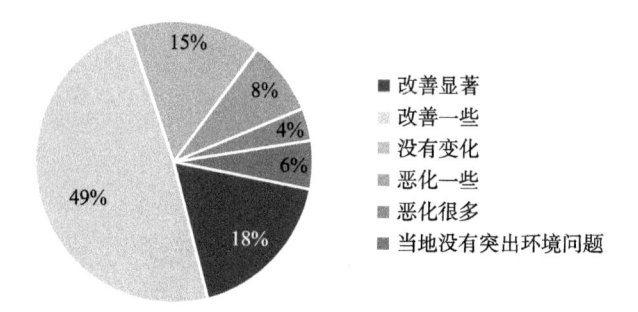

图10　村民认为所在村的突出环境问题是否得到改善

（五）文化短板——传统文化传承难，红色文化宣传难

从图11可知，71.22%的村民选择了忠信花灯，超过50%的村民选择了客家娘酒酿制技艺，说明当地针对此类非遗宣传力度较大；但村民对于濒临失传的纸马舞和猫头狮舞选择较少，仅有19.84%村民了解它们。这反映出在当今多元文化的冲击下，优秀传统文化传承主体消减，可能由于缺乏传承者、传承渠道，纸马舞和猫头狮舞的传承遇到了困难。

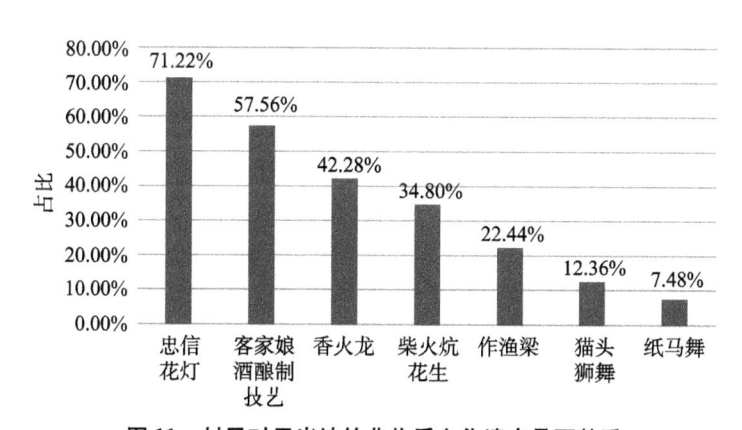

图11　村民对于当地的非物质文化遗产是否熟悉

从图12可知，有65.04%的人群认为乡村文化振兴中的障碍是资金不足。因为缺乏相应的资金支持，相关的宣传和推广活动不足。44.55%的村民认为乡村文化振兴中的障碍是乡村人口的减少。当地村民作为本土文化的创造者和实践者，在文化振兴中具有重要作用。随着城市化的发展，农村青壮年群体逐步通过就业、求学等形式迁入城市，从而直接导致乡村传统文化的传承出现年龄断层。

团队成员在村中走访，观察到留守农村的大多是老人、孩子和妇女，青壮年人口的流失无疑为非遗传承者的培养、选才增加了难度。

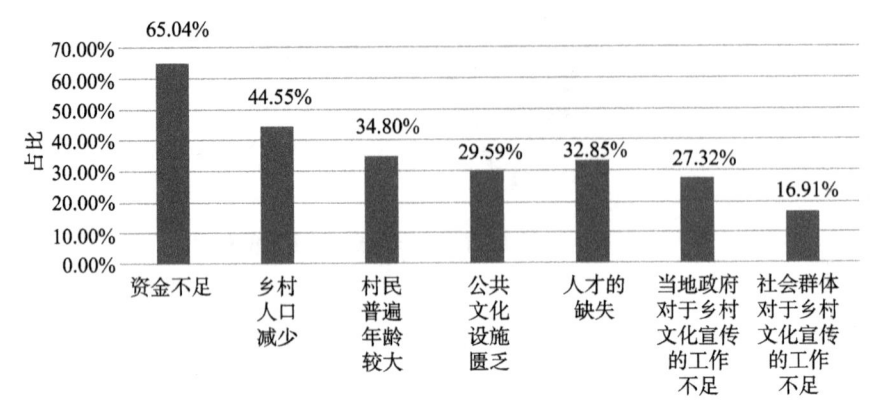

图12 村民认为乡村文化振兴中的障碍

（六）组织短板——干部队伍不完善、扶贫政策不够透明

从图13可知，大部分调查对象认为村干部最应具备带头致富与办事效率高的能力。通过走访党群服务中心、村民委员会等了解到，农村党员干部年龄偏大，其中年纪轻、学历高的占比少，治理模式较为老旧，难以针对农村经济创新发展并探索适合农村的经济运营模式，不能有效满足全村增收致富的需求，对实施乡村振兴战略没有系统思维和规划，呈现出整体活力和战斗力不足的情况。

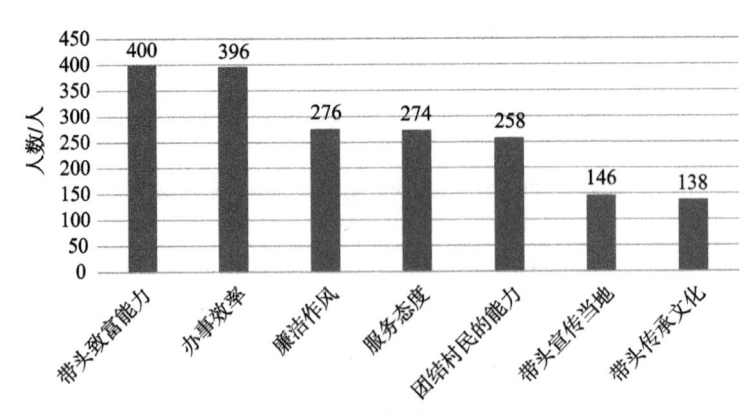

图13 村民认为村干部最应具备的能力素质

在图 14 中，一半以上的村民选择了重点贫困农户的帮扶。农村群众信息的获取依赖村干部，但实际存在"上传下不达"、扶贫标准不明确、公示制度不完善，甚至优亲厚友的问题，导致村民对一些有门槛标准或针对特定群体的扶贫政策不熟悉，存在不知道相关政策或不清楚具体申请流程的情况。

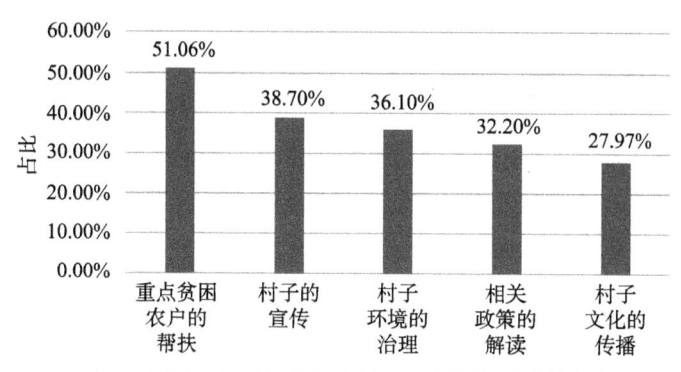

图 14　村民认为村干部在乡村工作上需要提升的能力

村民方面也存在一些问题：滋生"等、靠、要、争"的思想；向帮扶干部隐瞒真实情况；对年轻村居干部不信任、态度未摆正、素质较低等。这也是难以实现乡村振兴的原因。

四、对策及建议

（一）推动多元化产业发展

1. 拓宽乡村特色产业，培育知名品牌

以上坪镇鹰嘴桃为例，以第一产业为根本、第三产业为支撑、第二产业为辅助，三大产业各自实现资源的最大化利用，才能充分将自然资源底蕴转化为经济发展优势。积极探索"产业+文旅"模式，以桃花节、桃果节为主，以电商培训班、"桃王"比赛、露营活动为辅，改善旅游设施，提升游客吸纳能力，加大游客流量，促进桃农增收。同时，应规划物流方案、拓宽销售渠道、扩大销售市场，在未来建立统一标准，实行规模化、产业化经营。

以忠信镇土特产为例，以农业为基础，抢抓连平县花生省级现代产业园核心种植区成立这一契机，同时开发特色多样化产品，提升乡村特色产业附加值，借助产业渗透和产业交叉，通过新技术、新商业模式延伸农业产业链，实现由第一产业向第二、第三产业拓展。

因此，在产业振兴方面要进一步延链优链，提高产品附加值，向复合型转变，统筹布局生产加工、仓储物流、研发提升等，打通产业上中下游的各个环节，融合一二三产业发展。应因地制宜，充分发掘当地特色资源，拓展农村产业发展的新空间，积极探索农业旅游一体化道路。

2. 做好人才引进，推动科技下乡

乡村的产业振兴需要综合型人才和专业性人才的支撑，政府应搭建农村创新创业通道，鼓励青年学生参加暑期"三下乡"社会实践，助力乡村振兴。政府应加大引进政策力度，发挥国家农业科技优势，引导农业技术单位、研究所到农村建立试点基地，鼓励专业人员深耕乡村发展，工作上稳步推进，明确不同阶段乡村振兴发展的要求和具体目标，从而为农村产业的可持续性发展提供支持。

（二）厚植乡土文化，激活传承主体

1. 营造良好文化发展环境，村镇文化管理部门迸发推力

对乡村振兴相关政策的解读以及对相关政策的宣传力度需进一步加强，譬如组织农民召开交流会议，构建流动图书馆，全方位多层次构建多元化传播渠道，提高村民的文化素养、道德素养以及精神面貌水平。同时，着重根据纸马舞和猫头狮舞在文化传承上遇到的困难、缺少传承条件的情况进行帮助与支持，提供政策保障和经济基础保障。

2. 完善文化服务体系，提升乡村发展内生动力

博物馆、文化馆、社区活动中心等各种组织发挥联合作用，通过"接地气"、面向青少年的宣传方式，开设相应的公益传承活动，让更多青年群体接触纸马舞和猫头狮舞，并为想进一步学习了解相关文化的群体提供相对应的传承培训课程，为纸马舞和猫头狮舞提供后生力量。

（三）促进生态宜居，推动乡村振兴

1. 强化统一管理与协调，深化农村"厕所革命"

相关部门应根据村镇的具体发展模式，划分设置区域，制订"一村一策"改造计划。在改造前，应事先进行实地调研，在合理的距离范围内设置公共厕所或者在人流量较大的地方多设置公共厕所，以小厕所改出大民生。为了应对厕所改造过程中可能出现的民生问题，让农村厕改被更多群众所接受，牵头部门应当加强统一领导，组织干部走访入户，面对面讲解政策，点对点消除疑虑，细致统筹厕改工作进度，让"厕所革命"的目的、意义和作用家喻户晓，深入人心。

2. 加强人居环境整治，增强村民环境保护意识

乡村振兴，生态宜居是关键。积极探索"生态+旅游"模式推广，加强农村人居环境整治应由政府与村民共同努力完成，一同打造高质量的居住环境。政府部门要加大树立环境保护意识的宣传力度，多形式开展宣传教育。通过开展现场培训、演示和发放宣传资料、发送宣传视频等方式，积极开展环境保护宣传培训活动，引导村民增强依法销售使用农膜的意识，合理使用化肥农药，呼吁全社会参与保护土地不受化学产品污染；协调安排环卫部门定时清理街道，维持乡村干净卫生的良好状态；充分调动村民的积极性，引导村民参与到农村人居环境整治工作当中，营造人人爱护环境的浓厚氛围，形成人人参与整治的良好局面。

（四）多方联动支撑教育发展，积极推动"引才、留才"，激发农村教育新活力

1. 统筹整合多方力量，凝聚农村教育新合力

在农村教育经费的投入和保障方面，政府要合理规划教育资金，增加农村教育经费投入，利用项目投资改变农村学校教育经费短缺的情况，满足农村多样化的教育需求。村委会应重视并加强农村青少年思想教育，加大基层教育宣传力度，深入社区，积极破除不利于青少年成长的消极思想，为青少年提供优良的精神成长环境。青年大学生应积极参加"山区行动"、志愿活动，为乡村人才振兴贡献青春力量。

2. 充分把握乡村教育关键力量

乡村教师是促进农村青少年教育发展的关键，教师的教学水平决定教育的质量。为了促进农村教育的发展，通过资金补助、优化教学环境等相关举措，多方面给予乡村教师支持和社会地位，将乡村教师"引进来、留下来"。

（五）充分发挥农村基层党组织的政治引领作用

1. 由第一书记牵头，发挥党员先锋模范作用

农村基层党组织在乡村振兴中发挥着重要的作用。忠信镇司前村党委深化拓展党群服务中心功能，积极发挥党员引领作用，提升联系服务群众水平，积极探索"党建+文化"模式。司前村曾获评"全国文明村""全国乡村治理示范村""全国民主法治示范村"。农村基层党组织建设活动要想取得理想效果，第一书记要真正发挥自身的模范带头和引领作用，带领基层党组织班子成员充分发挥自

身的示范作用。党员身体力行，用实际行动感化群众，才能赢得群众的拥护，才能推动党建工作的开展。

2. 创新党建工作方法

在乡村振兴的过程中，鼓励大学生走进乡村担任村干部，深入基层走访群众，为基层党组织注入新鲜血液；鼓励老干部不断学习新思想，了解新政策。党建工作的方式方法必须切合农村实际情况，充分融入村民的日常生活中，让其能感受到党组织的关爱，从而更加拥护基层党组织所开展的各项建设活动，积极参与助力乡村振兴战略的实施。同时党员要深入基层，用心倾听村民的心声，了解村民的实际诉求，结合实际情况给出相应的对策。

五、结论与展望

本次实践调研团队走访连平县具有代表性的四个镇区，结合连平县基础情况，整理分析了乡村振兴的实施情况，总结出不同地方在产业振兴、人才振兴、文化振兴、生态振兴和组织振兴五个方面的优劣势。团队发现乡村振兴宣传工作已做到较全面的普及。如上坪镇结合资源禀赋发展特色产业项目，着力发展"一村一品"产业，持续擦亮"中国鹰嘴蜜桃之乡"金字招牌，推动上坪镇经济高质量发展；忠信镇坚持以南部片区"乡村振兴＋全域旅游"示范带项目为依托，积极发展生态旅游业，不断完善服务业配套设施，充分激活特色产业融合发展内生动力。但实施过程中仍具有局限性，缺乏因地制宜的规划。

在产业振兴方面，可以通过积极探索"产业＋文旅"模式、拓宽销售渠道等方式进一步延链优链。忠信镇以农业为基础，抢抓连平县花生省级现代产业园核心种植区成立这一契机，同时开发特色多样化产品等，多措并举，推动特色产业发展。

在人才振兴方面，教育费用在当地村民支出中占比最大，农村"空心化""老龄化""多课一师"问题并存。教育需要社会各方力量形成合力，政府、村委会和青年大学生等重点群体相互配合；相关部门应对乡村教师重点关注与合理帮扶相结合，留住乡村教育的关键力量。

在生态振兴方面，当地存在人居环境整治、"厕所革命"进行得不够彻底等问题。乡村"厕所革命"既是对乡村卫生环境的改造，更是乡村旅游发展的迫切需求。只有以"厕所革命"为代表的人居环境整治行动做到位，村民环境保护意识得到提升，让村民留住"乡愁"，才能有效提高村民生活水平、推动当地相关第三产业的发展。

在文化振兴方面，作为国家"非遗"的忠信花灯和客家娘酒酿制技艺深入人心，但由于缺乏传承者、传承渠道，村民对于濒临失传的优秀传统文化了解较少，传承人出现年龄断层。当地政府应根据濒临失传的优秀传统文化的实际情况，提供相应政策保障和经济基础保障。

在组织振兴方面，农村党员干部年龄偏大，党员中年纪轻、学历高的占比较少，呈现整体活力和战斗力不足的情况。也有少数村民存在"等、靠、要、争"的思想，态度不端正。因此，党员要发挥先锋模范作用，第一书记发挥自身示范作用，带领村民积极探索"党建+文化"模式；村民也要摆正自身态度，积极配合村委会工作，为乡村振兴做出贡献。

纸上得来终觉浅，绝知此事要躬行。"三下乡"实践活动平台是开展思想政治教育活动的有效途径。在社会实践的过程中，团队深入基层，立足所学专业，发挥智慧才干，在实践中学以致用。实践团队多角度多方面调研，分析连平县在乡村振兴工作上所存在的问题并给予对策，希望为更多乡村提供参考和借鉴。在未来的实践中，团队仍会及时总结经验，进一步研究各地在实施乡村振兴战略上存在的问题，为我国乡村振兴战略贡献青年智慧和青春力量。社会实践得益于众人帮助和支持，在此感谢共青团连平县忠信镇委员会等村委会的大力支持，连平县志愿者协会等领导的关心与支持，连平县博物馆等工作人员的大力相助，指导教师的悉心指导与学校的支持。

参 考 文 献

[1] 王景新，支晓娟．中国乡村振兴及其地域空间重构——特色小镇与美丽乡村同建振兴乡村的案例、经验及未来［J］．南京农业大学学报，2018，18（02）：17-26，157-158．

[2] 吕宾．乡村振兴视域下乡村文化重塑的必要性、困境与路径［J］．求实，2019（02）：97-108．

[3] 张志胜．多元共治：乡村振兴战略视域下的农村生态环境治理创新模式［J］．重庆大学学报（社会科学版），2020，26（01）：201-210．

"红色文旅+绿色产业"促进乡村振兴

——云浮市新兴县社会实践项目

摘　要：云浮市新兴县紧跟党的步伐，全面推进实施乡村振兴发展战略，目前已步入建设高质量乡村的快车道。新兴县利用"红色文旅+绿色产业"创新发展模式，因地制宜利用当地原有优势，既传承与发展红色基因、红色故事、红色精神，又实现农业与企业相互合作，发展特色文旅，同时带动经济快速增长；融入当地生态和人文，全面打造高质量发展融湾先行示范县。新兴县存在人才稀少、基础薄弱、地形较差三大问题。新兴县用以德润心，铸造"文明之魂"信念，充分利用多种宣传载体，多阵地、多渠道、立体式宣传本土文化，以叶季壮精神、铁肩精神等为载体，赓续新兴县文化血脉。新兴县目前正与多家龙头企业合作开发特色产业，既保持自身特色，又推动经济高速发展；随着发展思路的清晰和各方面的渗透，新兴县正朝着"高质量乡村"的目标迈进。

关键词：乡村振兴；三下乡；高质量乡村；创新模式

一、题目设定

（一）研究背景

习近平总书记在广东考察时强调，推进中国式现代化，必须全面推进乡村振兴，解决好城乡区域发展不平衡问题。党的二十大把高质量发展作为全面建设社会主义现代化国家的首要任务，对推进城乡融合和区域协调发展做出战略部署。省委十三届二次全会决定启动实施"百县千镇万村高质量发展工程"，推动广东省县、镇、村高质量发展，在新起点上对更好解决城乡区域发展不平衡不充分问题进行积极探索。城乡融合发展是实现广东高质量发展的必然途径，需要通过构建省域的区域协调发展体系和县域的县镇村联动发展体系，实现新型城镇化和乡村振兴的双轮驱动，从而达成城乡区域协调发展的目标。

广东实现高质量发展的关键点，在于要进一步激发县、镇、村三级经济的活力，变"短板"为"潜力板"。县城是新型城镇化的重要载体，乡镇是联城带村的关键节点，村域是实现乡村振兴的基本单元。城与乡是一个融合体，同等重要，各司其职。城乡通过相互联系、相互促进，深度融合，同步推进现代化发展。将县域作为城乡融合发展的重要切入点，应当构建县、镇、村三级联动发展体系，更好地统筹县的优势、镇的特色和村的资源，推动城乡深度融合。

因此，要进一步激发县、镇、村三级经济的活力，以县城为载体，乡镇为纽带，村域为基本单元，实现县、镇、村三级联动，推动县域城乡深度融合，促进城乡区域协调发展。通过区域协调发展，城乡深度融合，以"百县千镇万村高质量发展工程"为引擎，走出广东高质量发展的新路径。

（二）研究意义

落实乡村振兴战略，建设高质量乡村，实现乡村现代化既是人民群众的希望，也饱含着国家以及中国共产党人矢志不渝的初心和为人民服务的坚定决心。近年来，广东省深入实施乡村振兴战略，着力构建"一核一带一区"区域发展格局，推动城乡区域协调发展取得重要成果。同时也要看到，广东实现高质量发展的突出短板在县、薄弱环节在镇、最艰巨最繁重的任务在农村，特别是县域经济总量较小、增长较慢、总体发展水平较低，县、镇、村内生动力不足，一体化发展政策体系不健全，资源要素从乡村向城市净流出的局面尚未扭转。必须坚持问题导向，在遵循经济社会发展规律的同时，把握城乡融合发展的正确方向，把县域作为城乡融合发展的重要切入点，从空间尺度上对"核""带""区"进行深化细化，从互促共进的角度对先发地区与后发地区的发展进行全盘考虑，对县镇村各自的功能定位进行科学把握，把县的优势、镇的特点、村的资源更好地统筹起来。部署实施"百县千镇万村高质量发展工程"，是进一步拓展发展空间、畅通经济循环的战略举措，是惠民富民、满足人民对美好生活新期待的内在要求，是整体提升新型工业化、信息化、城镇化、农业现代化水平的迫切需要，对推动广东在全面建设社会主义现代化国家新征程中走在全国前列、创造新的辉煌具有重要意义。

因此，研究此课题有利于全面贯彻党的二十大精神，深入贯彻习近平总书记对广东系列重要讲话和重要指示精神，深入了解我国国情，紧跟乡村振兴发展的步伐，提升自身综合素养。

二、文献综述

（一）乡村高质量发展的定位

早在党的十八大召开过程中，习近平总书记就创新提出了加强我国生态文明建设重要发展决策，并将生态文明建设构建到"五位一体"的战略布局之中，这就要求在我国的农村，也要通过建设高质量乡村的方式，提高农村地区的生态文明建设水平。应对农村经济发展以及生态文明建设的发展诉求，急切需要通过美丽乡村建设的方式，将生态文明建设思想融入，提高当代农村的生态文明建设发展水平。

除了需要将美丽乡村建设同农村生态文明建设联系起来以外，还需要把美丽乡村的建设定位加入我国社会主义新农村建设的理论框架中，提升新农村建设发展水平，推动新农村建设的发展速度。特别是在我国自然资源日益短缺，自然生态环境污染比较严重的前提下，必须将人与自然和谐发展的生态文明建设理念有效地融入新农村的经济、政治等社会发展建设中，从而提升乡村经济建设发展水平，建立"生活富裕""村风文明""村容整洁""管理民生""生产发展"的美丽乡村建设宗旨。只有从农村整体发展的各个角度来考虑，才能实现我国农村的全面建设与发展。

（二）高质量乡村的相关理论研究

随着近年来"乡村振兴战略"的深入发展和贯彻，以及在广东省全面贯彻"百县千镇万村高质量发展工程"政策的实施下，各行专业人士就"高质量乡村"建设的内涵、意义等方面开展了一系列探讨与梳理。孙晓郁认为全面推进乡村振兴，就要更加突出认识乡村产业发展的重要性和紧迫性，着力推动乡村产业发展壮大，通过科技创新、模式创新、业态创新等手段促进乡村产业提质增效，不断提高市场竞争力和可持续发展能力。

乡村振兴不仅是使一个落后的区域发展起来，更是要让当地居民体验到"高质量乡村"建设的实在性,让更多人参与其中,不仅能提高群众参与度,更能加快乡村的高质量发展。

三、研究设计

本文选取广东省云浮市新兴县作为主要研究对象。发展本土特色红色文化,建设生态宜居的高质量乡村是新兴县落实乡村振兴战略的举措。新兴县在致力于保留和发扬当地特色乡村文化的同时,也将生态农业与现代企业建设相融合,文化、生态和经济三者相互交融,走出了一条"红色文旅+绿色产业"的发展道路。

1. 研究方法

(1) 文献研究法。

我们参考了"高质量乡村"建设相关理论研究。在撰写文章前,我们利用各种渠道来收集相关文献资料,如中国知网、图书馆等,从区域规划理论研究、乡村建设理论研究、乡村振兴实施举措分析等方面进行文献检索,研究"高质量乡村"建设的相关理论支撑和基本途径,然后对检索到的相关资料进行仔细梳理和认真总结,为本文的研究内容提供文献基础。

(2) 问卷调查法。

针对调研地的居民以及游客,设计关于乡村振兴社会调查问卷。问卷采用的是线上与线下随机发放的模式,发放对象为新兴县六祖镇、太平镇等地的居民及游客。本次调查问卷是在大量阅读有关云浮市新兴县"高质量乡村"建设策略和"百县千镇万村高质量发展工程"实施具体内容等相关文献资料后设计的。问卷回收后,结合调研内容以及问卷数据进行了详细的整理与分析,为研究提供相关的数据支持,提高研究的科学性和可信度。

(3) 实地调研法。

在本次研究中,团队成员深入云浮市新兴县的镇、村,对当地的红色文化遗产以及经济发展模式进行了实地调研,分析了新兴县发展现状以及未来振兴的发展方向。落实"红色文旅+绿色产业"的发展模式,可以提高当地居民的就业率,从而提高居民的收入,创造更多的经济价值,助力新兴县完成"高质量乡村"的建设。

（4）人物访谈法。

团队结合调研地的特点设计相关问题，对当地象窝山旅游发展的主要负责人进行深度访谈。访谈以面谈形式进行，围绕新兴县绿色产业发展、旅游业带动发展的契机以及新兴县发展现状、存在的问题以及未来发展等内容展开。

2. 研究路径

研究路径如图 1 所示。

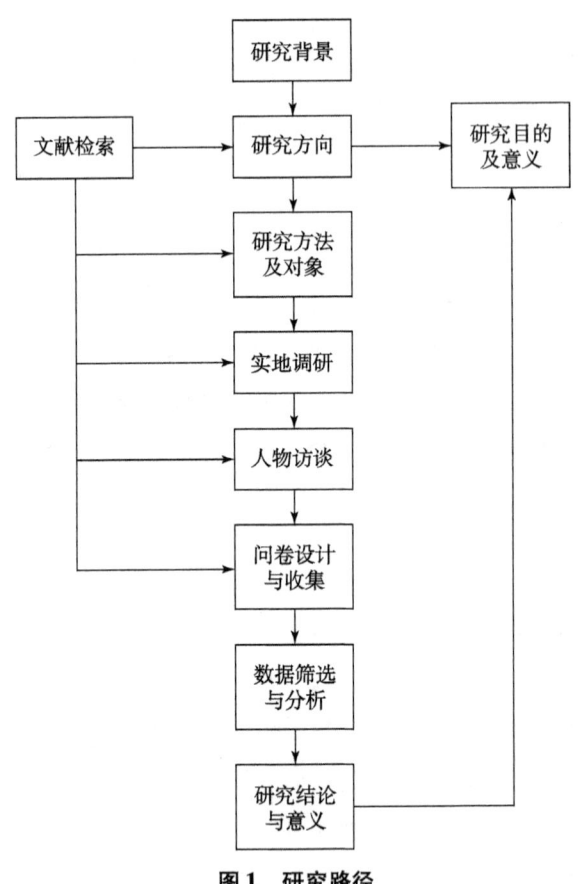

图 1　研究路径

四、新兴县发展现状分析

（一）调研地点简介

乡村兴则国家兴，全面建成小康社会和全面建成社会主义现代化强国，最艰巨最繁重的任务在农村，最广泛最深厚的基层在农村，最大的潜力和后劲也在农村。近年来，新兴县深入实施乡村振兴战略，大力发展镇域经济，狠抓村级集体经济，推动城乡区域协调发展取得丰硕成果，如连续五年入选"旅游百强县""2023年全国县域旅游综合实力百强县""全国县城新型城镇化建设示范县""赛迪顾问乡村振兴百强县（2021）"。新兴县隶属广东省云浮市，是广东省直管县财政改革试点，位于广东省中部偏西、云浮市东南部，处于广佛肇经济圈、珠中江经济圈的交会地带，具有良好的区位优势。新兴县紧跟国家乡村发展战略要求及紧抓省委实施"百县千镇万村高质量发展工程"历史机遇，以乡村振兴战略、区域协调发展战略、主体功能区战略、新型城镇化战略为牵引，以城乡融合发展为主要途径，加快壮大县域综合实力，全面推进乡村振兴，切实把县、镇、村发展的短板转化为高质量发展的潜力板；举全县之力推动乡村振兴，努力向"打造高质量发展的融湾先行示范县、奋进全国百强县"的目标迈进。

（二）新兴县发展现状

新兴县历史悠久，文化灿烂，大力发展特色农业、生态旅游业、绿色能源、资源经济，重点建设"一轴一星五基地"。打造"新兴美丽乡村经济新引擎""云浮共同缔造乡村风貌示范片""全省融湾精美乡村风貌模范区"。以12个圩镇和大郎、龙山塘2个片区人居环境综合整治为重点，深入开展"干净整洁平安有序"文明圩镇创建活动，行政村全部创建为美丽宜居村。在工业上牢牢把握"新型工业化"发展方向，推动产业集聚集约发展，打造新成工业园"一园多区"发展格局，园区工业产值突破百亿元。在农业上稳步推进农业现代化，获批建设"广东省新兴县生猪智慧养殖数字农业试点县建设项目"和1个国家级、3个省级现代农业产业园，获评国家农村产业融合发展试点示范县。在服务业上全域旅游发展迅速，入选"广东旅游综合竞争力十强县""全国县域旅游综合实力百强县"。数据显示，5年来，新兴全县生产总值由177.92亿元增至270.58亿元，年均增长5.6%，经济发展体量、增速、质量稳居全市前列，入选全国县域经济综合竞争力400强和全国县域投资潜力400强。新兴县新型工业欣欣向荣，现代农业蓬勃发展，文化旅游方兴未艾，预计2025年广湛高铁新兴南站将全线开通。一个以生态经济发展为主的新兴县城正在形成，打造更高质量、更高水平的美丽新兴指日可待。

（三）新兴县乡村振兴调查分析

2017 年 10 月 18 日，党的十九大报告提出实施乡村振兴战略。要求必须始终把解决好"三农"问题作为全党工作重中之重。习近平总书记在党的二十大报告中对全面推进乡村振兴做出重要部署，强调坚持农业农村优先发展，加快建设农业强国。在调查新兴县居民对城乡发展、乡村振兴等方面的关注情况时发现，关注生态宜居和生活质量方面的人数分别占到29%；关注乡村文化方面的人数占到21%；关注产业发展的人数占到20%（见图2）。从数据中可以看出，受调查人群最关注生活质量和生态宜居，其次关注乡村文化和产业的发展。受地理环境和观念的影响，四个方面较为平均，但与国家及重点方向发展较为一致。

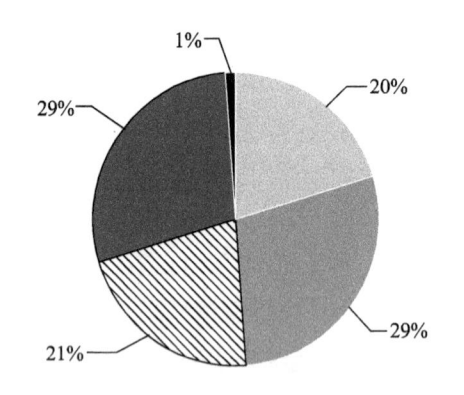

图 2　居民看重城乡发展中的哪些方面

2023 年 2 月 13 日，广东省委农村工作会议暨全面推进"百县千镇万村高质量发展工程"促进城乡区域协调发展动员大会在广州召开。"百县千镇万村高质量发展工程"是广东省提出的一项重大工程，是加快推动新型城镇化、促进城乡一体化的重要措施。该工程旨在探索城乡发展新路，加强乡村振兴，促进广东省内城乡经济、社会和生态一体化，意义深远。针对新兴县居民对当地乡村振兴帮扶程度的看法进行调查时发现，有40%的居民认为很重要，有38%的居民认为重要，有21%的居民认为一般，有1%的居民认为不重要（见图3）。

我们在走访调研与采访中了解到，新兴县太平镇未来发展更注重采取多元化发展模式（见图4），将原有的第一产业慢慢转型升级为一二三产业融合发展，

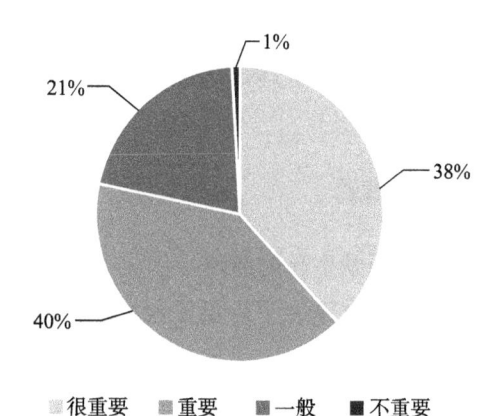

"红色文旅＋绿色产业"促进乡村振兴 227

图3 居民对当地乡村振兴帮扶程度的看法

增加村民的收入，完善基础设施，注重人文环境，推动乡村振兴战略的实施。

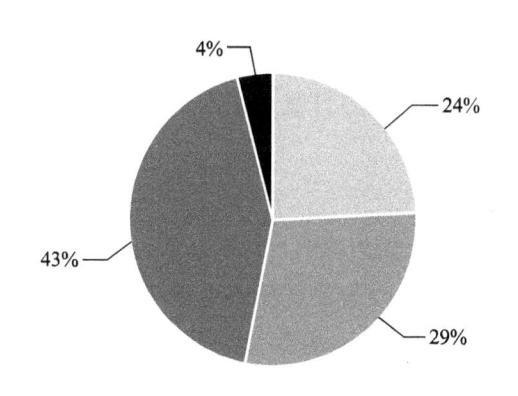

图4 居民对未来太平镇方向发展的看法

乡村振兴途中，除需发展经济外，生态环境的建设、宜居环境的质量以及乡村文化的底蕴是头等大事。经济发展建立在生态建设、人文环境和文化传承的基础之上，没有三者的支撑，再雄厚的经济基础也是徒劳。从对新兴县乡村振兴的调查中我们可以得知，村内对生态环境、人文环境建设和文化发扬做得十分到位，新兴县更注重基础设施建设，致力于提高村民宜居环境的质量，真正把"振兴发展"落实到每一位村民身上，使其切实地体会到发展的成果，为新兴县未来发展打下了坚实的基础。

五、新兴县现存发展问题分析

（一）人才稀缺，基础薄弱

1. 村民积极性不足，村镇缺少新鲜血液

2023年以来，新兴县高标准推进"百县千镇万村高质量发展工程"的各项工作，聚焦村级集体经济薄弱难题，大力推进"政银企村"共建模式，全面助推村级集体经济提质增效。2023年，全县所有行政村村级集体经济收入达到15万元并可持续，用实际收益调动了村民积极性。新兴县推进人才强镇战略，坚持以政策引导和产业发展为导向、以人才发展为核心的工作思路，扎实推进党建引领下高的乡村振兴人才驿站平台及服务体系建设，汇聚人才力量，推进"百县千镇万村高质量发展工程"落地落实。对接服务湾区人才，积极拓展高校本土人才两大引入通道，着力打造专家人才的"试验田"、乡土人才培育的"摇篮"。

2. 知名龙头企业偏少

新兴县固有的经济基础较为薄弱，长期以来，人均消费水平偏低，难以带动当地经济的大力发展。其中较为重要的一个原因是，新兴县缺乏龙头企业的带领。近年来，温氏集团作为当地的龙头企业，创造了"公司+农户（家庭农场）"生产经营模式，实现企业与养殖户的双赢。但新兴县仍需要多种类的大型企业的帮扶，与此同时，也需深化中小型企业与政府共同推动建立的"政企村"合作模式，助力增加村集体经济收入，促进城乡区域协调发展，将"带富力量"辐射到更大的范围。

3. 县域内村镇发展水平参差不齐

近年来，新兴县深入实施乡村振兴战略，大力发展镇域经济，狠抓村级集体经济，推动城乡区域协调发展取得丰硕成果。县域内村镇发展速度不一致，发展水平参差不齐仍是新兴县基本县情之一，镇、村两级自身造血功能薄弱，县内城乡区域发展不协调等难题亟待破解。新兴县2023年积极主动招商引资、抢抓项目建设进度、加快推进产城融合。2023年1月31日，新兴县举办2023年第一季度重大项目集中签约暨招商顾问聘请仪式，首批签约重大项目6个，总投资45.5亿元；2月8日，新兴县举行2023年第一季度"三个一批"经贸活动，集中签约、动工、竣工项目30个，总投资209.5亿元。此外，还到深圳、珠海、中山等地推动招商引资落地。

（二）存在生态环境问题

新兴县内不少村庄的村道坑洼不平，特别是雨水冲刷过后，行人很容易"泥足深陷"。某些河流有禽畜养殖污染的现象。这不仅会影响村民的生活质量、生活环境，更会影响到生态环境的平衡。新兴县为打好蓝天、碧水、净土保卫战，正在全方位统筹推进大气综合治理、农业面源污染治理、土壤污染管控治理修复、危废固废规范处置处理、饮用水源保护区规范化建设等工作。新兴县政府推行建管一体化的先进模式，科学合理设计生活污水收集处理设施总体规模和管网布局；统筹各片区污水收集处理负荷，加快生活污水管网工程建设。实现生活污水"应收尽收"。推动现有城镇污水处理设施提质增效整治，争创"绿水青山就是金山银山"实践创新基地，加快农村生活污水治理试点创建工作。

六、新兴县特色发展模式分析

（一）"强一优二活三"发展思路

2023年以来，新兴县以推动"百县千镇万村高质量发展工程"为契机，立足资源禀赋和发展基础，聚焦"强一产、优二产、活三产"的发展思路，不断优化完善一二三产业布局，着力在固本强基、提档升级上下功夫，推动各项产业齐头并进，经济发展提质增效。

1. 做强一产，引导支柱农业抱团发展

走好"农业产业现代化"之路。新兴县全面实施"一县一园、一镇一业、一村一品"发展战略，成功创建现代农业园8个，形成了以1个国家级产业园为龙头、7个省级产业园为骨干的"1+7"现代农业产业园建设体系。新兴县紧抓发展，壮大村级集体经济这个强村富农、强基固本的根本，通过政策撬动、产业驱动、政企村三者联动、银行推动"四轮驱动"，积极探索村级集体经济增长的新道路。

2. 做优二产，乘势而上壮大工业集群

新兴县锚定大湾区城市群强化招商引资，推进产业补链强链延链，紧紧依靠县委、县政府在粤港澳大湾区设立的招商引资联络处及聘请的招商顾问，紧抓毗邻珠三角核心区的区位优势及珠三角枢纽机场和广湛高铁等多重战略机遇，聚焦省重点培育的 20 个战略性产业集群，充分发挥成功创建省高新区和省特色产业园区的优势，大力发展高新科技产业。持续深化政务服务，全面优化营商环境，持续激发市场活力，完善服务企业机制，着力解决市场主体"急难愁盼"诉求问题，助推高质量乡村的建设步伐。

3. 做活三产，深挖镇域特色资源潜力

新兴县抓住生态、人文等资源，紧扣"旅游 + 文化"，打造了六祖故里旅游度假区、禅域小镇等文旅融合景区；紧扣"旅游 + 工业"，建成了县创新中心、新兴名优特产展示厅等工业旅游点；紧扣"旅游 + 中医药养生"，推进翔顺金水台温泉小镇中医药养生旅游项目建设。依托县内原生态的天然环境，重点建设养生养老、休闲旅游等产业，打造以健康、生态和休闲旅游为主的特色产业集群，实现以产业园区为中心辐射带动周边乡村旅游发展，助力民宿产业发展。

紧紧围绕"乡村振兴""全域旅游"发展战略，全面推进"三片两点"、精品村、精品线路和示范村建设，打造"县域统筹、共同缔造、融合发展"的示范样板。新兴县连续多年举办节庆活动及民俗文化活动以吸引游客，为旅游业发展提供"源头活水"；与粤港澳大湾区的旅游企业签订文旅合作战略协议，开展民宿联合宣传促销活动，推动一批精品民宿应运而生，打造了六祖镇、里洞镇等民宿经济示范带。

（二）传承红色基因，赓续红色血脉

红色资源是中国共产党艰辛而辉煌奋斗历程的见证，是最宝贵的精神财富。习近平总书记在党的二十大报告中强调，要用好红色资源。坚持守正创新，才能更好实现"用好"目标。创新展陈方式、打造精品陈列；创作优秀文艺作品、讲好红色故事；探索与时俱进的传播方式、推进红色资源数字化……坚持在保护中创新、在创新中发展，让红色资源"活"起来、"火"起来。新兴县跟随党的指引，做好对当地红色基地的保护与传承工作；在各大红色基地均设有知识牌和纪念碑，力求将红色故事带到每一个游客身边。"讲好红色故事，传承红色基因"是新兴县一贯秉承的信念。

1. "红管家"叶季壮

叶季壮，是我党我军后勤工作的奠基人之一，长期从事后勤供给、财经工作、对外贸易工作，为恢复和推动国民经济的发展做出了重大贡献，被誉为我党我军的"红管家"。

新兴县六祖镇水湄村的建筑朴素而富有历史感，正是在这里，走出了一位始终忠诚于党的无产阶级革命家叶季壮。他一生为党为国鞠躬尽瘁。叶季壮故居目前被开发为红色教育基地，屋内设有叶季壮生平事迹的展览。

叶季壮的故事远不止停留在他的故居中，其为党为国艰苦奋斗、鞠躬尽瘁的红色精神和红色故事，在新兴县口口相传。新兴县委、县政府高度重视红色基因开发利用，将叶季壮故居纪念馆建设列入县全会和《政府工作报告》，向建党100周年献礼；与此同时，县党史县志办也积极抓好纪念馆的布置工作，向叶季壮家属和社会收集有关资料，形式多样地展示叶季壮精神，讲好"红管家"故事。六祖镇也紧跟建设步伐，积极配合县政府工作，以红色基因为底，以红色文旅为引，在红色文旅中赓续红色血脉，建设精神富足、经济富裕、生态和谐的现代乡村。

2. 血战蕉山放光芒，巍巍丰碑映后人

源远流长的新兴江，流淌着许多动人的故事；如今苍莽青翠的蕉山，见证了过往蕉山战斗的激烈。昔日大雨滂沱，山路泥泞，蕉山下突围勇战，为国捐躯虽死犹生；今朝苍翠葱郁，巍巍丰碑，映照后人，蕉山上鲜花锦簇，烈士英名万古流芳。在革命的岁月，新兴县发生过多次战斗，其中蕉山战斗是发生在该县最为激烈、伤亡人数最多的一次。

走进蕉山革命烈士陵园，踏上高而长的阶梯，穿过牌坊直上，巍然屹立的蕉山战斗革命烈士纪念碑面向焦山村，巍巍丰碑映照着后人。在陵园旁设有纪念展示馆，馆内陈列着蕉山战斗的资料和物件。如今蕉山革命烈士陵园不仅是新兴县德育基地，也是云浮市国防教育基地，这段历史一直铭记在人们的心中。新兴县政府设立纪念馆将这段历史展现在公众的视野中，让红色文化看得见、摸得着、记得住；力求继续传承和发扬好老一辈中国共产党人不畏艰难、艰苦奋斗的革命精神，并将这种精神转化为奋斗新时代、奋进新征程的动力。

3. 赓续铁肩精神，诠释红色信仰

位于蕉山革命烈士陵园不远处的河村也是当地有名的红色基地，著名的河村战斗便发生于此地，这场战斗为解放新兴提供了丰富且重要的作战经验。

位于新兴县太平镇河村的铁肩广场，是展现新兴县革命老区精神的代表性建筑。中华人民共和国成立初期，新兴县人民在中国共产党的领导下，不畏艰苦，万众一心，集中力量办大事，用肩挑、锄头挖、板车推等生产方式，艰苦奋斗十余载，建成了共成水库这一伟大工程，解决了城乡17万多人的健康饮水问题，也铸就了新兴人民勇于担当、坚韧不拔的"铁肩精神"。

如今在深入推进实施乡村振兴战略中，河村人民将"铁肩精神"融入美丽乡村建设的热潮中，捐资出力，积极配合新兴县政府开展农村人居环境整治、拆旧复垦、乡村风貌提升等工作，取得了众多成效；同时，将红色故事与红色精神相融合，打造红色基地，深入发展红色文旅，讲好红色故事，传承红色基因，赓续红色血脉。

（三）产业"含绿量"提升，发展"含金量"

生态兴则文明兴，生态衰则文明衰。大自然是人类赖以生存发展的基本条件，只有尊重自然、顺应自然、保护自然，才能实现可持续发展。在习近平新时代中国特色社会主义思想指引下，中国坚持绿水青山就是金山银山的理念，坚定不移走生态优先、绿色发展之路，促进经济社会发展全面绿色转型，建设人与自然和谐共生的现代化，创造了举世瞩目的生态奇迹和绿色发展奇迹，美丽中国建设迈出重大步伐。绿色成为新时代中国的鲜明底色，绿色发展成为中国式现代化的显著特征，广袤中华大地天更蓝、山更绿、水更清，人民享有更多、更普惠、更可持续的绿色福祉。

1. 持续开展科学绿化

持续开展科学绿化工作。为加快国土绿化进程，积极推进造林绿化，应用优良乡土阔叶树种，通过人工造林、补植套种等方式科学改造林相，增加森林碳汇量，改造森林生态景观，全面开展森林防火宣传和火灾隐患排查。通过印发《关于进一步落实古树名木管理工作的通知》《关于落实省纪委对城市更新中破坏性建设问题专项督查发现问题整改的通知》等文件促使各责任单位落实管理长效机制，进一步规范古树名木保护管理。

2. 争创"绿水青山就是金山银山"实践创新基地

统筹推进大气综合治理、饮用水源保护区规范化建设等工作。加强新兴江及廻龙河等5条支流治理，确保"县县通"云浮—新兴天然气管道项目建成使用。实施节能降碳行动，加快推进产业园区循环化改造和智能化管理项目、循环经济环保项目；推动陶瓷等重点工业行业清洁生产和绿色转型；培育发展节能环保、清洁能源、林下经济等产业；打造一批垃圾分类示范区、绿色社区、绿色乡村，创建一批森林康养基地、自然教育基地，提升城区公园绿地服务和生态休闲场所服务覆盖率。

3. 以新兴县禅茶产业为例

象窝茶场位于新兴县，与禅宗六祖惠能圣地国恩寺仅一山之隔。从唐代开始，象窝一带就有了种茶的记载，主要种植"水源山"茶，用以做药引。象窝茶文化历史悠久，六祖惠能顿悟学说以茶入禅的"茶道"与之相生相融，形成了"禅茶一味"的独特风韵。

（1）自然有机、绿色经济。

象窝山生态园拥有茶园 4 000 多亩，覆盖种植、加工、销售、休闲观光全产业链。象窝山生态园始终坚守"自然生态、有机文化、科技产业"的经营理念，以保护生态园林为前提，以科学有机的方式种植茶树，由广东省农业科学院提供全产业链科技支撑，大力发展以茶为媒的绿色农业经济，全力带动周边农村发展，促进农民就业增收，带动百家千户农民奔康致富，形成绿色经济"大产业"。公司日常坚持采用严于有机生产的标准来管理茶园，采用生物治虫、灯光诱杀、人工捕捉等方式消灭茶树害虫，保证了茶叶的质量。在加工工艺上则将传统工艺和现代食品加工要求相结合，形成了既符合现代食品加工的卫生要求又保留传统工艺的独特风格。

（2）政企助推促发展。

"公司＋基地＋农户"模式让农民摆脱贫困。企业承包农户闲置土地，使农户有租金收益。让有能力的农户承包部分茶地，按公司要求统一种植管理，公司保价回购茶青，增加农户收入。公司在采茶期和保育期为农户提供了大量就业岗位。公司已经与当地 700 多个农户合作，帮扶当地 70 多户贫困户脱贫，并连续多年为贵州省昌明镇布依族贫困农民提供 50 多个就业岗位。

"政府＋企业＋农户"模式让农民搭上振兴之车。借助 2019 年太平镇申报广东省农业产业强镇，支持发展壮大禅茶产业契机，象窝山生态园积极融入"一村一品"乡村新业态新模式。进一步加大科技投入，深化茶叶研究，打造"种植＋加工＋销售＋培训＋旅游"的一二三产业融合示范基地。着眼长远发展，注重提升农民素质，强化业务能力，为产业升级提供强有力的支持，多方共享乡村产业发展成果。

七、推动"红色文旅+绿色产业"模式对策讨论

(一)强化规划引领,因地制宜,统筹推进

目前,我国乡村振兴制度框架和政策体系基本形成,解决了绝对贫困问题,正向着更高质量的小康社会迈进,为基本实现农业农村现代化奠定了基础。针对乡村发展不平衡的实际,要科学把握乡村的差异性和发展趋势分化特征渐进发展,不宜搞"一刀切"。以差异化发展助推高质量发展,充分发挥乡镇连接城市与农村的节点和纽带作用,建设服务农民的区域中心,促进乡村振兴,推动城乡融合。

乡村振兴要综合考虑眼前利益与长远利益。要注重生态发展的重要性、乡村当地承载能力以及农民抗风险能力。一些项目需先进行试点,让农民看到趋势,获得增收,具备信心,再进行推广。

强化管理,发挥组织力量。发展现代化高质量农村,要明确三个问题:立足抓什么、聚焦怎么抓、明确谁来抓。大力培育特色优势产业,抓好城乡融合,推动基础设施向镇村延伸。坚持分类施策,推动各尽所能、各展所长。制定完善政策体系,强化要素保障。组建指挥机构和工作专班,形成指挥有力、上下贯通、协同推进的工作格局。

(二)积极转变观念,实现"自身造血"

1. 增强集体意识,发展集体经济

走好赋能强镇兴村之路。紧紧抓住发展壮大村级集体经济这个强村富农、强基固本的根本,通过政策撬动、产业驱动、政企村联动、银行推动"四轮驱动",积极探索村级集体经济增长新路子,不断增强集体"造血"功能。政府主导,成立平台公司统筹管理;村民参与,以入股形式获得稳定收益;部门联动,全要素加强支撑保障。

2. 乡村产业兴旺,找寻特色模式

深挖镇域特色资源潜力,抓住生态、人文等资源。紧扣"旅游+文化",打造旅游度假区等文旅融合景区(点);紧扣"旅游+工业",建立创新中心、名优特产展示厅等工业旅游点,推进企业发展工业旅游;紧扣"旅游+中医药养

生"，推进中医药养生旅游项目、中医药体验推广基地项目建设。依托现有的自然资源，建设养生养老、休闲旅游等产业，融入村落文化，打造以健康、生态和休闲旅游为主的特色产业集群，实现以产业园区为中心辐射带动周边乡村旅游发展，推动民宿产业发展。把握现代年轻人消费热点，打造文化历史类密室逃脱、剧本杀等大型特色乡村旅游体验项目，从而促进餐饮、住宿等项目的消费。

3. 拓展多条通道，汇聚优秀人才

一是要拓展高校院所用才通道。精准对接专家下乡，驿站主动联络对接各大高校院所专业人才和团队，促进各类资源下乡，解决产业发展难题。二是要拓展乡贤荐才立项通道。在党员干部中选树乡贤模范典型，定期举办人才交流、政策宣讲、双向培养等人才活动。三是要健全高技能人才培养制度。创新学徒制，传授引导人才。四是要打通多媒体渠道，运用现代互联网技术，打造人才选拔平台，健全技能人才多元化评价机制。五是要广泛开展人才技术类竞赛，加快竞赛结果转化，助力乡村振兴。

（三）创新农村特色文旅建设

1. 政企联动，媒体助力

政府扶持、企业助力对乡村振兴的发展也起着必不可少的作用。政府可以加大财政支出，拓宽投融资渠道，吸引社会资本进入乡村发展领域，发挥多元化投资的作用；加大市场拓展力度，推进重点行业转型升级，引导农村小微企业做强做大。企业发挥自身优势，勇于创新，开拓"公司+基地+农户"等特殊模式，为农户提供就业和资金支持。政企联动，创新"政府主导、企业带动、农户参与、市场运作"的模式，由政府出面联系企业和村党支部，凝聚起多方力量，积极探索机制，助力农户增收。

乡村振兴需要各种资源向乡村流动，媒体及其衍生资源是必不可少的重要部分。媒体提供精准的智库服务和引资引流服务，构建乡村振兴传播的有机共同体。发挥媒体宣传的辐射作用，培养选树一批先进典型红色文旅线路，着力营造浓厚的宣传氛围，通过主流媒体的报道在全社会兴起助力乡村、帮扶乡村的热潮。从市长县长带货直播到村播，从演播间里的带货助农到田间地头的自媒体现场讲解，直播带货在乡村经济的发展中发挥着越来越重要的作用。电商与文旅结合、与乡村治理结合，助力乡村新业态发展。跨界联动，传播的主体不再囿于媒体，主流媒体、商业机构、农民自媒体等多元主体，发挥互联网时代的视觉文化传播优势，开拓参与乡村振兴的多种模式。

2. 加强文化认同，统筹文化资源

立足中国传统文化，凸显时代特征。乡村振兴，既要塑形，也要铸魂。红色文化是马克思主义基本原理同中国具体实际相结合的精神结晶，是对中华优秀传统文化和世界优秀文化的继承、发展与创新。我们应坚定传承和发展红色文化，充分发挥红色文化在乡村振兴中的引领作用。

结合本地区红色文化资源特色，制定乡村红色文化产业发展整体规划。引入各方资源要素，参与红色文化相关产业的开发运营，用整体性一体化的思路整合现有资源；重点抓好高层次红色教育培训项目建设，拓展提升红色文化产业融合发展路径等。加强对红色遗迹等建筑设施的合理开发保护利用，加强乡村基础设施建设，用红色文化的传承与弘扬助推乡村绿色生态发展；通过党建引领，整合多个乡村的红色资源，打造 IP 形象和特色线路，带动村镇的发展。

（四）加强环境治理，构筑生态圈

必须牢固树立和践行绿水青山就是金山银山的理念，站在人与自然和谐共生的高度谋划发展。除了乡村日常开展的治理活动外，对于乡村振兴中出现的"开倒车"问题，可用以奖代补的方式推动治理。

集中资金对部分村民治理意愿较高、环境治理效果较好的村庄进行财政奖励。将原本平均分配给各地的财政资金进行统筹，通过县级自主创建、市级推荐、省级复核等形式对满足创建要求的村庄进行评分，经评定合格后由省级财政安排奖励资金。此外，在美丽乡村创建过程中更加注重定期绩效考核，将政府奖励资金与绩效考核成绩相挂钩，即村庄在获得"美丽乡村"荣誉后即可获得奖金，而奖金应视未来 3 年的村庄环境绩效考核情况逐年发放。省市两级政府在创建完成后 3 年内，定期对创建完成的乡村进行"回头看"，采用明察暗访与台账检查相结合的形式，对获奖村庄进行监督检查。通过检查发现各地在创建完成后继续存在的环境治理问题，督促其定期整改，如某地在下次检查时还存在相同问题，则可上报省政府免去其"美丽乡村"的荣誉称号，甚至停发奖励资金。

八、结语

2023 年 2 月 13 日，广东省委农村工作会议暨全面推进"百县千镇万村高质量发展工程"促进城乡区域协调发展动员大会在广州召开。该工程旨在探索城乡发展新路,加强乡村振兴,促进广东省内城乡经济、社会和生态一体化,意义深远。走进新时代,广东要继续创造新的辉煌,更好地发挥在全国的引领示范作用。再造一个新广东,必须寻找新的发展动力和潜能,"百县千镇万村高质量发展工程"就是其强大动力源和发展基础所在,必须从战略高度和战术层面予以高度重视。

通过对新兴县建设高质量乡村的实地调研,实践团总结了目前乡村建设面临的问题、解决方式以及未来发展的前景。受限于我们的学识和眼界,对该方面的研究理论不能完全吸收和理解,只能做一些简单的阐述。此外,本文以新兴县太平镇、六祖镇等村镇为例,它们是目前广东省推动乡村高质量建设的一个缩影。实践团对新兴县"红色文旅+绿色产业"发展模式进行了实地调查,深入基层了解了美丽乡村建设经验。在未来若有机会,团队将继续对该论题进行更深入、系统的研究,深化对乡村振兴发展问题的理解,为今后各地积极推动"高质量乡村"建设提供成果借鉴。

目前许多乡村正处于乡村振兴战略的快车道上。先行发展起来的乡村应充分发挥榜样作用,为偏远落后的乡村提供实践经验,而尚未完成美丽乡村建设的乡村也要积极吸取成功者的经验,但不能一味照搬,要结合自身实际情况,通过因地制宜、特色发展完成美丽乡村建设,展现出自身的乡村文化特色。高质量发展是党的二十大提出的全面建设社会主义现代化国家的首要任务,乡村振兴要推动质量、效率与动力变革,坚持走质量兴农、绿色惠农、科技强农、品牌助农发展新路,努力实现农业农村现代化。青年大学生应站在全面建成小康社会的高度,拓宽自身视野,结合自身优势,切实肩负起多彩乡村建设的重任,为建设富强、民主、文明、和谐、美丽的社会主义现代化强国而奋斗。

参 考 文 献

[1] 吴秋倩. 聚焦"百千万工程"丨新兴县:"强一优二活三"发展思路 推动产业齐头并进 经济发展提质增效[N]. 云浮日报,2023-07-27.

[2] 王沛容. 以头号工程的力度推进实施"百千万工程"[N]. 南方日报,2023-08-31.

[3] 尹琴,郑瑞强,志强. 推进农业高质量发展接续脱贫攻坚与乡村振兴——第三届乡村振兴论坛综述[J]. 江西农业大学学报(社会科学版),2021

(01)：138-144.

[4] 彭琳，黄进，陈薇. 三个关键词读懂广东"百千万工程"指挥部［N］. 南方日报，2023-05-31.

[5] 王亮，陶月明，何靖. 乡村振兴战略下智慧乡村建设路径探究［J］. 南方农业，2021，15（29）：44-45.

[6] 蔡继明. 乡村振兴战略应与新型城镇化同步推进［J］. 同舟共进，2018（12）：24-25.

[7] 李忠鹏. 乡村振兴与城镇化需相互增进［J］. 当代县域经济，2019（01）：15-17.

[8] 陈锡文. 实施乡村振兴战略，推进农业农村现代化［J］. 中国农业大学学报（社会科学版），2018，35（01）：5-12.

[9] 吴秋倩，区云波."聚焦百千万工程"｜新兴：扎实推进"政银企村"共建模式［N］. 云浮日报，2023-08-23.

[10] 方镇彬，梁桂婵，何勇. 加速融湾发展，奋进全国"百强"［N］. 南方日报，2021-12-30.

从"点上出彩"到"面上开花"的实践与对策研究

——中山市南朗街道乡村振兴社会实践项目

摘　要：乡村振兴战略作为新时代"三农"工作的总抓手，是建设现代化经济体系的重要基础，是建设美丽中国的关键举措，也是实现全体人民共同富裕的必然选择。现今，乡村振兴战略进入新阶段、新时期，各地响应号召全面推进抓落实，并探索出各具特色的乡村振兴发展模式，以此赋能高质量发展。但是乡村振兴战略追求深度、广度的实施过程并非一蹴而就，资金不足、人才欠缺、机制体制创新改革滞后等难题成为乡村振兴战略发展的现实障碍，为此，如何有效破解战略实施所面临的难题，提出多元化的解决对策，探索适宜的发展路径成为乡村迫切需要解决的普遍问题。

本文选取中山市南朗街道崖口村、左步村、榄边村、翠亨村四大村落为调研地，以四大村落乡村振兴战略发展现状、乡村振兴五大方面的具体实施情况与现今面临的难题为调研核心，综合运用实地调研法、理论文献研究法、访谈法、问卷调查法等研究方法，总结南朗街道实施乡村振兴战略从"点上出彩"到"面上开花"的优秀经验，同时探究当前南朗街道落实乡村振兴战略遇到的发展难题，进行深度剖析，进而提出因地制宜、有利于高效赋能南朗街道乡村振兴战略高质量实施的对策与建议。

关键词：南朗街道；乡村振兴；农业农村发展

一、前言

（一）研究背景

党的十九届五中全会指出，要优先发展农业农村，全面推进乡村振兴，坚持把解决好"三农"问题作为全党工作重中之重。

本文选择中山市南朗街道为调研样本，主要是因为南朗街道近几年积极落实乡村振兴"产业兴旺、生态宜居、乡风文明、治理有效、生活富裕"的二十字方针，在各方面均取得了瞩目的成果。同时，南朗街道实施乡村振兴战略从"点上出彩"到"面上开花"的优秀经验也是乡村振兴事业发展的先进样板。

（二）研究问题

深入了解中山市南朗街道乡村振兴战略实施以来的发展现状，研究南朗街道乡村振兴事业如何从"点上出彩"到"面上开花"，并挖掘乡村振兴战略实施所普遍面对的难题，接着从不同角度对原因及现状进行分析，并针对现状问题提出相应的解决办法。

（三）调研时间、调研地点、研究对象

本文选取广东省中山市南朗街道为研究的主要对象，并将南朗街道"鱼米之乡"崖口村、"静谧乡境"左步村、"承史明文"榄边村、"赤青融汇"翠亨村四大示范村定为调研核心村落，于 2023 年 7 月 9—16 日展开线下调研，深入了解南朗街道乡村振兴战略实施现状及难点，开展南朗街道乡村振兴战略从"点上出彩"到"面上开花"的实践与对策研究。

（四）研究目的

调研团希望通过以乡村振兴战略五大振兴具体内容为主，从"产业兴旺、生态宜居、乡风文明、治理有效、生活富裕"等方面设计调研问卷。通过实地调研、调研访谈等手段，以南朗街道为例，以小见大了解乡村振兴战略实施现状及面临的难题，并提出相应的对策与解决方法，助力南朗街道乡村振兴事业高质量发展。

（五）研究意义

1. 理论意义

党的十九大把乡村振兴战略作为国家战略提到党和政府工作的重要议事日程上来，并为具体的振兴乡村行动明确了目标任务，提出了具体工作要求。本文围绕南朗街道的产业、文化、生态、人才、组织等方面，具体分析南朗街道乡村振

兴战略实施现状，并提供更具时代性的建议，助力推动南朗向更优、更高质量发展。

2. 实践意义

近年来，中山市委、市政府坚持农业农村优先发展，全面推进乡村振兴，持续加强农业基础地位，强化质量导向，农业品牌建设取得了显著成效。此次调研助力南朗街道"农文旅"的融合发展，为南朗街道乡村振兴难题建言献策，全力推动中山市南朗街道连线成景、面上开花，实现"点线面"全域美丽大格局的构建，促进南朗街道乡村振兴的高质量发展。

二、调研的基本情况介绍

（一）调研地的基本概况

中山市南朗街道隶属于中山市翠亨新区，作为"伟人故里，湾区新城"，具有悠久的历史文化和美丽的乡村风貌，蕴含着宝贵的文化价值。在党中央全面推进乡村振兴战略以来，南朗街道坚持贯彻"产业兴旺、生态宜居、乡风文明、治理有效、生活富裕"方针，取得了瞩目的成果。近年来，南朗街道正致力于探索美丽乡村建设实践，积极打造南朗街道"人文历史风貌示范片区""传统文化岭南古村落风貌示范片区""天涯美丽示范片区"三大片区，以"文旅"深度融合助力乡村振兴为工作重点，将"文"与"旅"结合起来，以此高效赋能高质量发展。

（二）调研思路

调研思路如图1所示。

（三）确定样本量原则

本次调研活动综合调查对象、调查目的、抽样方法、精度要求、调查时间、调查经费、实际操作的可行性等，确定样本量的公式，并运用于实际调研活动的调查问卷或人物访谈等方面。

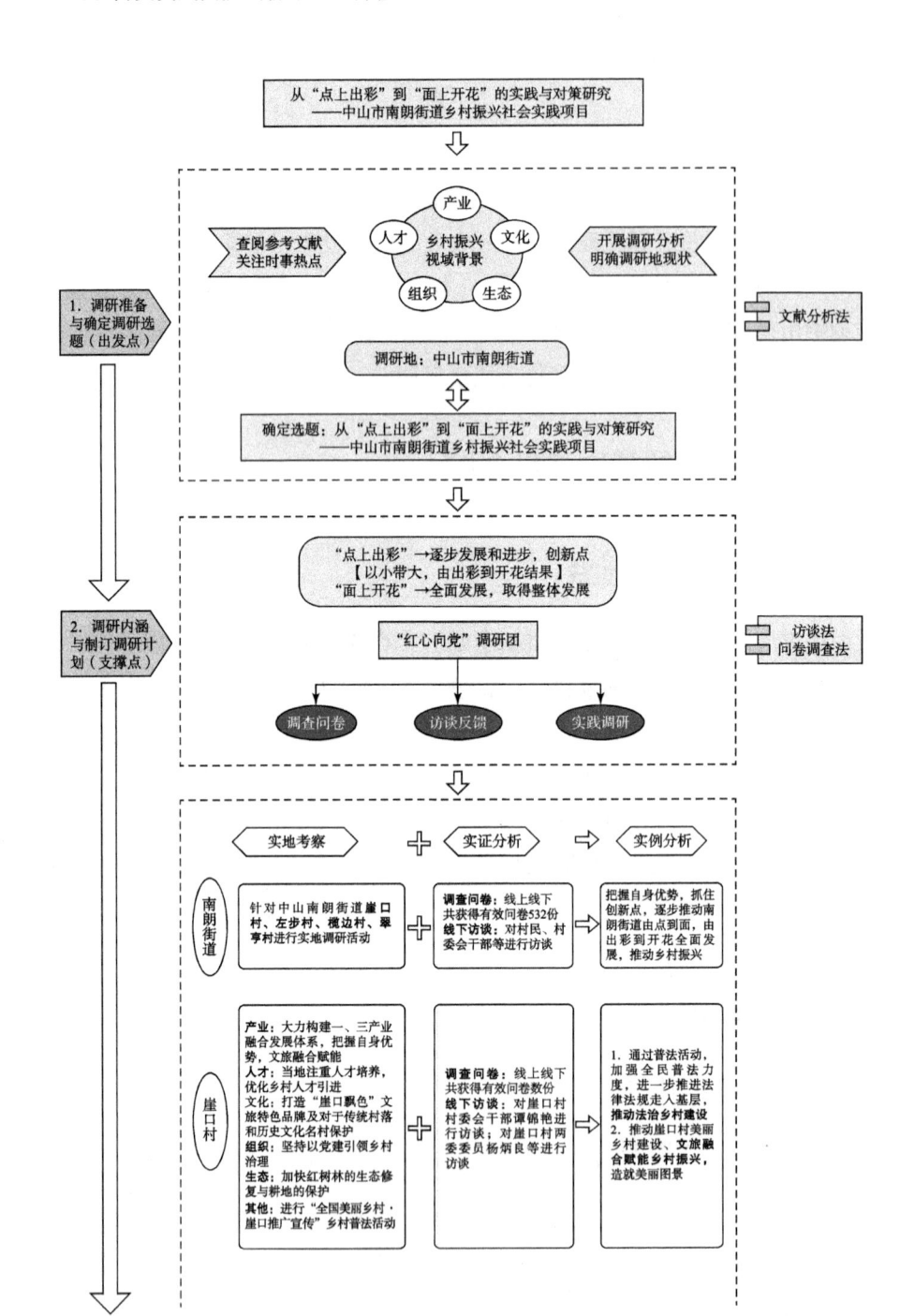

图1 调研思路

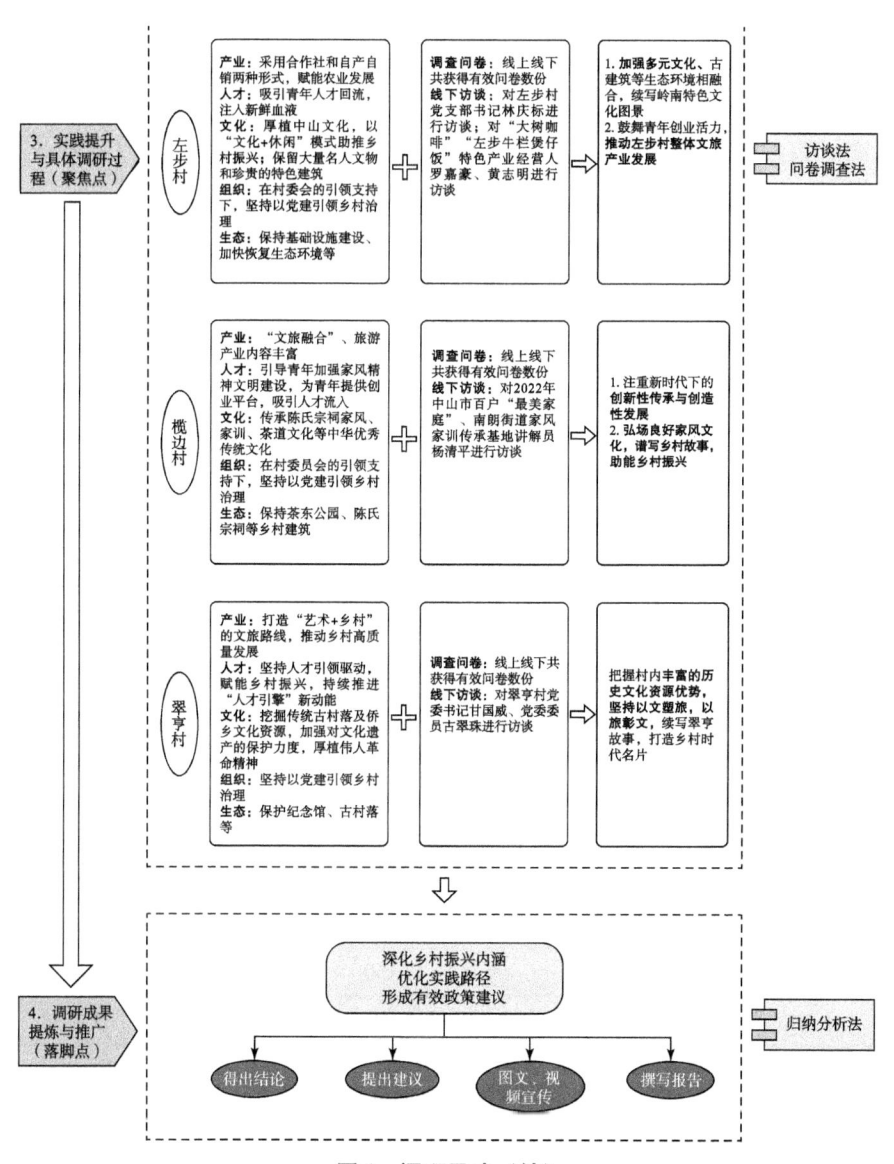

从"点上出彩"到"面上开花"的实践与对策研究　243

图1　调研思路（续）

1. 确定样本有效性

为保证样本的有效性，在总体样本量为532的前提下，本文采用实地随机抽样的方式，实地调查南朗街道各个村落，通过发放纸质调查问卷或电子问卷、实地采访三种方式完成。在确定样本量的过程中，需要考虑样本的有效性。本文根据以下因素来确保样本有效性。

(1) 代表性：在选择样本时，选择具有代表性的个体或群体作为研究对象。在本次调研活动中，调研团前往南朗街道四大村落，请当地村民及各村村委会干部填写调查问卷，获得有效问卷样本。

(2) 可行性：样本数量是可行的和可操作的。调研团在各个村落中及发放调查问卷或人物访谈的过程中，充分考虑年龄阶层等各方面因素。

2. 样本分配

在本次调研活动中线上线下共发放问卷 600 份，将调查问卷平均发放给崖口村、左步村、榄边村、翠亨村四个村落，通过"线上＋线下"的方式派发问卷，以便后期数据呈现更具科学性、合理性、公平性、有效性。

3. 样本基本情况

本次调研活动主要着力点在南朗街道各个村落，包括崖口村、左步村、榄边村、翠亨村。南朗街道辖区面积共 218.86 平方千米；2019 年年末，南朗街道户籍人口 45 104 人。调研团在调研过程中共收集线上线下有效问卷 532 份（见表1），围绕乡村振兴中的产业振兴、人才振兴、文化振兴、组织振兴、生态振兴五大内容撰写问卷，并对各村村委会干部进行访谈。不同调研方式的样本量分配如表2所示。

表1 不同乡村的样本量分配

乡村	计划样本量	实际样本量
崖口村	150	160
左步村	150	108
榄边村	150	114
翠亨村	150	150
南朗街道各村	600	532

表2 不同调研方式的样本量分配

调研方式	计划样本量	实际样本量
线下问卷	200	229
线上问卷	400	303
总计	600	532

（四）调研方式

本次调研主要采取以下三种方法展开研究。

1. 文献分析法

调研团充分浏览中国知网、相关乡村文化振兴期刊、党的二十大报告中有关乡村振兴战略的重要资料，深入研究南朗街道乡村振兴发展亮点及发展成就，加强对南朗街道乡村振兴战略实施的了解。

2. 问卷调查法

为了客观且真实地了解村民对南朗街道乡村振兴的了解程度，本次调研采取问卷调查法，通过问卷的方式来收集有关"南朗街道"的相关信息，如对"南朗街道"的变化程度、相关产业的发展、文旅融合发展等。将"南朗街道"相关点对于村民的渗透度作为着眼点，结合532份有效问卷的数据进行综合分析，形成初步调研结果。

3. 访谈法

在实地走访过程中，调研团通过与相关人员在南朗街道各个村落进行参观并进行面对面的交流，深入了解"南朗街道"乡村振兴背景及现今在产业、人才、文化、组织、生态等方面的发展现状等，进一步了解当地人民对于南朗街道乡村振兴的认识和理解。交流及访谈过程辅以文字、影像记录，以增强调研的真实性和客观性。

（五）调研数据分析

由图2可知，此次调研主要集中在18~40周岁的人群（占65.02%），40~65周岁的人群较少（占24.42%），65周岁以上的人群最少（占10.56%）。本调研问卷听取了当地不同年龄阶段的人群对南朗街道乡村振兴发展现状的看法。

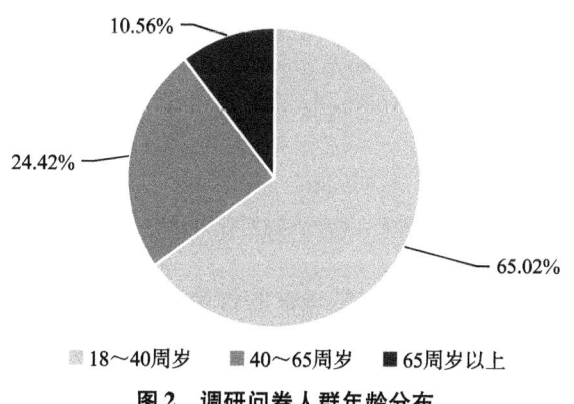

图2 调研问卷人群年龄分布

由图3可知，此次调研人群中有62.31%为中山市南朗街道本地人，少部分人（占37.69%）非南朗街道本地人，且绝大多数非南朗街道本地人来此的目的是旅游。这说明南朗街道目前旅游产业发展较好，吸引部分外地游客前来观光。

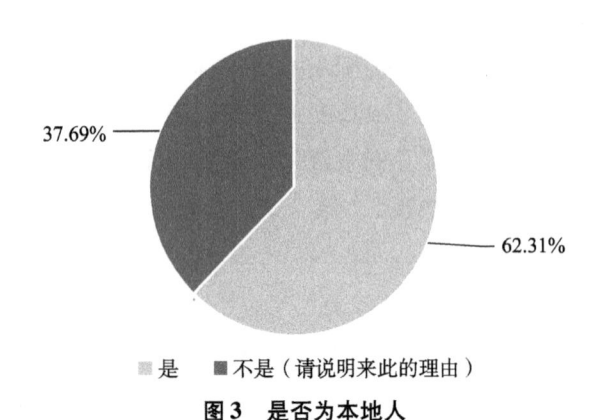

图3 是否为本地人

由图4可知，此次调研人群中，崖口村和翠亨村村民分别占29.16%和28.32%，左步村、榄边村村民分别占15.31%和12.50%。此次调研针对人群分布较为均匀，不存在过多偏差，具有合理性。

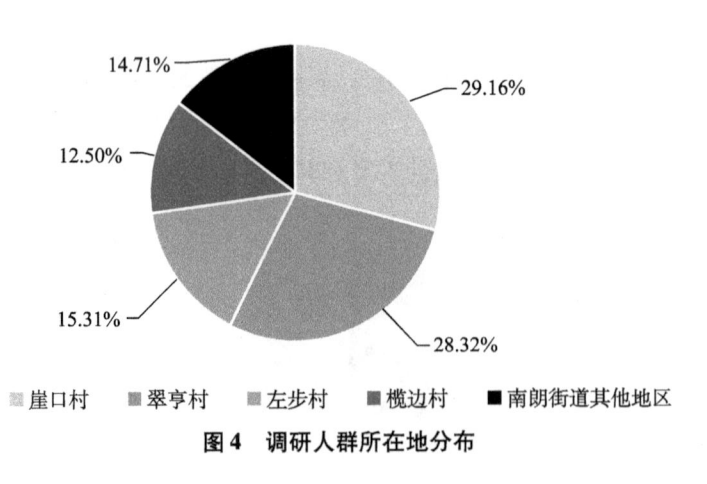

图4 调研人群所在地分布

由图5可知，此次调研中有65.19%的村民认为自乡村振兴战略实施以来，村内基础设施建设齐全，生活质量得到提高；有27.07%的村民认为还有进一步完善的空间。这说明乡村振兴战略发展至今使绝大多数南朗街道村民的生活得到了提高，未来继续发展会获得更佳的成效。

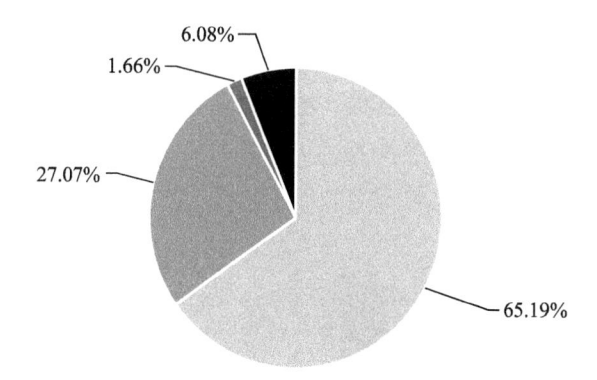

从"点上出彩"到"面上开花"的实践与对策研究 247

- 6.08%
- 1.66%
- 27.07%
- 65.19%

■ 变化很大，基础设施建设齐全，生活质量提升
■ 变化很小，村庄基础设施建设等其他方面有待完善
■ 毫无变化，还是跟"战略"施行之前一样
■ 其他变化

图5 对乡村振兴战略施行以来，南朗村庄发生变化的看法

由图6可知，此次调研人群中关于乡村振兴战略实施以来，认为村内相关产业得到发展的占69%，认为发展一般或没有变化的占31%。这说明南朗街道的大多数人认为乡村总体呈现发展趋势，且一二三产业或者个别特色产业均有发展。本调研问卷能涉及各个产业的发展，听取村民对于发展现状的相关看法，具有真实有效性。

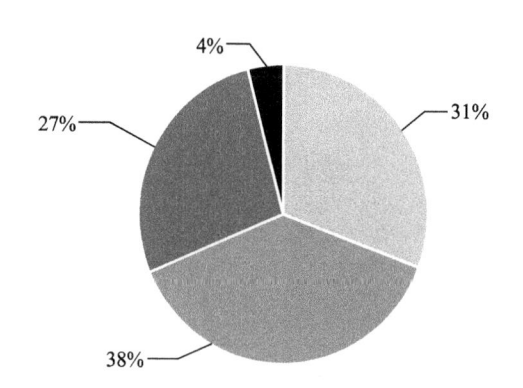

- 4%
- 27%
- 31%
- 38%

■ 发展快，一、二、三产业（农、工、服）深度融合
■ 总体有所发展，个别产业发展突出
■ 一般，发展较慢，成果并不显著
■ 没有变化

图6 对乡村振兴战略实施以来，村内相关产业是否得到发展的看法

由图7可知，在分析吸引乡村消费的因素时，此次调研人群中认为是文旅深

度融合满足了人们各项需求的占60%,认为与地理环境相关和受各个因素综合影响的占14%和16%,其余认为产业发达,基础配套设施齐全的占10%。这说明游客大多注重需求的满足以及其他环境因素,而对产业发达、基础配套设施齐全的认同度仍较低。本调研问卷涉及游客对各个消费因素的考虑,听取村民对影响因素的相关看法,具有真实性和有效性。

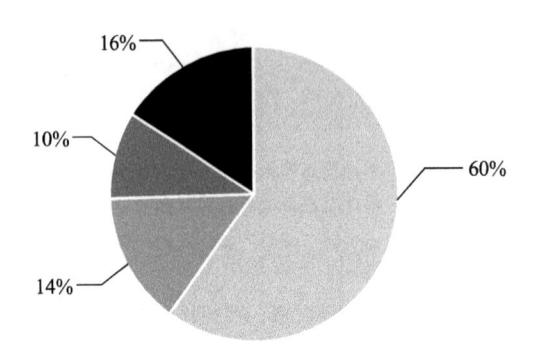

图7 吸引乡村消费的因素

由图8可知,此次调研人群中,认为南朗街道发展文化产业,"文旅"赋能助力乡村振兴效果很好的占53%,认为效果不佳的占47%。这说明南朗街道在

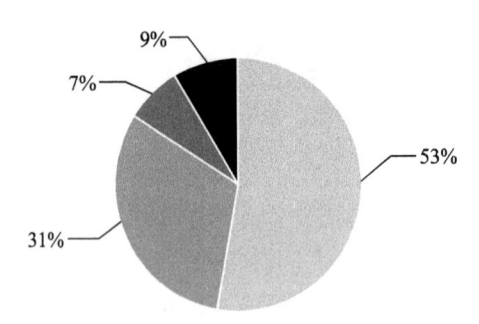

图8 "文旅"赋能助力乡村振兴效果

文旅融合发展的助力下获得了大多数村民及游客的认可，村民认同度较高。

由图9可知，此次调研人群对于南朗街道发展文旅产业以推动乡村振兴的积极建议中，前四个选项基本处于持平状态，其中对于积极整合各村文化资源认同度最高，在其他相关回答中也提出了有关风景等方面的积极建议。这说明村民对于乡村的全面发展较为认可，且提出了相关的合理建议，具有合理性。

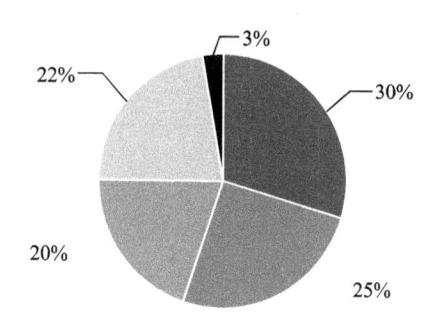

- 积极整合各村文化资源，各有千秋"点上出彩"
- 推动各村落文旅路线合作交流，连线成景，推动全域美丽建设
- 各村组织村史村志总结编撰，以丰厚文化底蕴吸引更多人前来
- 借助当代网络平台，加大线上线下宣传力度
- 其他

图9　推动乡村振兴的建议

由图10可知，此次调研人群近半数认为所在村落自乡村振兴战略实施以来，生态环境及居住环境都有很大提升，但仍有部分村民认为生态环境及居住环境均有待提升。这说明南朗街道乡村振兴战略生态实施取得了一定的成果。

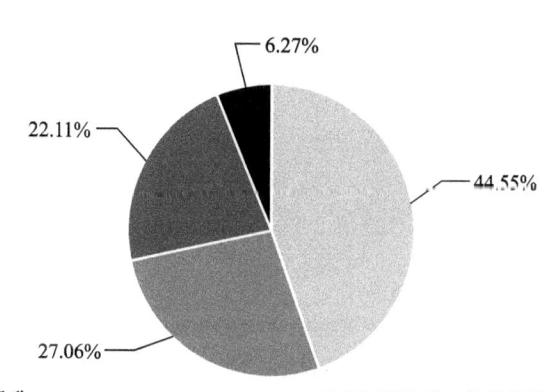

- 都有很大的提升
- 生态环境提升，但是居住环境还有待提升
- 居住环境提升，但是生态环境还有待提高
- 都没有很大的提升

图10　对乡村振兴战略实施以来，生态环境及居住环境改善的看法

由图 11 可知，此次调研人群中大部分人认为南朗街道党委等部门在乡村振兴战略实施过程中组织效能较好，能带动南朗街道乡村振兴战略实施。

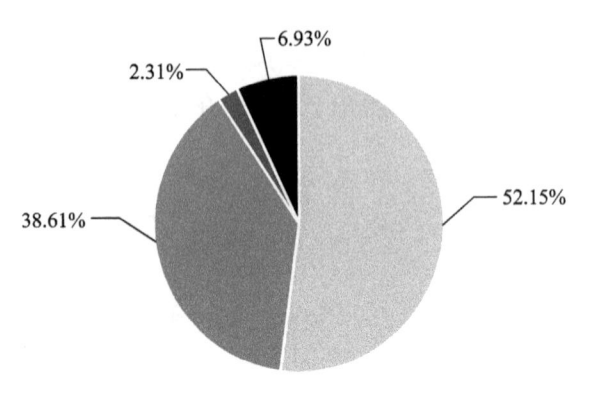

图 11 对南朗街道党委等部门在乡村振兴中组织效能（领导作用）的看法

由图 12 可知，此次调研人群中有 44.23% 的人认为南朗街道乡村振兴战略实施发展有显著成果；有 47.19% 认为南朗街道乡村振兴战略实施基本符合预期，但仍存在短板，需提出创新点，可见南朗街道现行乡村振兴事业普遍取得群众认可，但未来仍需完善。

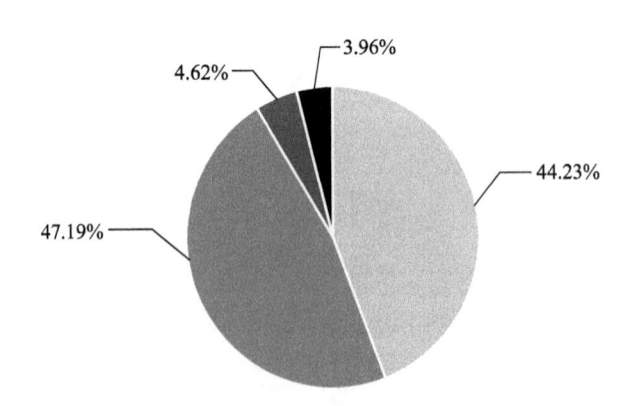

图 12 南朗街道乡村振兴发展前景是否符合预期

由图 13 可知，此次调研人群中有近 71.95% 的群众认为南朗街道未来乡村振兴战略实施应加大基础设施建设和完善配套设施。结合本次调研发现，南朗街道基础设施方面存在仍需改善的地方，这也是群众目前最迫切需要解决的问题。

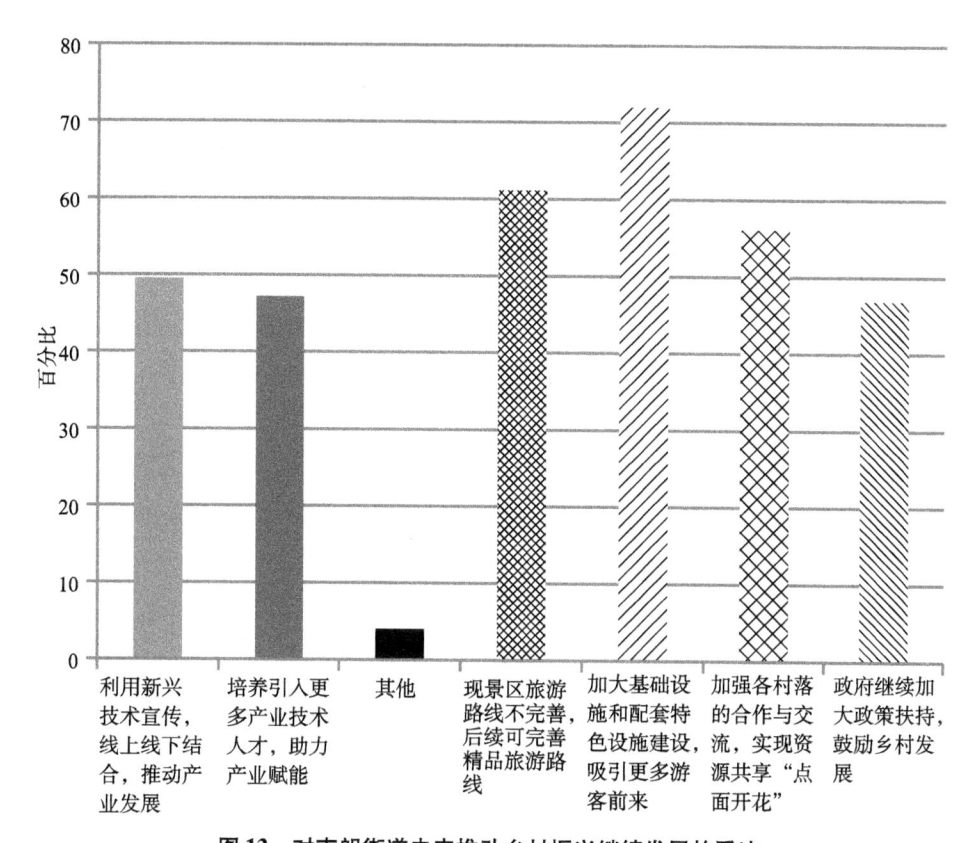

图 13　对南朗街道未来推动乡村振兴继续发展的看法

（六）描述性分析

本次总体有效样本量共 532 份，随机抽取 100 份做出以下分析（见表 3）。

表 3　样本分析

基础指标					
名称	样本量	最小值	最大值	平均值	标准差	中位数
1. 您的年龄是？	100	1.000	3.000	1.390	0.650	1.000
2. 您是否为中山市南朗街道本地人？如果是，您是南朗街道哪里人？	100	1.000	26.000	20.120	8.378	26.000

续表

基础指标						
名称	样本量	最小值	最大值	平均值	标准差	中位数
3. 您是中山市南朗街道具体哪个地方的人？	100	1.000	20.000	10.130	8.020	17.000
4. 自乡村振兴战略施行以来，您觉得南朗村庄最大的变化是什么？	100	2.000	5.000	3.220	0.524	3.000
5. 自乡村振兴战略实施以来，您觉得您村相关产业是否得到了发展？	100	1.000	4.000	2.380	0.776	2.000
6. 您觉得您村产业方面最突出的是什么？（填空）	1	6.000	6.000	6.000	/	6.000
7. 作为本村村民/游客，您觉得能够吸引人来到乡村消费的因素是什么？	100	1.000	4.000	1.810	1.195	1.000
8. 您觉得南朗街道发展文化产业，"文旅"赋能助力乡村振兴效果如何？	100	1.000	4.000	2.440	0.880	3.000
9. 您觉得依靠您村的文化想要吸引游客，关键点在哪？（填空）	0	/	/	/	/	/
10. 您对于南朗街道发展文旅产业，推动乡村振兴有何积极建议？	100	1.000	27.000	17.730	7.515	15.000
11. 您所在地方（村庄）的生态环境以及居住环境提升了吗？（通过美丽乡村建设、乡村景区化等战略布局提升环境质量）	100	1.000	4.000	2.500	0.870	3.000
12. 您觉得南朗街道党委等部门在乡村振兴中的组织效能（领导作用）如何？	100	1.000	4.000	2.790	1.452	4.000
13. 您觉得南朗街道的乡村振兴发展前景是否符合预期？	100	1.000	4.000	2.840	1.061	2.000
14. 您认为南朗街道未来如何继续推动乡村振兴进一步发展？	100	5.000	62.000	31.870	16.315	35.000

分析通过平均值或中位数描述数据的整体情况。平均值大多较高表示样本对这一指标平均水平较高。从表3可以看出对于南朗街道本地人、南朗街道产业发展及文旅融合发展、推动乡村振兴的得分均较高，说明受试者对此较为认可；对

于乡村变化、乡村消费、赋能乡村发展效果、生态环境等得分较低,说明受试者的认同度较低。

三、南朗街道从"点上出彩"到"面上开花"乡村振兴事业现状分析

(一)以文塑旅,盘活产业发展新业态

中山市南朗街道自乡村振兴战略实施以来,文旅融合发展成为南朗街道一张亮眼的产业名片。南朗街道结合本地特色和优势,大力推动文化和旅游产业的深度融合和价值再造,打造文化主题鲜明、宜居宜游的特色文化旅游产业,盘活文旅产业新业态。

数据显示,近5年来,当地游客年均接待量超220万人次,2017—2019年南朗旅游业平均增长率为14.5%,是中山乃至粤港澳大湾区最热门的旅游目的地之一。以崖口村、左步村、翠亨村文旅发展为例,各村积极提升"颜值",南朗街道"遍地开花"。

崖口村以乡村振兴和乡村旅游为契机,依托本村千亩稻田农业发展优势,致力于打造融现代农业、乡村休闲旅游体验功能于一体的,具有岭南水乡风貌特色的宜居宜游的生态农业型村庄。村内在文旅发展现状下,衍生了以下新兴产业(包括但不限于):东堤夜市产业、稻田景观民宿产业、崖口特色飘色巡游、海鲜和煲仔饭特色饮食产业等。此外,村内计划接下来充分利用新技术、互联网信息技术等手段,增强文化和旅游的内生动力,推动文旅产业新业态深层发展。左步村是南朗街道历史文化名村之一,近年来,致力于建设和振兴美丽乡村,村内积极打造露营基地、左步书屋和煲仔饭、大树咖啡等店面,带动村内旅游产业和咖啡店、煲仔饭等特色产业进一步发展。翠亨村近年以孙中山故居为亮点,开发新型旅游路线,利用当地丰厚的红色文化资源,以文塑旅,发展了特色文创产业,打造了"艺术+乡村"的新兴文旅业态,促进了当地产业高质量发展。

南朗街道坚持以文塑旅、以旅彰文,深化顶层设计,推动文旅融合发展。研制支持文旅产业高质量发展政策,全面实施文化兴城三年行动。高标准打造"香山古韵"乡村振兴示范带东乡文化片项目,建设多条古村落人文线路及半山田园休闲游、孙中山史迹径等"五条精品线路",统筹南朗街道空间、生态、人文资

源，布局落地一批重大、优质旅游项目，构建乡村文旅新业态、新品牌、新场景。

（二）"文化南朗"，激活历史文化资源，传承南朗文化

乡村文化振兴是乡村振兴的铸魂工程，为乡村振兴注入源源不断的精神动力。南朗街道乡村振兴发展大格局坚持以文赋能、以文兴业，保护好、传承好、利用好辖区历史文化资源，为南朗街道乡村振兴提供产业发展动能。南朗街道各乡村以文化振兴为引领，塑造乡风文明风尚，积极推动村内历史文化创造性转化、创新性发展。此外，南朗街道各村以村内现有文化资源为依托，积极盘活历史文化资源，大力保护传承村内宝贵的历史文化资源，修缮村内历史建筑，打造新型文化地标建筑，推动乡村文旅融合事业高质量发展。以本次调研的南朗街道四大乡村为例，各村于文化振兴、文化传承与保护上均有闪光点，如崖口村注重弘扬传统民俗与民间艺术文化，大力保护崖口特色"非遗"红色文化的传承与发展；左步村结合村内名人故居优势，打造系列文化广场及新型文化地标建筑，赋能左步村文化振兴；榄边村依托村内特色茶东陈氏宗祠，大力弘扬村内丰厚的家风文化，建成中山首个以"家风家训"为主题的乡村振兴项目；翠亨村则以孙中山故居、红色文化遗址等文化景点为文化振兴核心，激活历史文化资源，传承南朗文化。

各村对优秀传统文化的大力保护，为南朗街道文化振兴大格局构建添上了浓墨重彩的一笔，促进了南朗街道打造"文化南朗"，以文兴城。

（三）引入人才活水，激活乡村振兴"智慧引擎"

全面推进乡村振兴，人才振兴是核心、是支撑、是动能。结合南朗街道乡村振兴现状，人才振兴既表现为乡村振兴的重要方面，又是现阶段乡村振兴的短板。目前，南朗街道乡村振兴事业发展面临人才短缺瓶颈，本土人才短缺，人才在外务工不愿返乡，外来人才不愿前来就业，高尖端人才短缺，急需人才支撑赋能其高质量发展，这成了南朗街道乡村振兴事业急需解决的一大难题。南朗街道为破除此发展障碍，积极培育本土急需紧缺人才，如通过在各村拓展乡村振兴人才服务站建设和服务覆盖，开设乡村振兴业务课程，为南朗街道高质量发展供应人才；为持续优化乡村人才引进，南朗街道坚持做好"筑巢引凤"工作，制定完善的创业就业扶持政策，做好人才服务，以留住更多非本土、非乡村人才，赋

能南朗街道乡村振兴事业高质量发展。

（四）党建引领，组织振兴增势赋能乡村振兴

南朗街道强化党建引领乡村振兴，既是一场攻坚战，更是一场持久战。通过调研了解到，南朗街道近年来积极发挥党组织统一协调和党员的先锋模范作用。同时，南朗街道完善基层自治机制，加大对基层党组织的服务和帮扶力度，通过完善乡村治理体制机制，健全党组织领导下的"四议两公开"议事决策机制以及规范建设"村民议事厅"等措施，使基层自治机制赋能乡村振兴。

（五）连线成景，面上开花，南朗街道生态实现新蜕变

中山市南朗街道坚持绿美新区理念，以生态振兴为基础，利用好当地优势资源，持续加强对各村生态的管理整治，深入挖掘绿色生态产品，打造美丽宜居家园，促进南朗街道生态文化的繁荣发展，建设示范性美丽乡村。崖口村坚持贯彻绿色发展理念，加大对红树林的生态修复与耕地保护，完善湿地生态系统，提升周边沿海的环境质量。同时南朗街道将农村生活污水治理与美丽乡村建设结合起来，着力提升村庄的村容村貌和人居环境，持续推动文旅产业发展，助力实现乡村振兴。近年来，南朗街道通过开展畜禽养殖专项整治、全面推行河长制治水等具体措施，在水源保护、污染源控制、河道清淤保洁及实施污水处理、截污工程等方面取得突出成效。同时，相关部门积极采取相关措施加强海岸线整治修复，改善海岸线生态载体条件以持续实施海洋资源保护与修复工程增殖放流活动，提升海洋生态功能，维护好海洋和河涌的生态环境。

四、南朗街道实施乡村振兴战略所面临的难题

（一）本土发展急需人才

人才是乡村振兴的源头活水，是重中之重，是最关键、最活跃的因素。乡村振兴，关键在人，唯有创新机制体制，让智力支持成为发展的保障，才能为乡村发展增添长久活力。人才是创新第一资源。全方位培育、引进、用好人才，才能抢抓当前粤港澳大湾区发展机遇，助力中山美丽乡村高质量发展。但目前乡村人才振兴领域仍存在难题，还有发展进步的空间。

1. 人才"引不来"

南朗街道各乡村近年来抓住合理定位，部分乡村，如崖口村、左步村等发展较为先进，但还存在部分小村落，发展相对落后，基础设施相对不全，产业发展不突出，缺乏完善措施。在现今城市高新技术产业、商业等层出不穷的时代，与收入高、机遇多、福利待遇好的城市相比，乡村还存在资源分布不均、发展机遇较少、住房上学政策未完善等问题，正是这些基层的现实条件让人才望而却步。

调研发现，虽以左步村为代表的人才返乡具有相应成效和特色，但近年来，各城镇开放人员流通，大多数青年人才等依旧优选在更具吸引力的城市发展就业，由此造成基层乡村人才短缺、人才"引不来"的难题。

2. 人才"留不住"

由于部分乡村尤其是地处偏远区域的乡村经济基础薄弱，自身条件不够优厚，缺乏人才服务政策，即使南朗本地的一些乡村致富能手、技术人才、管理人才等最终也很少继续留在乡村贡献力量。同时，外来优秀人才虽然初期选择在乡村发展，但基层工作繁冗复杂，大部分乡村的基层工作人员一个人要承担几个人的工作量，工资待遇与工作强度不成正比，此类工作条件往往促使他们选择"逃离基层"。

此外，南朗街道目前相关顶层设计仍不足，激励机制不够到位，流动机制缺乏灵活性，体制机制障碍导致人才"不愿留，留不住"。南朗街道部分乡村缺乏将"一村一品"助农惠农政策落到实处的执行者，农村发展特色产业缺乏有足够能力的领头人。

3. 人才"提不上"

在当今社会现状下，高层次人才对学历、职称等要求较高。当前南朗街道从事农业农村工作的大多数专技人才难以达到高层次人才标准，从事乡村振兴工作的高层次人才较少。

同时，基层人才学习深造的机会较少，本土急需紧缺人才仍有进一步培养的空间。如翠亨村虽依靠孙中山故居使文旅产业得到发展，但村内实体经济还需高素质乡土人才切实针对实际情况助力支撑。此外，以崖口村和左步村为代表的水产养殖、文旅文创、休闲农业、民宿发展等领域专业技能人才缺乏更加个性化、全方位的培训机制，如崖口村整体旅游线路不够完善，从村口通往东堤海岸路线缺少引路指示，需具有专业空间规划能力的人才协助。据此，调研团认为促进技能人才队伍提质增量是现今南朗街道人才振兴方面的核心所在。希望未来南朗街道针对以上发展难题尽快实施相应政策措施，助力乡村振兴进一步优化发展。

（二）产业发展较为单一，现行文旅产业发展存在短板

1. 南朗街道当前以发展第一、二产业为主，缺乏高质量产业支持乡村振兴

乡村产业融合是乡村振兴的重要保障，当前南朗街道各村发展主要依靠第一、二产业，大部分乡村创收主要依靠厂房、鱼塘出租及较为低端的产业发展。村内出现产业发展不健全、跨界配置不完善、"农业+"多业态发展态势不足、现代化产业集群较少、乡镇产业振兴普遍面临产业链较单一的局面。乡村振兴需要高质量产业的支持。南朗街道目前正处于探索产业发展方向阶段，当地的发展理念相对比较保守，科技创新能力不足，缺乏属于南朗自身特色的品牌，优秀产业技术人才短缺，基础配套设施建设不完善，自身优势发挥不显著，无法吸引企业的入驻及投资。此外，南朗街道与中山市其他城镇及周边城市相互间的交流与合作较少，没能形成互助共赢局面，难以实现"点线面"全域美丽大格局的构建。

2. 主推文旅产业，但人文资源深入挖掘与乡村美学建设力度不足

文化本身是一个弹性十足的概念，表现为精神形式，又表现为物化成果，包括精神文化、制度文化、物质文化，其力量相比别的力量更基本、更持久、更有深度，具有潜在的能动作用。南朗街道近年来虽坚持以文旅产业作为其发展重点，但据调研发现，由于乡村建设缺乏一定的创新活力与资金支持，现行南朗街道文化旅游资源、人文资源挖掘开发深度不足。如作为中山重要宣传点之一的侨乡文化在调研的四大乡村内并未有较多呈现，同时乡村美学的高质量建设也未提上日程，较多村落仍处于探索阶段。再者，由于文化传承的人才队伍薄弱，当地人民"文旅"融合意识不强，形成优秀传统文化传承难、挖掘难的局面，人文资源、乡村美学的深度挖掘与建设成为现今乡村振兴难以攻破的一大难题。

3. 基础设施建设完善难，一定程度上限制文旅产业进一步发展

当前南朗街道基础设施建设完善难，导致与南朗街道文旅产业发展局面难以平衡与匹配。以崖口村为例，崖口东堤夜市作为崖口村文旅产业发展的新业态之一，为崖口经济创收提供了重要支撑。但在此发展前景下，停车难、缺乏指示牌引领等基础设施建设问题成为与崖口文旅事业发展不匹配的扣分项。但此难题若需解决并非一日之事，现今基础设施的完善需突破重重难关。场地欠缺、资金缺

乏、村民不支持等成为制约基础设施建设完善、限制南朗街道文旅产业进一步发展的难题。

（三）社会力量对南朗街道乡村振兴事业参与不足

1. 政府对南朗街道实施乡村振兴战略资金支持力度不够

乡村振兴是一个大战略，要将乡村振兴事业发展好，真金白银的投入必不可少。党的十九大报告对乡村振兴战略的总要求是"产业兴旺、生态宜居、乡风文明、治理有效、生活富裕"，这二十字方针的内容涉及农业农村现代化的所有方面，也体现了中国对国家建设、农村建设的更高要求。在此高标准严要求背景下，各乡村高质量落实乡村振兴战略对资金需求量大幅增加。但南朗街道部分村落由于政府财政支持力度不足，导致当前乡村振兴战略实施过程存在资金难题缺口，难以支持乡村进一步发展，制约了南朗街道部分村落乃至整体乡村振兴事业的前进性发展。以南朗街道翠亨村为例，翠亨村现今相较于南朗街道其他"网红村"发展较为缓慢，虽此片区拥有孙中山故居等旅游景点，但难以带动乡村发展。同时，政府对于翠亨村更多是政策上的帮扶，财政支持力度不够，期望通过翠亨村自身经济建设带动村内发展，但"资金难""资金少"限制了村内的建设与发展。政府财政支持存在缺口、乡村建设存在资短缺，这也是南朗街道部分村落实施乡村振兴战略的难题。

2. 带动乡村产业振兴的资本与龙头企业力量缺乏

乡村要振兴，产业必振兴。产业振兴是乡村振兴的重中之重，促进一二三产业融合发展，是乡村振兴的一大关键。产业振兴，并非单靠一方就能实现，反之，需凝聚多方力量，才能走稳乡村振兴的"新步子"。南朗街道积极奏响文旅招商序曲，实现文旅"搭桥"，文企"牵手"强强联合，签订了数个文旅融合发展项目，以此推进南朗街道乡村振兴事业高质量发展。但各乡村仍面临缺乏高科技产业和先进技术支持，缺乏技术创新，特色农产品生产、销售水平欠缺等发展难题，需要资本和龙头企业的带动，共寻乡村振兴的高质量发展之路。

3. 村民对实施乡村振兴战略意识普遍不强，参与动力不足

村民参与是乡村建设行动的重要环节，显现和发挥村民的主体性作用，对乡村振兴战略实施至关重要。乡村振兴战略实施及发展必须发挥乡村内部力量，依靠乡村内生动力进行乡村建设，这是乡村振兴事业持续发展的重要基础；村民不支持、不配合、不积极参与建设，则是乡村振兴事业发展的一大阻碍。南朗街道

不少村落均存在"村委在干,村民在看"的通病,村民对乡村振兴战略意识普遍不强。尽管乡村振兴战略已是社会一大热点,但在村民那里却热不起来,村民缺少集体意识成为各村落实乡村振兴战略的一大阻碍。部分村民的不配合、不支持、不理解,是导致村内建设事业难以顺利开展的关键点。以本次调研的四大村落为例,部分村民对各村实施乡村振兴战略抱有消极的态度和看法,如不配合村内拆除违规房规划、征收古屋发展特色文旅事业,不理解村内传承保护红色文化的重要意义等,导致乡村振兴战略实施与发展遇到不少阻碍,高质量发展的进度放慢。

五、从"点上出彩"到"面上开花",南朗街道乡村振兴发展的政策性建议

(一)加大社会力量参与度

1. 加大政府投资力度,为支持乡村振兴提供资金保障

乡村振兴发展好,真金白银少不了。当地政府应切实加大财政投入力度,助力乡村振兴战略的实施,在产业、生态、文化、治理等方面予以支持,加快推动南朗街道产业的高质量发展。同时应当立足当地特色资源,加大资金帮扶力度,引导龙头企业要素聚集,健全上下联动、横向互动的工作协同推进机制,持续强化各项资金和政策的统筹和衔接,加强乡村振兴的规划引领,做好项目谋划和高质量储备工作,从源头上提高资金效益。

2. 加大思想工作宣传,汇聚社会青年力量

村民参与是乡村建设行动的重要环节,显现和发挥村民的主体性作用,对乡村振兴战略实施至关重要。乡村振兴社会力量的壮大,需要当地村民的支持,村委的思想工作应落实到每家每户。注重增强村民乡村振兴战略实施意识,提升村民对乡村振兴的了解度、参与度,让村民都加入其中,使其幸福感、获得感更加强烈,号召本地村民返乡兴乡。

3. 鼓励人才返乡,促进人才回流

产业要想得到发展,积极培育本土急需紧缺人才尤为重要,在此基础上仍要不断优化引进乡村人才,制定相应的人才扶持制度,畅通人才回流渠道,留住更多本地、非本地的创业型人才。要想让社会力量更大程度地助力乡村振兴,南朗

街道应注重技能人才队伍建设与人才培养，提升总体的综合素质，创新工作思路与发展规划，用心留人，留人留心，着力打造尊才爱才、敢于用才、合理用才的环境。

（二）加强基础设施建设，发展高质量产业，助推乡村振兴

在乡村发展中，农村基础设施建设是推动乡村振兴的重要保障。南朗街道应加强基础设施建设，营造更加良好的乡村发展环境，由点逐渐延展于面，建设美丽乡村图景，为乡村振兴再助一力。

1. 完善基础设施建设，加快建设宜居宜业和美乡村

本次调研发现，南朗街道基础设施建设仍存在不足之处。例如，旅游线路缺乏标识牌、导览图等，导致游客对当地的好感度降低，不利于乡村发展。为此，南朗街道应注重创意，设置具有乡土、乡趣、乡愁特点的标识牌、导览图、服务中心、停车场等旅游公共服务设施。在大力实施人居环境整治的同时，也要加强生态环境方面的保护，加强南朗街道"海洋＋古村＋农业"等多种元素融合发展，注重海洋保护，并落实到乡村建设中，加强"保护海洋生态"相关活动宣传，这也是营造美丽乡村的重中之重。同时，要发挥好智慧平台的作用，深入研究网络评价等，并从中发现问题，补齐短板，有效分析评价乡村旅游发展的质量和效益，解决好基础设施内在问题，不断提高乡村旅游质量。

2. 谱好"产业曲"，激活乡村造血功能，深入推进农村一二三产业高效融合，促进乡村产业高质量发展

推动农村一二三产业融合发展是振兴乡村产业、提升农业竞争力、构筑乡村振兴物质基础的必然要求，是农业农村经济转型升级的重要抓手和有效途径。为此，南朗街道应以扶持高质量产业为重。

一是发展特色种植业，可整合利用各个乡村的生态、旅游、土地等资源优势，结合地形、土壤等各方面特点，在水稻种植的基础上发展适合本土的特色农业产业，打造特色农业品牌，为产业振兴提供基础支撑。

二是完善产业链条，加快数字农业建设步伐，与专业技术团队、科研院校、大型企业携手合作，发展集生产、加工、销售于一体的多元产业链，为产业振兴提供技术保障。

三是打通销售渠道，依托大数据平台，通过抖音、淘宝等，开展线上直播活动，把乡村的特色农产品销到全国各地，为产业振兴开拓销售渠道。

3. 谱好"文化曲",树立乡村文明新风,重视文化特色,外化于行,为乡村振兴注入文化动能

乡村振兴既要塑形,更要铸魂。乡风文明是实现乡村振兴的重要保障和力量源泉。乡村文化是乡村的重要特色,南朗街道蕴含宝贵的文化资源,如崖口飘色文化、茶东家风家训文化等。为此,南朗街道可以结合乡村文化资源,从中选择具有代表性和吸引力的特色标识,从有形的文物古迹、传统村落、民族村寨中找好聚焦点,从无形的地域特色文化、优秀传统文化、非物质文化遗产中找到闪光点,让乡村特色文化凸显出来。

同时,南朗街道应鼓励实现文化资源共享,以综合文化服务中心为阵地,搭建村民共享文化建设成果的良好平台,积极开展村级文化惠民活动,并通过网络平台宣传等方式,让弘扬优秀传统文化不只停留于纸面,更应用于丰富村民文化生活之中。

(三)发挥人才在乡村振兴事业中的主力军作用

1. 重视引入乡村精英人士

农村基层治理关系到村民的公共权利,也是推进乡村振兴的基础。农村要引入更多的乡村精英人士,为乡村振兴战略的实施提供新动能。政府可以制定吸引人才流入的政策,例如建立健全乡村人才流动机制,让人才不受地域和身份的限制,建立健全社保、教育、医疗体制机制等以吸引人才。

2. 着重培养高层次人才

南朗街道拥有大片优质的水稻田,农业是农村的基础产业之一。由于农户大多以传统农牧业作为收入来源,农户生计脆弱性尤为突出,所以要实现农业振兴。政府可以通过将现代科学技术融入现有水稻产业中,吸引农业高校大学生或具有农业专业知识的人才返乡,布局适应当地特色的新型水稻产业,为乡村振兴和农业现代化发展提供强有力的人才支撑。

3. 着重培养专业人才

在文化旅游产业中,文旅融合发展相关专业人才是必不可缺的。一方面,培养既懂文化又懂旅游经营的复合型人才和知识创新型人才,为推动文旅融合健康化、高端化发展提供智力支撑。另一方面,在文旅融合的背景下,培养一支专业文化素养强、职业素养佳的导游队伍,更好地给游客传递当地文化底蕴及内涵。

4. 提高大学生的参与度

在乡村振兴战略实施的过程中,大学生群体对于乡村振兴的发展和实施起着

越来越重要的作用。大学生通过对当地进行调研和访谈了解乡村发展历史、现状及未来方向，奠定相关理论基础，并为调研地提供乡村振兴的对策建议，以新形式融入乡村振兴战略的发展。一方面，乡村应与有条件的高校积极建立联系，建立实践基地，鼓励大学生亲自认识、感受、了解乡村，为乡村振兴战略的实施注入新动能。另一方面，可以选拔一批有志向扎根基层的大学生返乡就业，发挥带头示范作用，打造特色人才品牌，激励其他有志青年投身于基层的建设当中。

六、结语

乡村振兴战略是一项系统工程，其需要各部门、群众共同参与，从而促进联动带动。乡村振兴事业从"点上出彩"到"面上开花"所形成的闪光点应持续擦亮，现阶段所面临的难题应加以克服，结合自身实际，探寻有利于高效赋能自身高质量发展的道路，实现质的飞跃。

参 考 文 献

[1] 苏芷妍. 中山翠亨新区（南朗街道）8个文旅项目引资近20亿 [N]. 南方日报，2023 - 03 - 15.

[2] 苏芷妍. 正式动工！南朗街道榄边村农村生活污水治理工程启动 [N]. 南方日报，2022 - 06 - 25.

[3] 陈雪琴. 创新机制搭好平台 全域推进乡村振兴 [N]. 中山日报，2022 - 01 - 15.

[4] 罗心欲. 地方特色文化融入乡村振兴战略探析 [J]. 西南石油大学学报（社会科学版），2022（03）：28 - 34.

[5] 朱蓬瑞. 乡村建设行动中提升村民参与质量的逻辑——以湖北省C村为例 [J]. 中国农村研究，2022（01）：203 - 216.

[6] 吉富星. 财政加力促乡村振兴 [J]. 经济研究信息，2022（03）：26 - 27.

[7] 田孝蓉，杨亚楠. 基于CiteSpace的乡村振兴研究进展及发展动态分析 [J]. 国土与自然资源研究，2022（02）：49 - 54.

[8] 郑灿雷，何怡萍. 中山市南朗文旅产业融合发展研究 [J]. 江苏商论，2022（12）：49 - 51.

乡村非遗弘扬与传承的优化发展策略研究

——中山市南朗街道崖口村飘色文化社会实践项目

摘 要：乡村振兴，文化先行。非遗文化是中华优秀传统文化的重要组成部分。应大力弘扬非遗文化，促进乡村非遗文化传承发展，使非遗文化高效赋能文化振兴。然而随着经济全球化及现代化进程的推进，乡村非遗文化的弘扬与传承正面临着"传承难""发展难"的窘境，崖口村飘色文化也不例外。本文以崖口村飘色文化弘扬与传承为核心，综合运用实地调研法、理论文献研究法、访谈法等研究方法，结合崖口村发展实际，分析讨论现阶段崖口村飘色文化弘扬与传承的现状、难处等，提出促进崖口飘色非遗传承的具体实施策略，使之成为赋能乡村振兴的新的文化形态。

关键词：崖口飘色；非遗文化；文化传承

一、前言

（一）调研背景

素有"东方隐秘的艺术之称"的崖口飘色是岭南民间文化活动的重要内容和表现形式，其底蕴丰富、构思巧妙、造型独特、技艺精湛、装扮精致、色彩艳丽，是内涵丰富的民俗诉求与美轮美奂的艺术创作的天然融合。2008年，崖口飘色被国务院列入第二批国家级非物质文化遗产名录。但据了解，当今社会非遗文化的传承普遍存在人才匮乏、文化断层和时代变迁等问题。为了解当前中山市崖口村飘色文化弘扬与传承的现状，调研团深入崖口村进行调研，并结合崖口飘色文化现状，力所能及地提供针对性建议和未来的具体规划。

（二）调研目的

通过调研，深入挖掘和展示飘色文化的独特魅力和内涵，提升公众对其的认知与认同，促进飘色文化的传播与推广。结合崖口村飘色文化的传承现状、传承者和传承环境等因素，因地制宜点对点提出针对性建议及方案，促进飘色文化的传承、保护和发展。

（三）调研意义

非遗文化是一个民族、一个地区长期以来积累的宝贵文化遗产，传承非遗文化可以有效地保护和传承这些独特的文化资源，避免其逐渐消失或淡化。弘扬红色文化有利于传承历史记忆、激发文化创新、弘扬民族精神和促进文化多样性。通过本次调研为红色文化的传承和发展制定相关政策和措施，帮助其解决当下发展中的困境，助力其更好地传承和发展。

二、调研思路

本次调研选定中山市南朗街道为社会实践活动的总开展地。崖口村除拥有优越自然风光外，飘色文化也是其文化瑰宝。调研团针对崖口村国家级非物质文化遗产——飘色文化传承与发展现状开展"线上＋线下"相结合的调研，走进崖口村深入了解飘色文化，促进文化交流，为崖口村飘色文化传承与发展建言献策，提高乡村文化自信度，以青春之力赋能文化振兴。本文的整体调研思路如图1所示。

（一）线上调研

调研团在前期深入学习与乡村文化振兴相关的书籍，结合实践促进乡村振兴，把握正确方向，融入新媒体传播效力及青年力量助力崖口飘色文化推广宣传。

调研团在深入实地调研前针对崖口村飘色文化查阅了大量文献资料，结合实际制定线上调查问卷，围绕群众对崖口飘色文化的了解程度、飘色文化传承方式等展开调查。

（二）实地实践

用实践推动工作，在实地调研中，为深入了解崖口飘色文化，汲取当地文化知识，丰富文化体验，调研团除前往崖口飘色展览馆进行学习外，还与当地村委会干部搭建沟通的桥梁，制定了与崖口飘色文化传承现状相适应的访谈大纲，进行深度访谈。调研团在线下调研过程中，也对前往崖口村的游客及崖口本地的村民进行问卷调研，倾听其最真实的想法。

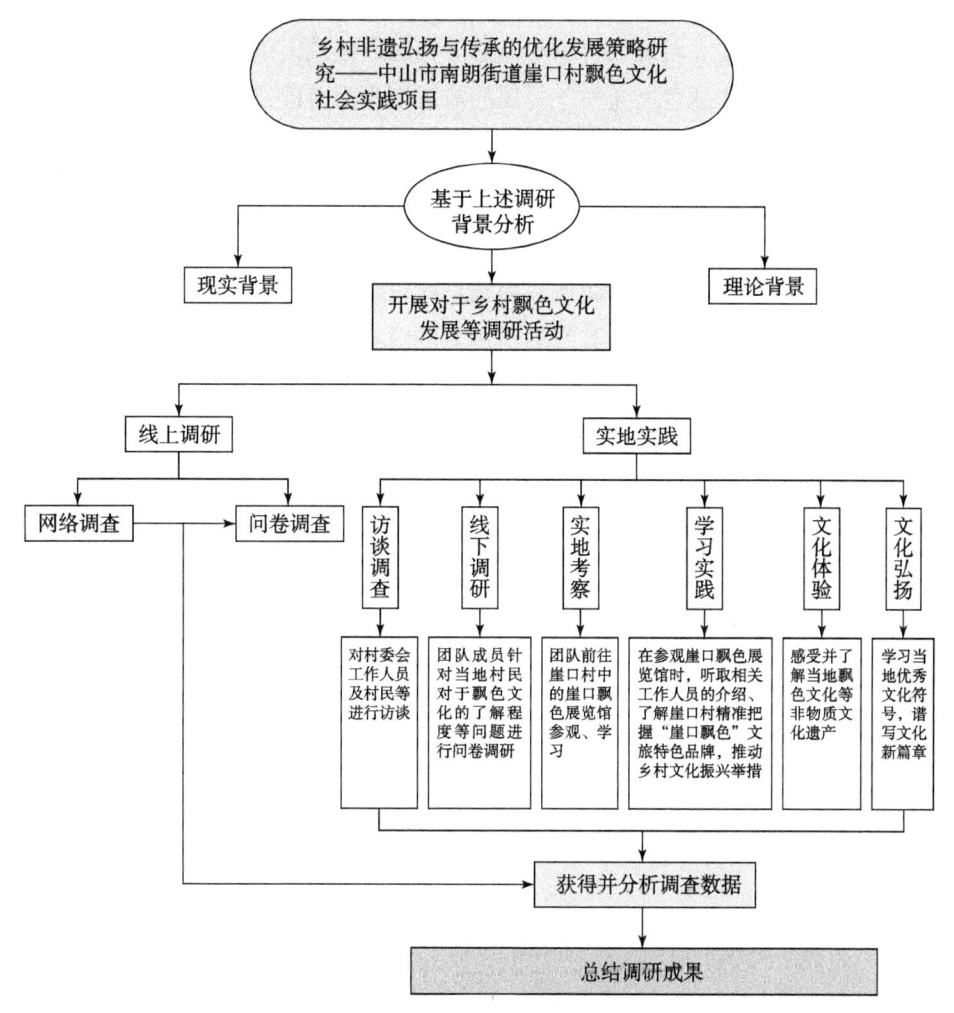

图1 本文的整体调研思路

三、调研方式

本次调研团主要采取以下三种方法对飘色文化等乡村非遗的发展现状及弘扬与传承的优化策略展开研究。

（一）问卷调查法

为客观且真实地调查村民对于飘色文化的了解程度等，本次调研采取问卷调查法，通过设计问卷的方式来收集有关飘色文化的相关信息，如对于飘色文化的了解程度、了解途径、对此的传承与弘扬等问题通过线上或线下的形式发放问卷并进行调查。调研将飘色文化对于村民的渗透度作为着眼点，结合 100 份有效问卷的数据进行综合分析，形成初步调研结果。

（二）访谈调查法

在实地走访过程中，调研团通过与崖口村村委会工作人员进行深度访谈，深入了解飘色文化的文化背景及其发展与传承的现状，此外还通过随机访谈的形式进一步了解到当地村民对飘色文化和乡村非遗文化的认识和理解。调研团在交流及访谈过程中进行文字、影像等记录，以增强调研的真实性和客观性。

（三）文献分析法

调研团充分浏览中国知网、相关乡村文化振兴期刊、党的二十大报告中有关乡村振兴战略的重要启示及文献资料等，深入研究红色文化的起源和发展历程，探讨其与当地乡村建设和文化传统的多重关联性，加强对于飘色文化等乡村非遗特色文化历史和文化意义的见解。

四、崖口飘色非遗文化发展现状

（一）崖口飘色文化传承与弘扬现状

目前，崖口村飘色文化仍然保持着一定的活力和发展潜力，它不仅仅是一门艺术，还是崖口村村民精神上的寄托。"确保非物质文化遗产的生命力，就是存续活态传承。这种传承，既要保护其原真性，又要赋予其'振兴'的生命活力。"近年来，为了更好地弘扬与传承崖口飘色这一国家级非遗项目，中山市南朗街道不断加大力度开展保护工作与文化宣传活动，举行大型南朗飘色旅游文化节，大力完善崖口飘色传承基地各项设施建设，建设崖口飘色展览馆，开展八音锣鼓伴奏、舞龙、舞麒麟、色梗制作等技艺培训班等，以加强人们对传统文化的认识和关注。

(二) 飘色文化传承过程中遇到的难题

"村落是人类的摇篮，是人类文明的根脉，是田园生活的守望地，要实现乡村振兴需要从体与用、传与承、创与造等方面入手，充分发挥我国农村文化多样性，传承、创新、保护我国传统农村优秀的文化，使其在现实社会中获得新的生长动力和文化魅力。"当今，乡村非遗文化的传承与弘扬普遍面临发展窘境，"传承难""发展难"是乡村非遗文化传承发展的通病。以崖口村飘色文化传承为例，现阶段面临着以下难题。

1. 传承人老龄化严重，非遗传承缺乏年轻力量

传承人是乡村非遗文化传承的主体，更是乡村非遗文化传承的关键。崖口飘色，现今出现传承人老龄化严重、新一代传承人较少等问题，极大地限制了飘色文化现今以及未来的发展，飘色文化的传承面临着断层危机。其原因主要如下：首先，在经济发展迅速、就业选择众多、文化呈现多样性的社会背景下，年轻人大多选择外出就业创业，乡村年轻劳动力大量向城市转移，这在本质上导致飘色文化的传承缺乏可培育的新一代传承人。其次，年轻人缺乏对飘色文化的深刻认识，对飘色文化的文化认同感与归属感不及老一辈传承人，其对飘色文化的兴趣和热情也不够强烈，因而导致其不愿投身到飘色文化传承的队伍中。调研同时发现，崖口村新一代飘色文化传承人大多自小接触崖口飘色文化，耳濡目染，对飘色文化具有浓烈的兴趣，因而选择为传承这一文化贡献一份力量。

2. 飘色文化品牌对外普及不够，群众对飘色文化了解不足

飘色文化作为崖口特色，崖口村近几年以其为依托，通过修建崖口飘色文化展览馆、绘制飘色文化墙等措施打造崖口飘色文化品牌，焕发乡村振兴新动能。除此之外，崖口村以加强乡村非物质文化遗产的保护与传承为基点，推动文化振兴，赋能崖口高质量发展。然而，在上述措施实施后，群众对崖口飘色文化仍存在了解少或不了解的情况。调研发现，崖口村的游客，大多对飘色文化了解较少，其旅游的焦点更多为崖口致力打造的自然风光旅游路线；崖口村仍有较多本地村民对崖口飘色文化一知半解，并不够深入。"传承机制完善首先应提高当地群众的参与积极性，化被动为主动，让当地群众参与到旅游发展中来，这也是游客最想追求的当地民俗文化的真实表达。"群众对于飘色文化了解较少，是飘色文化传承发展的一大障碍，这在一定程度上会加剧非遗文化与日常生活脱轨的速度，使非遗传承陷入更深的僵局。崖口飘色文化的弘扬与传承仍存在不足之处，飘色文化品牌的普及与推广力度需加大，飘色文化品牌知名度建设仍需增强。

（三）崖口飘色文化传承保护方案及建议

面对非遗文化弘扬传承的现状，结合飘色文化自身发展的状况，本调研团对崖口飘色文化的保护与传承提出以下建议。

1. 加强非遗文化保护和传承，积极培养飘色传承人

代代守护，薪火相传，保护绿色，关键在人。加强对红色文化的保护与传承，首先要注重传承人才队伍建设，持续完善人才培养体系，提高传承人素养，不断将传承队伍发扬光大。其次要发挥非遗文化美育作用，以传统艺术之美，鼓励年轻人回流，为非遗文化传承注入年轻力量，为乡村振兴与文化传承提供人才支撑，在此基础上也有助于缓解老龄化带来的非遗文化失传难题。

2. 让非遗文化赋予时代内涵，创新表达方式

文化应该与时俱进，才能推动其创造性转化、创新性发展。飘色文化不仅是传统技艺的传承，更是精神的传承。应让传统文化融合现代潮流，吸引更多游客参与，释放非遗活力，助推崖口旅游业的发展，让更多人关注到崖口飘色文化。崖口飘色代代相传，入选国家级非物质文化遗产，与时代同频共振，被赋予更强的现代感，当下在对非遗文化的保护与传承中，应融入更多的现代科技，在传统艺术的基础上创新表达方式，将先进科技与传统文化相结合。

3. 增强当地村民对红色文化的了解，激发当地村民的热情与积极性

"非物质文化遗产世代相传，在各社区和群体适应周围环境以及与自然和历史的互动中，被不断地再创造，为这些社区和群体提供持续的认同感，从而增强对文化多样性和人类创造力的尊重。"此次实践中，调研团通过调研发现当地村民对飘色文化的了解程度不够高，积极程度不够强。未来，当地可以加大举办有关飘色文化宣传活动及表演活动的频率，激发当地村民的热情与积极性，加大普及力度，增强村民对当地文化的了解，让飘色文化更具本土特色。

4. 借助网络平台加大对飘色文化的宣传，扩大飘色影响力，增强飘色知名度

利用网络平台，结合新媒体打通线上线下宣传路线，充分凸显飘色价值，大力弘扬飘色文化，以人民喜闻乐见的方式将崖口飘色非遗文化推广到大众面前，让更多人了解崖口村，了解飘色文化，共同推动非遗文化的传承和发展，让更多外来人知道飘色、了解飘色、分享飘色、传承飘色，让广大人民群众也成为非遗文化的享用者和传承者。

五、结语

文化是民族的血脉，是人民的精神家园，飘色文化作为崖口村独特的文化瑰宝，未来需要大力传承。而崖口飘色文化的传承与发展是一项长期性、系统性的工作，需要政府、社会、个人共同努力，克服现阶段所面临的阻碍，为飘色文化的传承提供良好的发展方向，为崖口飘色文化品牌的完善提供源源不断的驱动力，以飘色文化为崖口村乡村振兴事业高效赋能，促进其高质量发展。

参考文献

[1] 祁庆富. 存续"活态传承"是衡量非物质文化遗产保护方式合理性的基本准则 [J]. 中南民族大学学报（人文社会科学版），2009（03）：1-4.

[2] 张洁. 乡村振兴战略的五大要求及实施路径思考 [J]. 贵州大学学报（社会科学版），2022（05）：61-72.

[3] 陈嘉敏. 广州沙湾飘色民俗变迁研究 [J]. 合作经济与科技，2021（03）：34-35.

溯源潮汕戏曲，洞察当下发展

——潮州市社会实践项目

摘　要：为了探索非遗文化潮剧文化及发展现状，本调研团通过问卷法、访谈法和实地走访法对广东省潮州市湘桥区开展了调研活动，结合调研资料和数据，从以下三个方面呈现团队的思考与论述：一是以潮剧历史滥觞为背景切入，分别对其地方性、文学性、群众性三方面进行剖析，体会潮剧的本质与审美；二是分析社会环境对潮剧传承的支持与挑战；三是传承与发扬，深入了解潮剧在当地的普及程度及海内外交流情况，并以本设计学院的专业特色赋能非遗文化——潮剧的传承与发展。

关键词：潮剧；历史滥觞；发展现状；传承；发扬

一、引言

2020年10月，习近平总书记在潮州视察时提到："潮州文化具有鲜明的地域特色，是岭南文化的重要组成部分，是中华文化的重要支脉。"习近平总书记还强调，要加强非物质文化遗产保护和传承，积极培养传承人，让非物质文化遗产绽放出更加迷人的光彩。与非遗相关的社会实践是引导大学生走出校门、放眼社会、了解当下非遗发展情况并结合所学专业投身社会服务的有效途径。为促进非物质文化遗产传承发展，延续历史文脉、担负文化使命，北京理工大学珠海学院潮汕地区非遗文化发展策略研究暑期社会实践团于7月3日来到广东省潮州市对潮剧发展现状进行调研。

实践团秉持扎实做好非物质文化遗产系统性保护与宣传的理念，更好满足人民日益增长的精神文化需求，以艺术设计赋能潮剧宣传发展为出发点，对非遗潮剧现状的发展进行深入研究，并探索创新性的发展路径。

二、潮剧的发源与属性

本实践团在实践之初,本着固有印象认为传统戏剧受众人群较少、逐渐没落的大部分原因是宣传力度不足、宣传方式不够新颖,以至于在思考相关问题时陷入了"为了宣传而宣传"的误区。

本实践团有幸采访了潮剧团党支部书记、国家一级作曲家郭明城先生,通过郭先生的介绍,对潮剧有了深入的理解。

(一)潮剧的地方性

潮剧是广东省三大剧种之一,是中国古老戏曲存活于舞台的生动例证,为宋元南戏的一个分支,距今已有四百多年的历史,是中华民族优秀文化表现形式的代表之一,具有深刻的历史意义和较高的审美价值,有着"南国奇葩"的美誉。

潮剧以潮州方言演唱,潮州方言是潮汕文化的主要载体,属于潮剧本质的、核心的部分。潮州话保留了汉语的古音古义,是中国古老的官方语言之一,被称为"古汉语的活化石"。该方言的声调声韵在潮州歌册编写的平仄押韵上起着至关重要的作用,而从清代至今,不少潮剧艺人将潮州歌册作为潮剧剧本创作的灵感来源或改编脚本,如《鹦哥对唱》《五凤朝阳》等。

从产生、发展至现在,潮剧一直具有相对普遍的群众性,原因是其高度的生活化。整体的表演与发展融入了潮州文化,如民间文学、历史演变、革命红色文化、工艺民俗以及人文地理等,是借鉴反映当地历史文化变迁的重要材料。在知识教育尚未完全普及的年代,潮剧是潮州人民喜闻乐见的日常娱乐活动之一,也是潮州人民获取知识、明是非辨好恶的途径之一。鉴于此,潮剧里经常可以听到相关的潮汕谚语、歇后语和俚语(即俗语),方言口语与角色类型有着密不可分的联系。例如"老丑呾白话",意思原有两层,一是说潮州话,二是主角念白。在潮剧里,丑角起着核心作用,很多部潮剧的主角就是丑角,是推动剧情发展的重要人物。经典潮剧《柴房会》便通过道具精彩表现人物心理的情节,典型地诠释了丑角这一角色,其中丑角的溜梯功更为潮剧独有,在戏曲界极负盛名。

(二)潮剧的文学性

中国的戏曲包含了歌、舞、剧三大元素,有着悠长深远的历史,剧本戏文与诗词有一定的联系，文采斐然，读来朗朗上口。潮剧声腔构成是曲牌板腔混合体制，主要包括曲牌、唱词小调和对偶句。

新中国成立前，潮剧艺人多为卖身童伶，文化层次较低，剧本偏于粗俗；新中国成立后，部分文艺工作者参与剧本编写改写，协助艺人提高文化素养，剧本开始变得雅俗共赏。例如保留了古老的曲牌唱腔的《扫窗会》中书生高文举的台词："忆昔年寒窗穷困，一身恰似浮萍草。"《荔镜记》中五娘的台词："帘外春风，吹醒桃花满树红，早莺啼园东，惊破元宵残梦。"

（三）潮剧的群众性

如果说引人入胜是潮剧吸引群众观看的前提，那么群众观看的热情便会反向刺激潮剧工作者对潮剧发展的重视。

7月3日，本实践团采访了潮州影剧院负责人苏志民先生。苏先生讲述了自己的工作经历，并提到他的父亲创新性地将潮剧带到潮州游神赛会（俗称"营老爷"）的表演中。潮剧表演是乡村百姓喜闻乐见的文化活动。7月4日，本实践团采访了潮剧团演员丁佳淳老师。丁老师提到，为贯彻实施《潮州市潮剧保护传承条例》精神，促进潮剧艺术在基层的传播普及和传承发展，潮剧团在2021—2022年开展潮剧下基层的相关工作。丁老师身体力行，参加了2022年8月在龙湖镇三英村举办的"新时代文明实践活动"之"喜迎二十大奋进新征程"潮剧下乡培训活动，在寓教于乐中丰富村民的文化生活，营造和谐的乡村文化氛围。

三、潮剧目前的发展状况

（一）国家支持

国家越来越重视文化软实力的发展，提倡传承和发展优秀传统文化，增强国人的文化自信和民族认同感。2006年5月20日，广东省汕头市、潮州市申报的潮剧被列入第一批国家级非物质文化遗产名录。2022年，广东三市开展区域协同立法，同时审查批准了汕头、潮州、揭阳三地的潮剧保护传承条例，这在地方立法史上为首次，也开创了全国在文化领域协同立法的先例。时代一直在进步，潮剧应加强主动意识，积极响应国家政策，实现潮剧的创造性转化、创新性发展，让潮剧在新时代焕发新活力。如果潮剧可以结合当今的时代热点，与旅游业相结合，加强与人们的互动性，将会为推广和发展带来极大的便利，促进潮州经济的发展。

（二）潮剧的发展情况

无独有偶，早在本实践团实践之前，潮剧工作者已在剧本创新方面有一定的实践成果，并获得良好的社会效应，近代潮剧《茂芝·星火》就是一个典型的例子。

2023年6月28日，本实践团来到潮州文化艺术中心大剧院观看了近代潮剧《茂芝·星火》，该剧以1927年茂芝会议为历史背景，以革命战士、潮州儿女金凤与余一刀在潮州茂芝相遇、相知、相爱的爱情故事为辅线，用倒叙的方式，打开了革命起义、军民同心、民众觉醒的时代画卷。演员以朴实无华、真情实意的表演方式活灵活现地呈现出茂芝会议的史实，紧跟时代主旋律、弘扬革命文化。潮剧这种传统的文艺形式与潮州本土红色文化资源积极融合，并融入丰富多彩的惠民活动中，以喜闻乐见的形式激发广大人民群众对党和国家的热爱。

《茂芝·星火》的总监制郭明城先生在访谈中提到，他2013年担任潮州市潮剧团党支部书记、团负责人，带领潮州市潮剧团创排《韩愈治潮》《赠梅记》《韩江纸影人》等，获得多项荣誉。在他看来，原创精品剧目是剧团的立身之本。"演出移植来的剧目也能让剧团活下去，但是没办法让剧团走出去，剧团要走到北京、上海演出，必须演的是自己的原创剧目。"因此，自郭先生主持潮州市潮剧团工作以来，一直坚持潮剧精品创作和作曲，主持剧团创排精品剧目和传统剧目，担任所有创作剧目的作曲和总指挥。近年来，潮州市潮剧团创作了反腐倡廉题材的大型古装潮剧《韩愈治潮》、大型现代潮剧《赠梅记》、庆祝中华人民共和国成立70周年的大型现代潮剧《韩江纸影人》、大型现代潮剧《茂芝·星火》等精品剧目。《韩愈治潮》获广东省第九届精神文明建设"五个一工程"优秀作品奖、第十二届广东省艺术节"优秀剧目一等奖"等七个奖项。《韩江纸影人》和《赠梅记》分别获第十四届广东省艺术节剧目二、三等奖。2021年，移植改编并作曲《白毛女·奶奶庙》《伍子胥·困谷》等折子戏，辅导和培养青年演员参加广东省第十届中青年演艺大赛，获得2金、2银、3铜的优异成绩。

（三）潮剧传承面临的问题

没有潮汕话，就没有潮剧、潮曲。潮剧之所以有别于其他剧种，最显著的一大特点便是它的语言——潮汕话。潮汕话用于潮汕人民的日常交流，借着潮剧、潮州歌册赋予传承和传播的活力，互为依存，因此在潮剧表演时正确演唱潮汕话也显得异常重要。但是，现下潮汕方言的保护传承面临一定的危机。因此潮剧面临的考验与时代的挑战，就注定不能只是专注于表面上的宣传工作。

现在潮汕地区的年轻人讲话普遍是"潮普参半"，潮汕话讲不好，地道的俚语、谚语听不懂，不会讲。潮剧是地方性戏剧，向外推广本就具备一定难度，然而本地青年却连本地语言都听不懂，这就已经是本地文脉传承的问题了。对此，郭明城先生在采访中提出了自己的看法，新学员必须学习潮汕话，学生不会读的就请教老师，不可用普通话代替。潮剧最重要的，就是它的语言，没有舍本逐末的道理。

由于社会快速发展，潮剧等需要长时间沉淀和研究学习的传统文化，有逐渐淡出大众视野的趋势。其原因主要集中在两方面。首先，过度依赖民俗文化。目前潮剧大多在逢年过节作为一种"走过场"的仪式。其次，观众老龄化。本实践团调查潮州本地人对潮剧发展相关问题看法的结果显示，接受调查的95人中，18~23岁占49.47%，而所有人对潮剧的了解程度仅有44%。由此可见，年轻人对潮剧的关注较少，中老年人为主要受众群体。不同年龄层接触潮剧的渠道如表1所示。

表1 不同年龄层接触潮剧的渠道　　　　　　　　　　　　　　人

年龄	电视节目	视频软件	戏曲舞台现场	线下讲座	艺术学院、少年宫、文化馆等	其他	小计
18~23岁	42 (89.36%)	23 (48.94%)	31 (65.96%)	11 (23.40%)	11 (23.40%)	3 (6.38%)	47
24~29岁	5 (83.33%)	0 (0.00%)	3 (50%)	0 (0.00%)	1 (16.67%)	1 (16.67%)	6
30~35岁	3 (60%)	1 (20%)	3 (60%)	0 (0.00%)	1 (20%)	1 (20%)	5
36~55岁	29 (82.86%)	10 (28.57%)	21 (60%)	3 (8.57%)	6 (17.14%)	6 (17.14%)	35
55岁以上	2 (100%)	0 (0.00%)	2 (100%)	0 (0.00%)	0 (0.00%)	0 (0.00%)	2

不同年龄本地人与其潮剧接触渠道的函数关系如图1所示。

最后，也是最现实的人才问题——近年来，我国剧团数量呈减少趋势，且据团队了解，潮州市潮剧传承保护中心现有学员较少，人才匮乏，因而造成对潮剧创新性见解的缺乏。

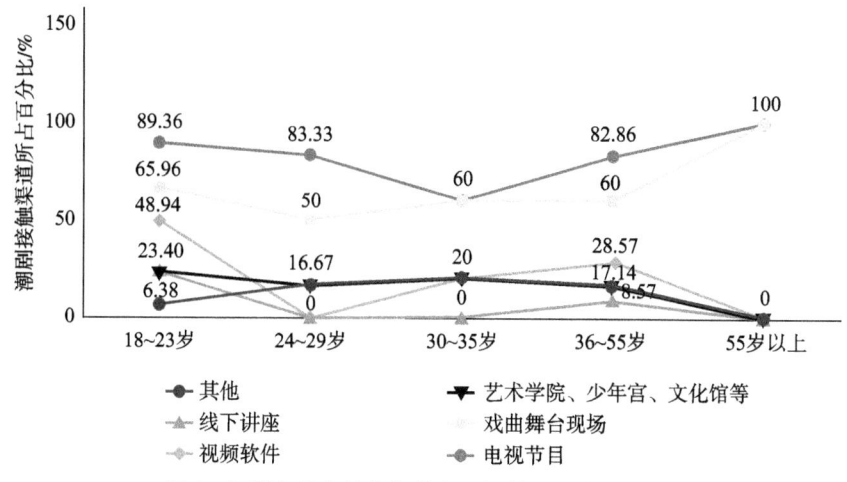

图1 不同年龄本地人与其潮剧接触渠道的函数关系

（四）发展趋势和可能性

科学研究表明，人类大脑对图像的记忆能力较文字、声音更高，占47%，将三者结合便可使记忆效率达到74%。因此为了对潮剧进行有效传播和最大宣传应将这三者更好地结合起来。

本实践团调查问卷图例数据显示，支持潮剧发展的本地人占多数，这对潮剧发展而言无疑是一个良好的态势。在问卷中被问及举行潮剧专题一日体验活动时，期待值排序最高的是现场表演，有71.25%的人将其排在第一位。目前，本地人接触潮剧的渠道大多是比较传统的电视节目，只有少部分人是通过视频软件了解潮剧的。因此，潮剧以新媒体或新颖宣传方式进行发扬的渠道前景广阔，存在众多可能性，可以吸引群众的注意力。在当今时代，人们的喜欢并不止步于色彩丰富的周边或海报，更注重戏剧表演本身，戏剧应给予观赏者观感上、情感上、思想上的感悟与启迪。不同潮剧接触渠道所占比例如表2所示。

表2 不同潮剧接触渠道所占比例

选项	人数	比例/%
电视节目	81	85.26
戏曲舞台	60	63.16
视频软件	34	35.79
艺术学院、少年宫、文化馆等	19	20

续表

选项	人数	比例/%
线下讲座	14	14.74
其他	2	11.58
有效填写人数	95	—

四、新青年的传承与发扬

（一）当地普及与海内外交流

为了激发本地年轻人对潮剧的兴趣，加深对潮州本土传统文化的认识及认同，从而使其更乐意去接触、传承、创新发展潮剧文化，需要多方共同努力。本地学校方面，从幼儿园到高中基本都会开展"潮剧进课堂"活动，并通过比赛和考试的形式，让学生了解更多潮剧的经典曲目，体会潮剧的独特魅力，对潮州传统民俗文化有更多的认识与感悟，从而更好地传承发展潮言、潮剧、潮文化。据了解，潮州市影剧院会不定时地开展惠民活动，丰富市民们的生活。

潮剧作为潮汕文化的典型代表，随着潮侨在东南亚地区扎根。2021年，中国戏曲学院为潮剧开设本科班，同年4月1日，为期一个月的首届国际潮剧文化研修班在广东潮剧院开班。来自东南亚国家以及中国各地潮剧爱好者和专业学者，在此进行教学研讨、交流座谈和世界性会演。郭明城先生提到，剧团也曾到泰国、马来西亚等国家进行潮剧会演。他们不忘初心，发展群众喜闻乐见的潮剧文化，因此颇受当地华侨认可和支持。

在方言传承上，为了让身在他乡的潮人后裔传承延续潮汕文化的精髓，各地会不定时举办潮语培训班。如2023年4月9日上午9时，泰国潮安同乡会在潮安同乡会大厦四楼少贤厅举办潮语培训班。该培训班由精通泰语和潮语的陈伟林老师授课，向学员讲解"潮语八音"和音调的变化、发音技巧，并鼓励诸位学员学好潮州话，传承潮汕优秀文化。

（二）传播渠道的拓宽

问卷调查显示，在接受调查的95人中有89人支持潮剧的发展，占比高达93.68%，由此可见潮剧若有新颖良性的发展宣传策略呈现给群众，愿意支持的本地人并不在少数；而关于艺术设计、文创周边在宣传创意上更是位居前列，足以体现本地人对潮剧新宣传形式的期待。本地人对潮剧提高知名度的看法如表3所示。

表3 本地人对潮剧提高知名度的看法

方法	人数	比例
创新剧本融入时代精神，增加互动性	75	78.95%
潮剧+旅游业	61	64.21%
联合当地特产进行宣传	59	62.11%
引入当地学生课堂	58	61.05%
新媒体技术（宣传片、直播、话题、公众号）	54	56.84%
设计海报，定制专属Logo	48	50.53%
制作衍生品，文创周边	45	47.37%
科普App/线下讲座	33	34.74%

任何事物的发展都离不开传承，同时也离不开创新。潮剧本身需要传承创新，使其雅俗共赏；潮剧的传播渠道需要拓宽创新，使其老少皆宜。目前潮剧的主要受众群体是中老年人，而潮剧的传承却离不开青年一代的新生力量。在互联网时代，新的传播媒介会给潮剧的传承造成一定的冲击，但运用新媒体技术传播仍是潮剧传播的最佳选择。除了海报、Logo、文创周边等赋能潮剧的传播方式外，可以通过微信公众号、QQ群、直播和微博超话等渠道，聚集潮剧爱好者，联动潮剧院和潮剧工作者，搭建互动交流平台。线上如此，线下亦然。结合近年来旅游热门项目之一——穿上当地的特色服装进行旅拍，可以推出潮剧服饰体验馆，向外来游客普及相关知识，使体验者沉浸式互动，推动潮剧传承发展，提升当地人民的文化认同感与文化自信心。

（三）艺术设计赋能非遗潮剧

2010年我国启动"中国非遗数字化保护工程"，提倡深度挖掘研究、推进非遗文化创新综合公共服务平台研发。本实践团将非遗文化数据可视化的同时，也同步非遗文化的物质可视化，即设计非遗文创产品。本实践团充分整合实践期间的考察内容，提取潮剧相关元素，并将其融入海报、文创等周边设计中，通过摄影、拍纪录片和宣传片的方式，结合官方（传统）媒体发文融入新科技与年轻血液，实现艺术赋能非遗潮剧的团队目标。

非遗文化产品的设计核心在于显著的文化特点，即辨识性，需深入挖掘潮剧这一非遗文化内涵。非遗产品是文化的一种载体形式，不同的产品所传递、所承载的基础也不相同。本实践团在注重产品外观形态、色彩搭配、质感呈现的同时，根据潮剧文化本身赋予产品的故事和意义，基于体验者视角打造富有个性和文化底蕴的文化产品。在现代化建设的道路上，本实践团践行艺术设计赋能文化传承，推动中华优秀传统文化创造性转化、创新性发展，为我国文明的传承创新、为软实力的提升飞跃、为世界文化的丰富多样做出贡献。

五、总结

潮剧发展任重道远，需要年轻一代不断传承发扬、开拓创新。本实践团成员来自设计与艺术学院，利用自己的专业技能实现创造性转化、创新性发展，让更多的人了解到潮剧文化，增强当地人民对家乡文化的认同感，使潮剧文化与当今时代的经济发展接轨，让潮剧文化"活起来"，并以崭新的姿态走向世界。

六、成果展示

（一）设计图（成员卢逸茗设计，见图2和图3）

图2　设计图（一）

溯源潮汕戏曲，洞察当下发展　　279

图 3　设计图（二）

（二）作品展示（见图 4～图 7）

图 4　作品展示（一）

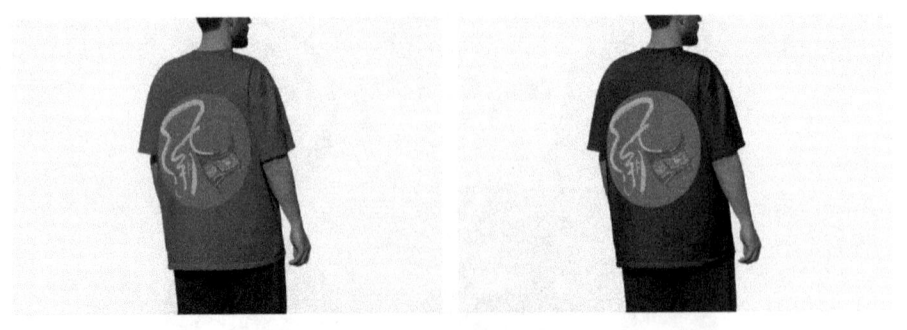

280 ▎ 百支实践团队践初心——高校实践育人的逻辑理路与创新探索

图 5　作品展示（二）

图 6　作品展示（三）

图 7　作品展示（四）

（三）海报（成员李咏诗设计，见图8）

图8 海报

参 考 文 献

[1] 王巨锋，曾衍文．潮剧在东南亚的传播现状及研究启示［J］．戏剧之家，2023（14）：6-8.

[2] 林晓薇．潮汕戏曲文化发展与审美特征［J］．黄河之声，2023（06）：26-29.

[3] 张奕扬．基于体验视角的非遗文创产品设计探究［J］．对联，2021，27（12）：50-51.

[4] 黄映雪，曾衍文．新媒体时代潮剧网络传播现状及对策研究［J］．戏剧之家，2023，450（06）：18-21.

[5] 王伟．中国戏剧文化研究［M］．北京：中国纺织出版社，2018.

寻脉饶平探古韵，创承兴产启新程

——潮州市饶平县社会实践项目

摘　要：饶平位于广东省潮州市，这里历史悠久、文化繁荣，拥有丰富的文化资源和众多的特色产业。为了深入了解饶平的文化传承现状和产业发展现状，以及相关的发展潜力和需求，北京理工大学珠海学院外国语学院文化艺术中心调研团来到广东省潮州市饶平县开展了为期8日的实地考察调研活动。通过问卷调查、访谈以及实地考察，围绕红色文化、茶文化、少数民族文化的保护传承现状和茶产业、旅游业、制瓷业的发展现状等进行调研。调研团具体分析了饶平文化和产业在乡村振兴道路上的发展现状和所面临的挑战，并且为其在发展中出现的问题总结了相应的建议和改善措施，致力于为今后的饶平乡村振兴工作提供参考和支持。

关键词：潮州饶平；乡村振兴；文化传承现状；产业发展现状

一、引言

（一）背景介绍

饶平县位于广东省潮州市，这里历史悠久、文化繁荣，拥有丰富的文化资源和众多的特色产业。为了进一步了解饶平的文化传承现状和产业发展现状，以及相关的发展潜力和需求，北京理工大学珠海学院外国语学院文化艺术中心调研团（简称"外艺调研团"）在此进行了为期8日的实地考察调研活动。

1. 潮州饶平文化发展现状

潮州饶平的红色文化、茶文化和少数民族文化在乡村振兴的发展过程中扮演着重要的角色，但与此同时它们的发展也面临着一定的困境。

红色文化是潮州饶平的重要文化元素之一，体现了该地区的革命传统和历史价值。通过保护和传承红色文化，可以激发乡村群众的爱国热情和责任感，推动乡村振兴战略的有效实施。但是饶平当地红色文化的传承和发展仍存在一定的问题。

潮州饶平具有深厚的历史和丰富的茶叶品种，茶文化是其传统的特色文化之一。茶文化的传承不仅可以增加当地农民的收入和就业机会，还能提升乡村形象和旅游吸引力，但是现在的茶文化在一定程度上存在创新不够等问题，需要更进一步的创新发展。

潮州饶平还拥有多个少数民族聚居地，其独特的少数民族文化和民俗风情也是乡村振兴的重要资源。保护和传承少数民族文化，可以增强乡村的文化包容性和多样性，吸引更多游客和投资者。然而，潮州饶平当地的少数民族文化也面临着传承不足的困境。

2. 潮州饶平产业发展现状

潮州饶平在茶产业、旅游业和制瓷业等领域有着丰富的资源和潜力，但是也存在着一定的问题与困境。

茶产业是潮州饶平的传统特色产业，拥有得天独厚的自然条件和丰富的茶叶品种。然而，茶产业仍然存在品牌宣传和国际市场开拓不足等问题。

旅游业是潮州饶平的重要经济支柱产业，拥有丰富的历史、文化和自然景观资源。然而，潮州饶平的旅游业发展空间有待进一步拓宽。

制瓷业是潮州饶平的传统优势产业，拥有悠久的历史和独特的制瓷工艺。然而，制瓷业也面临着市场竞争和技术创新的压力。

（二）调研目的

本次调研的目的是深入了解潮州饶平的现状，包括当地的文化资源、产业发展现状、存在的问题以及潜力；通过实地调研和专业团队的优势，挖掘当地的特色文化并进行创新性的融合，为饶平的文化发展注入新的活力。具体来说，调研团将关注饶平的红色文化、茶文化、少数民族文化、茶产业、旅游业和制瓷业等方面，希望通过对这些领域的调研，找出相关的特色资源和潜力，为乡村振兴提供具体的发展方向和策略。

（1）了解潮州饶平本地的文化传承情况：通过实地考察、与当地居民交流，了解饶平的文化遗产和传统艺术形式，并寻找文化创新的机会。

（2）挖掘当地特色文化：深入研究红色文化、茶文化、少数民族文化等，探索其独特之处，并通过创新的方式将其与现代生活和经济发展相结合。

（3）探讨潮州饶平的产业现状和发展问题：通过调研茶产业、制瓷业、旅游业等，了解相关产业的发展情况、存在的问题和潜在发展空间，为推动产业振兴提供依据。

（4）提出相关建议和策略：通过对调研结果的分析和总结，为潮州饶平的乡村振兴提出可行的建议和策略，以促进当地经济社会的可持续发展。

综上所述，本次调研旨在全面了解潮州饶平的现状、问题和潜力，并提出相应的建议和方案，为乡村振兴和产业发展贡献一定的力量。

（三）调研过程

调研团于 2023 年 7 月 1—8 日在广东省潮州市饶平县开展了实地调研。

调研团在茂芝会议纪念馆和朱德广场开展调研活动，并且聆听了詹京才馆长的介绍，了解了"茂芝会议"的重要精神以及红色文化在茂芝乡村发展的过程中扮演的重要角色。此外，在朱德广场采访了群众詹阿伯，他向我们分享了他的成长故事和创业事迹。詹阿伯见证了茂芝的发展变化，这是一个充满汗水与辛酸的过程，但也体现了中国在乡村振兴方面所付出的努力。

中国的百年变革是一个不平凡的历程，这一过程中，许多农村地区像茂芝村一样，通过发扬红色精神，挖掘当地的历史文化，促进旅游业和文化产业的发展，带动当地经济的增长。这些措施为当地居民提供了更多的就业机会和收入来源，有力地推动了乡村振兴。

调研团前往永善村进行实地调研，采访当地居民，了解在党带领下乡村振兴给人民生活带来的变化。我们在路上随机采访了一位来自饶平县上饶镇永善村的邓阿姨，从阿姨的口中得知 2010 年永善村的云水谣成为潮州地区著名的旅游景区，在宣传非遗文化的同时，也为当地带来了一定的经济发展机会和人流量，村落硬件设施随之得到了完善。在探寻当地文化发展的过程中，我们感受到当地村民的淳朴与好客，更感受到了他们坚守家园、努力耕作、热爱生活的积极态度。

调研团有幸在许阿姨和刘姐姐的带领下参观了华盛陶瓷厂，深入了解潮州陶瓷的制作过程和产业发展现状。通过对比传统工艺与现代工艺的差异，我们发现传统工艺在现代技术的支持下更好地适应了现代市场的需求。此外陶瓷厂老板表示潮州陶瓷产业正逐渐向机械化转型，以提高生产效率和应对市场需求。

调研团前往广东省潮州市饶平县上饶福润茶行东岩茶园进行参观，茶园老板为我们介绍了茶叶的生长环境、种植技术和采摘过程等,让我们更全面地了解了当地茶产业的发展现状和重要作用。如今茶园欣欣向荣的景象,是茶农的辛勤劳作、政府的政策扶持和上饶供销社的帮扶合作共同作用的结果。据了解,上饶供销社为当地茶产业提供茶叶销售渠道、品牌推广和市场信息等服务,帮助茶农们解决了销售问题,提高了茶叶的附加值和经济效益。这种合作关系促进了茶叶产业的健康发展,为茶农们创造了更好的收入来源。

我们发现,饶平县的乡村发展之路注重因地制宜,根据不同村庄的特点,采取不同的发展策略,传承文化的同时还带领人民走向更加美好的生活。

二、现状分析

(一)潮州饶平文化的发展现状

本次调研围绕潮州饶平的红色文化、茶文化和少数民族文化展开。调研显示,潮州饶平的红色文化、茶文化和民族文化具有丰富的传统和独特之处,具有发展潜力,也存在一些问题。

1. 饶平红色文化的发展与传承

红色文化是中华民族在历史锻造中形成的优良文化,是进行革命优良传统教育的宝贵资源,是培育理想信念和道德情操的精神资源,是实施灵魂塑造工程和红色主题教育的精神支柱。饶平作为中国共产党的发祥地之一,拥有丰富的红色文化资源和历史遗迹。

外艺调研团来到茂芝会议纪念馆(见图1)和麒麟山感受当地红色文化。通过采访当地的居民和茂芝纪念馆馆长詹京才先生,外艺调研团了解到红色文化已经成为当地重要的文化产业,带动当地旅游业发展,创造经济效益和创业机会,但是当地红色文化的发展仍存在以下问题。

图1 参观茂芝会议纪念馆

(1)红色文化创新活力不足。当地红色文化的传承主要停留在历史的回顾和延续上，未与现代社会的需求相结合，缺乏创新和活力。

（2）红色文化资源整合和开发利用不足。饶平拥有丰富的红色文化资源，但存在资源分散、整合不够充分的问题。一些红色文化遗址和纪念场所的保护和开发利用还不充分，导致其影响力和吸引力有限。

（3）红色文化教育缺乏深度和广度。当地红色文化的传播方式比较传统，主要通过讲解员的讲述，教育内容和形式也相对单一。这体现了当地对红色文化教育的重视度不够。

2. 饶平茶文化的发展与传承

在潮汕地区，茶是当地人必不可少的饮品，无论是作为一种饮品，还是一种文化载体，其所具有的特性都是现代社会所需要的。饶平县是潮汕地区最重要的茶叶生产基地之一，也是潮汕茶文化的代表。外艺调研团通过采访当地茶农发现，随着中国茶文化的复兴与茶产业的发展，当地人民对茶文化的重视程度加深。一方面，当地茶农和制茶师傅致力于保护传统，传承传统潮汕茶文化。另一方面，当地人民传承潮汕特色工夫茶文化。但是也随之产生一系列问题，主要分为以下三个方面。

（1）传统制茶文化传承和创新平衡问题。当地茶企通过精心挑选茶叶和手工摘制、晒青、揉捻、发酵等传统工艺，古法制茶，让每一片茶叶都沐浴着大自然的馨香，拥有独特的风味。这种制茶方式由一代又一代的茶农传承下来，对茶叶的独特口感和茶汤质量起到了至关重要的作用。然而，在古法制茶产出效率不高、质量不稳定的情况下，无法迅速满足日益增长的茶叶市场需求。随着时代的进步，现代机械生产的出现与兴起使制茶文化有了创新发展。但是，一些茶农和茶爱好者们担心，机械制茶是否会让传统制茶手法失传和让茶叶失去独特韵味？在和泰韵茶叶公司许老板的交谈过程中，外艺调研团意识到制茶文化的未来在于寻找生产效率与质量的协调发展，而这需要我们探索如何将传统制茶与机械化生产进行完美融合。

（2）工夫茶文化传承问题。潮汕特色工夫茶文化传承面临困难。随着经济贸易全球化发展，中国与其他国家的经济往来越来越密切。外来文化、外来品牌饮品逐渐传入中国，并被接纳与使用。传统文化的传承面临挑战，再加上快节奏生活方式的影响，很多年轻人逐渐对需要静心细品的工夫茶文化不感兴趣，导致传统技艺和知识逐渐流失。

（3）饶平茶文化普及和推广问题。饶平茶文化的普及度相对较低，许多人对饶平茶的了解有限。由于缺乏宣传推广和文化交流的机会,饶平茶文化难以为更广泛的人群所认知和接受。

3. 饶平少数民族文化(畲族文化)的发展与传承

在与当地居民的相处中,外艺调研团不仅了解到更多关于畲族的知识与历史,更感受到了村民的热情。蓝屋畲族村作为一块文化瑰宝,拥有悠久的历史和深厚的文化底蕴。在重要的日子,当地畲族人民会穿上传统服饰在泰华楼(当地畲族土楼)载歌载舞,并且当地的畲族土楼仍然保存完好。当地政府和相关机构高度重视对畲族文化的保护和传承。通过实地调查,外艺调研团总结出以下三个问题。

(1)文化认同感和传承意识减弱。由于少数民族文化汉化速度加快,许多独具特色的民族文化正在消失。与此同时,随着社会现代化进程的加快,尤其是年轻一代接触面扩大和城市化趋势增强,畲族人民对自身传统文化的认同感和传承意识有所减弱。一些年轻人可能更倾向于追求现代化的生活方式和文化,而对畲族传统文化的了解和重视程度不够。

(2)传统知识和技艺传承困难。畲族文化中蕴含着丰富的传统知识和技艺,包括畲语、编织、绣花、木雕等。然而,受到现代化生活方式的影响,且由于年长一代传统艺人的数量减少、年轻一代对传统技艺缺乏学习的意愿和途径,这些传统知识和技艺正在逐渐失传。

(3)教育体系不完善。在学校教育中,畲族文化的教学内容可能相对缺乏,缺少对畲族文化教师的培养和支持。

(二)潮州饶平产业的发展现状

本次调研围绕潮州饶平的茶产业、旅游业和制瓷业进行。饶平地区的产业发展呈现出多元化的趋势,茶业、制瓷业和旅游业等行业都有相应的发展潜力。

1. 茶产业的发展现状与挑战

潮州饶平拥有独特的茶文化和得天独厚的自然条件,使得茶产业在该地区有着良好的发展前景。近年来,潮州饶平茶产业不断创新发展,注重提高茶叶的品质和附加值。通过科学种植、精细加工和包装设计等措施,茶叶的品质得到了显著提升。图2为茶农采茶。饶平地区的茶产业发展较为成熟,具有独特的饶平茶文化和高品质的茶叶产品。尽管饶平茶产业发展较好,但仍存在一些问题。

(1) 品牌建设问题。品牌建设是茶产业市场推广的重要环节。饶平茶需要加强品牌建设，提升品牌知名度和美誉度。目前，饶平茶存在品牌定位不清晰、品牌形象不突出、品牌故事不够吸引人等问题。例如，饶平茶缺乏一个独特的品牌故事或文化内涵，无法与消费者建立情感连接；另外，

图2 茶农采茶

品牌在市场中的曝光度和影响力不够，缺乏有效的品牌宣传和推广策略。在市场推广中，品牌建设问题需要得到解决，在产品质量、包装设计、品牌故事讲述、市场营销等方面做好全面规划和执行。

(2) 产业链条问题。茶产业链条的完善是市场推广成功的关键之一。在饶平茶产业中，存在采摘、加工、包装、运输等环节不够协调的问题，导致产品质量不稳定，产量受限，无法满足市场需求。例如，茶叶采摘和加工环节的技术、设备和人才水平存在差异，导致产品口感、质量存在差异；另外，缺乏透明的产业链管理和监督机制，会出现虚假宣传、产品质量问题等，影响整个茶产业的信誉和推广效果。

(3) 市场推广问题。在竞争激烈的市场环境中，饶平茶产业无法充分展示饶平茶的特色和优势，且饶平茶产业的市场推广力度相对有限，缺乏有效的推广策略和渠道。此外，饶平茶产业缺乏市场调研和消费者洞察，无法精准定位目标消费群体；缺乏个性化的营销策略，无法满足不同消费者的需求；零售渠道的多样性和覆盖度也存在不足，限制了饶平茶的市场推广效果。例如，市场调研不足可能导致忽视年轻消费者群体，而只针对传统茶叶消费者展开推广活动。另外，由于仅依赖传统零售渠道，饶平茶在电商平台等新兴渠道上的曝光度不高，对年轻消费者的吸引力也较为有限。

2. 旅游业的发展现状与挑战

潮州饶平以其独特的历史文化底蕴和自然景观吸引了众多游客。该地区拥有丰富的历史遗迹、古村落（见图3）和自然风光，以及独特的客家文化，成为游客探索传统文化和休闲度假的热门目的地。近年来，潮州饶平积极推动旅游业的

发展，致力于打造旅游精品和特色旅游产品。地方政府加大对旅游资源的保护力度，修复和维护了许多古建筑和景点，提升了游客的游览体验。潮州饶平的旅游业近几年有所发展，但与此同时也存在一定的挑战。

（1）基础设施问题。饶平旅游业的基础设施相对不够完善，特别是交通、住宿、餐饮

图3　饶平古村落

等方面存在短板。例如，部分旅游景区周边的交通条件较差，导致游客到达景区的时间增加，影响其旅游体验。另外，在一些景点周边缺乏充足的停车场和公共厕所，给游客带来了不便。住宿方面要加强卫生管理，加大对胡乱叫价行为的打击力度，否则仍然无法形成配套的旅游服务。

（2）旅游服务质量问题。部分旅游从业人员的服务素质有待提高，存在服务态度不够热情、对游客需求了解不够充分等问题。例如，有游客反映在旅游景点咨询时，工作人员对景点的介绍和推荐不够准确，无法为游客提供个性化的旅游建议。此外，外艺调研团在本次调研过程中发现，潮州饶平的旅游业发展仍不成熟，欠缺配套的服务，许多值得一看的景点并没有相关的人员进行介绍，无法充分满足游客的好奇心，降低了游客的热情与好感。

（3）旅游产品创新问题。饶平旅游业需要提供更多具有吸引力和独特性的旅游产品，以满足不同消费需求。饶平旅游业在旅游产品创新方面还有进一步发展的空间。例如，缺乏基于新兴科技应用的旅游体验项目，对年轻游客的吸引力不足。此外，一些传统旅游景点可能缺乏与现代游客需求接轨的创新体验项目，无法满足游客对独特、互动性强的旅游体验的期待。

（4）生态环境保护问题。在旅游业快速发展的同时，需要重视保护当地的生态环境。例如，在一些景区，由于游客缺乏环境保护意识，存在乱丢垃圾、损坏植被等问题，影响了景区的生态环境和美感。

3. 制瓷业的发展现状与挑战

潮州饶平有着悠久的制瓷历史和丰富的制瓷文化底蕴。作为中国传统的瓷都

之一，该地区以其独特的瓷器风格和精湛的制瓷工艺而闻名，传统的制瓷技艺得到了保护和传承。

制瓷业的发展为潮州饶平带来了经济增长、就业和文化传承的机遇，进一步推动了地方经济社会的发展，但与此同时也面临着创新发展、产业振兴的相关困境。

（1）传统工艺传承问题。饶平制瓷业的传统工艺需要得到更好的传承和保护，防止技艺流失。图4为饶平瓷器。传统工艺的传承需要具备一定的条件和环境。随着现代产业的发展和城市化进程的加快，许多年轻人更倾向于选择其他职业或离开农村地区，这导致传统工艺的传承链条中断。传承传统工艺需要长时间的学习和实践，而现代社会快节奏的生活方式和教育体制的改变往往无法满足这种传承的需求。在本次调研的过程中，团队观察到在潮州制瓷业中基本没有年轻的面孔，传统制瓷业的发展与传承面临着后继无人的一大困境。

图4 饶平瓷器

（2）瓷器创新设计问题。市场经济和现代消费需求的改变也对传统工艺传承造成了冲击。随着科技和工业的快速发展，传统工艺在市场上的地位面临挑战。同时，年轻一代的消费者对于瓷器的需求也在发生变化，他们更倾向于选择时尚、个性化和多功能的产品，而非传统瓷器。因此，潮州制瓷业也面临着如何在传统的基础上进行创新的一大挑战。

（3）市场竞争压力增大。随着全球市场的开放和竞争的加剧，饶平制瓷业面临着来自国内外制瓷企业的激烈竞争。其他地区或国家的制瓷业采用先进技术和创新设计，推出具有吸引力和竞争力的产品。这给饶平制瓷业带来市场份额和品牌认知度的挑战。此外，高成本和低利润也是饶平制瓷业所面临的困境之一。制瓷业涉及复杂的工艺和材料，生产成本较高。然而，由于市场竞争激烈，制瓷企业利润率相对较低。这使得饶平制瓷业在保持高质量和提升工艺的同时，难以获得令人满意的经济利益。

三、建言献策

（一）潮州饶平文化需要创新传承

外艺调研团在围绕潮州饶平的红色文化、茶文化和少数民族文化进行调研后，针对相关问题总结出以下的调整措施。

1. 饶平红色文化的发展与传承

（1）关于红色文化创新活力不足的问题。

第一，政府部门应推动文化创新活动的进行。支持艺术创作，收集和整理老一辈人的历史记忆和亲身经历，并支持艺术家利用收集到的故事创作与红色文化相关的艺术作品，包括电影、电视剧、音乐、绘画等。开展文化创意项目，鼓励企业和个人开展红色文化创意项目，以创新的方式传播和展示红色文化。

第二，支持创意产业发展。饶平可以建立小型甚至线上创意产业园区或孵化器，吸引和扶持红色文化创意产业的发展。支持红色文化主题产品设计、文创产品制造、数字媒体创作等创意产业的发展，激发创新活力。

第三，引入新技术与媒体。结合新技术和新媒体手段，创新红色文化的呈现方式和传播形式。利用虚拟现实、增强现实、数字化展示等技术，打造沉浸式的红色文化体验，吸引年轻一代的注意和参与。

（2）关于红色文化资源整合和开发利用不足的问题。

在资源整合方面，政府应提供支持和政策引导。政府应提供一系列的政策支持，鼓励红色文化的传承和创新，并投资基础设施建设，改善红色文化遗址和博物馆等的硬件设施。与此同时，建立饶平红色文化资源整合机构或委员会，负责统筹红色文化资源的收集、整理和管理工作。该机构可以与相关单位等进行合作，建立资源共享和互联互通的机制。

在开发方面，政府可以制定饶平红色文化资源开发利用的规划和政策，明确资源整合和开发的目标、任务和措施。政府可以提供相应的政策支持和经费扶持，鼓励社会资本和企业参与红色文化资源开发利用。并且可以建立饶平红色文化展示中心，结合现代技术手段，利用虚拟现实、多媒体等技术手段，打造沉浸式的展览和体验，集中展示各类红色文化资源，向公众提供全面、系统的红色文化展示和解读，提升参观者的参与感和体验感。

(3) 关于红色文化教育缺乏深度和广度的问题。

第一，加强教育和宣传。编制教材，在学校课程中纳入红色文化的内容，增进青少年对红色文化的了解和认识。定期举办红色文化主题的研讨会和讲座，邀请专家学者来分享红色文化的知识和历史，让学生了解红色文化传承的重要性。

第二，创新教学方法。引入多样化的教学手段和方法，如情境教学、互动教学、课外拓展活动等。通过实地考察、体验式活动、小组合作等方式，学生能够更加深入地了解红色文化，激发学习兴趣和提高参与度。

2. 饶平茶文化的发展与传承

(1) 关于传统制茶文化传承和创新平衡的问题。

在传承方面，当地茶企需保留传统工艺和技术，确保茶的传统风味和品质得到保留；当地政府可以开设茶艺学校，鼓励传承老一辈制茶师傅的经验和技艺，培养新一代的茶叶制作师傅。在创新方面，随着科技的发展，引入新技术可以在一定程度上提高产茶的效率。当地茶农采用现代农业技术，如有机种植、生态农业和农药、化肥的合理使用，保护环境和土壤质量，增加产品的可持续性和环保性；当地制茶厂可以结合现代科技手段，研究茶叶制作过程中的技术创新，提高茶叶的生产效率和品质稳定性。

(2) 关于工夫茶文化传承的问题。

第一，由有关部门建设工夫茶文化学习中心，建立起由老一代茶艺师傅和专业机构组成的传承团队，通过传授茶艺知识、技巧和经验，培养年轻一代茶艺师傅，确保茶文化的艺术精髓得以传承。

第二，引入教育资源，与学校、茶艺培训机构等合作，将饶平工夫茶文化纳入课程体系，通过开设相关课程和培训班，提供专业的茶艺教育，吸引更多年轻人参与茶文化的学习和传承。

第三，定期举办茶艺表演、比赛和文化活动，营造茶文化传承的氛围，吸引年轻人参与和了解饶平茶工夫茶文化，激发其对茶文化的热爱和兴趣。

(3) 关于饶平茶文化普及和推广的问题。

首先，要组织茶文化宣传推广活动，如茶文化展览、茶艺表演、茶文化讲座等，吸引公众的注意和参与。通过社交媒体等渠道扩大宣传范围，提高饶平茶文化的知名度。

其次，加强茶文化教育，由学校、社区、茶艺培训机构等开设饶平茶文化的培训课程，向社会大众传授相关知识和技巧。通过茶文化教育的普及，让更多人对饶平茶文化产生兴趣并主动加以传承。

3. 饶平少数民族文化（畲族文化）的发展与传承

（1）关于畲族文化认同感和传承意识减弱的问题。

第一，加强对畲族文化的宣传。借助各类媒体和网络平台，广泛宣传畲族文化，增加畲族文化的曝光度和影响力。重点宣传畲族文化的独特性、多样性和价值，强调其在历史、艺术、语言等方面的重要贡献。让畲族人民从内心深处产生对自己民族文化的认同感，并愿意主动传承和弘扬。

第二，加强社区参与合作。鼓励并支持社区居民积极参与畲族文化保护与传承工作，成立畲族文化促进组织，组织文化活动和传统节日庆典，培养社区居民的文化认同和参与意识。

第三，制定保护政策与规划。政府制定相应的畲族文化保护政策，加强对畲族文化保护工作的规划和组织。确保旅游开发与文化保护的平衡，促进畲族文化的有机发展。

（2）关于传统知识和技艺传承困难的问题。

首先，要促进传统知识和技艺传承。建立畲族文化传承机构和工作室，吸引和培养年轻人学习和传承畲族传统知识和技艺。组织社区活动，激发年轻一代对传统知识和技艺的兴趣。

其次，通过组织各类文化节庆和展示活动，为畲族艺人提供展示和交流的平台，并且激发年轻一代对传统知识和技艺的兴趣。通过举办工艺展览、表演比赛、传统技艺互动体验等活动，让年轻人更好地了解和体验畲族传统知识和技艺。

最后，借助科技和数字化手段，将传统知识和技艺进行记录、保存和传播。捕捉和记录关于传统知识和技艺的影像资料、文献记录，通过互联网和社交媒体平台进行数字化展示和传播，吸引年轻人参与，让更多的人加入到保护少数民族文化的征途中。

（3）关于教育体系不完善的问题。

第一，强化畲族文化教育。加强学校和社区畲族文化教育，将畲族文化融入学校课程体系中，并提供更多的畲族文化课程和教材。同时，加强教师培训，培养专业的畲族文化教师，以确保畲族文化的正确传达与传承。

第二，加强家庭与社区教育。重视家庭和社区在畲族文化教育中的作用，加强家庭与社区的教育与传承功能，鼓励家长、长辈和社区领导参与畲族文化教育,通过家庭、社区活动培养畲族学生对畲族文化的认同感和兴趣。

(二)潮州饶平产业需要振兴助力

外艺调研团在围绕潮州饶平的茶产业、旅游业、制瓷业进行调研后,针对相关问题后总结出以下调整措施:

1. 饶平茶产业发展

(1)关于品牌建设的问题。

第一,需要对饶平茶品牌进行定位,明确其独特的特点和核心价值。例如,饶平茶可以强调自然纯净、传统工艺、历史文化等方面的特点,与其他茶叶品牌进行区分。要链接区域资源,构建茶品牌体验场,加强品牌与潮州的关联性。

第二,品牌的基础是产品质量。饶平茶企业应该加大对茶叶生产、加工和质量监控的投入,确保产品质量稳定和卫生安全。通过加强质量管理,提供高品质的茶叶产品,从而树立品牌形象。

第三,加强渠道建设。建立完善的销售渠道和网络,扩大饶平茶的销售范围。可以与大型连锁超市、电商平台等合作,增加产品的曝光度和销售渠道。同时,也可以通过开设饶平茶专卖店和茶叶体验馆,提供更好的购物环境和服务,增加消费者的购买欲望。

第四,增强品牌形象。加强对饶平茶品牌形象的打造,包括品牌标识设计、包装设计等。通过统一的形象和包装,打造独特的视觉效果,提升消费者对品牌的认可度和记忆度。

第五,建立品牌信誉。积极回应和处理消费者的投诉和建议,建立良好的售后服务体系。通过提供优质的客户服务,增强消费者对饶平茶品牌的信任和满意度。

(2)关于产业链条的问题。

第一,加强供应链管理。建立稳定的茶叶种植基地和采购渠道。与农户建立长期稳定的合作关系,提供技术指导和培训,确保茶叶质量和供应的可持续性。加强对原料茶叶的质量管理和溯源,保证茶叶品质。

第二,改进生产环节。提升茶叶生产的科学技术水平和生产标准化程度。引进先进的茶叶种植和养护技术,加强对茶树的管理和保护,提高茶叶的产量和质量。建立农药和化肥的合理使用管理制度,确保茶叶生产环保和可持续性。

第三,政府部门出台相关政策,严厉打击虚假宣传、产品质量不合格的问题，并加强对相关从业人员的培训和技术支持。引进相关领域的优秀人才，提升产业链各环节的技术水平和管理能力。

（3）关于市场推广的问题。

第一，市场调研。进行全面的市场调研，了解消费者对茶叶产品的需求和偏好，掌握市场动态和竞争情况，并精准定位目标客户群体，制定有针对性的推广策略。

第二，建立品牌形象。打造独特的饶平茶品牌形象，突出其特色和优势。设计专业的品牌标识、包装和形象宣传物料，以塑造统一的视觉形象。通过品牌的塑造，提升消费者对饶平茶的认知和信赖度。

第三，建立合作关系。与茶叶经销商、批发商、餐饮企业等建立合作关系，拓展销售渠道。通过合作伙伴的力量，将饶平茶推广到更广泛的市场。此外，与旅游景区、酒店等合作，将饶平茶与旅游、休闲等产业进行结合，提升饶平茶的知名度和吸引力。

第四，数字化营销。利用互联网和电子商务平台，进行数字化营销。建立和优化官方网站和电商平台，提供详细的产品介绍、用户评价等信息，方便消费者做出购买决策。利用搜索引擎优化、社交媒体营销和在线广告等手段，提高饶平茶在互联网上的曝光度和可见性。

2. 饶平旅游业发展

（1）关于基础设施的问题。

第一，提升公共交通设施，包括加强旅游巴士、出租车、轮渡、渡船等公共交通工具的运营和服务质量。同时，建设停车场和停车设施，提供便利的停车条件，方便游客自驾游览。

第二，加强对旅游设施的建设，包括酒店、度假村、民宿、露营地、景区内的休息区和厕所等设施。提供各类住宿选择，满足游客的不同需求。同时，改善景区内的公共设施，如休息座椅、遮阳设施、卫生设施等，提升游客的舒适度和满意度。

第三，加强旅游从业人员的培训和技能提升，提高服务质量和水平。培养专业的导游、酒店管理人员、旅游顾问等人才，提供优质的旅游服务。

（2）关于旅游服务质量的问题。

第一，加强对旅游从业人员的培训，包括导游、酒店服务人员、旅游顾问等。培训内容可以涵盖服务礼仪、沟通技巧、地理知识、文化背景等。通过提高从业人员的专业素质和服务意识，提升服务质量和客户满意度。

第二，确立以客户为中心的服务理念，注重满足客户的需求和期望。重视听取客户的反馈和意见，及时解决问题，改进和完善服务。

第三，通过宣传和教育引导游客文明行为，提倡环境保护、文化尊重和资源节约的旅游行为。加强对游客的引导和解说，推动游客参与文化体验和历史文化保护。

（3）关于旅游产品创新的问题。

第一，要以饶平的特色产业为依托进行旅游开发。结合饶平的丰富历史文化和优秀传统，推出文化旅游产品。开展文化体验活动，如非遗工艺制作、历史考古体验、传统音乐演出等，让游客更深入地了解和体验饶平的文化底蕴。

第二，结合互联网、移动应用和虚拟现实等科技手段，创新旅游产品体验。开发虚拟导览、在线订票、AR导游等数字化产品，提升游客的互动性和参与度。同时，可以设计与众不同的旅游体验活动。提供个性化、独特的旅游体验，吸引游客参与和分享。

第三，根据用户反馈持续改进。重视游客的反馈和意见，不断改进和优化旅游产品，确保产品的更新和持续创新。通过收集游客的评价和建议，了解他们的需求和偏好，不断提高旅游产品的质量和游客满意度。

（4）关于生态环境保护的问题。

首先，制定严格的环境保护政策和规划，确保旅游业的发展与环境保护相协调。建立环境保护标准和管理制度，明确各方的责任和义务。

其次，加强对游客的环境教育，增强游客的环保意识和环境行为素养。在景区内设立环境教育宣传牌、提示牌等，引导游客文明观光，减少对生态环境的破坏。

最后，加强对旅游企业和从业人员的监管，建立健全的监管机制和执法措施，对违规行为进行严厉处罚。同时，加大巡查和监测力度，及时发现和纠正环境违法行为。

3. 饶平制瓷业发展

（1）关于传统工艺传承的问题。

第一，设立专门的机构或组织，负责饶平制瓷业传统工艺的保护、研究和传承工作。该机构可以承担保护和培训传统工艺师傅、记录制瓷工艺技术和历史文化等任务。

第二，建立制瓷行业的传统工艺培训机制。通过传统的师徒制度，选拔、培训年轻的制瓷工匠，使他们能够掌握传统的制瓷工艺技术。

第三，政府要加大对饶平制瓷业传统工艺的政策支持力度，推出相关的补贴和扶持政策，鼓励制瓷企业和从业人员投入到传统工艺保护和传承中。与此同时，为年轻的制瓷工匠提供创新和设计的机会和平台。鼓励他们结合传统工艺和现代元素，创造出具有时代特色的瓷器作品，推动制瓷艺术的创新性发展。

第四，通过举办展览、文化活动和品牌推广等方式，增加对饶平制瓷业传统工艺的宣传和推广力度。借助现代媒体和互联网的力量，提升制瓷工艺的知名度和影响力，吸引更多人关注和参与。

（2）关于瓷器创新设计的问题。

首先，建立专门的设计创新中心，聚集设计师和艺术家，致力于瓷器的创新和设计。该中心可以提供资源支持、研究和培训，激发设计师的创意和想象力。

其次，鼓励学校和培训机构开设瓷器设计专业课程，培养更多具备创新思维和设计能力的专业人才。为学生提供实践机会和交流平台，激励他们探索瓷器设计的新领域。最后，促进瓷器业与其他设计领域的跨界合作。与设计师、艺术家、工艺师傅以及当代艺术家等合作，结合不同领域的创意和思维，推动瓷器设计的多元化和创新性。

（3）关于市场竞争压力增大的问题。

第一，通过加强质量管理体系，提高产品的品质。注重制瓷工艺、材料选择和对生产过程的严格控制，确保产品达到高标准，以赢得顾客的信任和认可。

第二，针对不同的市场细分，定位和开发特定的产品。通过深入了解目标市场的需求和趋势，推出有针对性的产品，增加市场份额。

第二，大力实施外向带动战略。按照"扩大中东市场、稳定东南亚市场、拓展欧美市场、进军俄罗斯市场"的思路，鼓励企业拓展国际市场，增加出口额。与此同时，开拓多元化的销售渠道，包括线上线下进行组合推动。与不同类型的零售商、批发商和电商合作，拓展目标市场的覆盖范围。同时，积极参与国内外展会和交流活动，拓展海外市场。

第四，与相关行业和企业进行联合推广和合作。通过与旅游行业、文化创意产业、酒店等相关产业的合作，共同推动市场扩大和品牌影响力提升。

四、调研结论

（一）潮州饶平乡土文化发展

外艺调研团通过走访茂芝会议纪念馆、蓝屋村畲族社区、上饶东岩寺、饶平永善村等地并且进行调查与问卷分析，清楚地了解到潮州饶平乡土文化的发展情况。红色文化、茶文化以及少数民族文化给当地的乡村振兴带来了积极的影响，并且相关文化也得到了一定的保护。特别是茂芝会议纪念馆，当地配套的红色基地在完善的过程中，给当地居民带来了就业机会，平整的水泥路、规范化的商业管理、越来越多的游客……一切变化都展现出红色文化给当地带来的积极影响以及乡土文化本身在乡村振兴中所扮演的重要角色。

诚然，发展到现如今，潮州饶平的文化传承已经有所成就了，但是我们也不能忽视乡土文化未来发展的潜在问题，创新不足、无人继承、难以平衡传统和现代都是在未来需要跨越的难关。

（二）潮州饶平产业发展

外艺调研团前往上饶福润茶行东岩茶场、上善泰韵茶叶公司、李字寨高山茶场、饶平县饶洋华盛瓷厂、永善村旅游景点等多地进行调研活动，围绕潮州饶平的茶产业、制瓷业、旅游业的发展现状进行实地考察活动。在调研过程中，团队认识到，潮州饶平茶产业的发展离不开兢兢业业的茶农，正如乡村振兴离不开产业振兴的助力。

潮州饶平的产业发展面临着许多困难，年轻劳动力的流失、基层建设的配套服务、变幻莫测的市场……

（三）潮州饶平文化与产业需要相辅相成

在本次活动中，调研团的成员们意识到红色文化、旅游业、茶文化、茶产业、制瓷业和少数民族文化的发展是可以相辅相成的。

（1）红色文化与旅游业。潮州饶平的红色文化作为历史遗产和文化资源，可以成为旅游业的独特魅力。游客可以参观红色革命遗址、红色文化展览馆等，了解潮州饶平的革命历史和英雄人物。旅游业的发展是对红色文化的传承和推广，同时红色文化也为旅游业注入了独特的文化内涵和历史情感。

（2）茶文化与旅游业。潮州饶平丰富的茶文化可以成为旅游业的独特亮点。游客可以参观茶园，体验采茶和制茶过程，品尝当地的茶叶，感受茶文化的独特魅力。茶文化的传承和茶产业的发展为旅游业提供了独特的旅游资源和体验项目，从而推动了潮州饶平乡村旅游业的发展。

（3）制瓷业与旅游业。潮州饶平的制瓷业作为传统产业，可以成为吸引游客的特色之一。游客可以参观制瓷工坊、观赏手工制作陶瓷的过程，了解制瓷工艺和制瓷历史。制瓷业的发展为旅游业注入了独特的艺术和文化元素，吸引了更多游客参观体验，也带动了当地乡村旅游业的发展。

（4）少数民族文化与旅游业。潮州饶平丰富的少数民族文化可以成为旅游业的独特魅力。游客可以了解客家文化、潮汕文化等传统习俗和风情，参观民俗村落、庙宇建筑等。少数民族文化的传承和旅游业的发展相辅相成，旅游业的推动为少数民族文化的保护和传承提供了更多资源和支持。

总而言之，外艺调研团在调研后认识到潮州饶平的红色文化、茶文化、制瓷业和少数民族文化等都具有独特的文化魅力，并且这些文化元素与产业的发展相辅相成。文化丰富了旅游资源，可以吸引更多游客，带动当地经济的发展。文化与产业的相互融合与协调，就是乡村振兴的秘诀之一。乡村振兴少不了文化的创新传承，少不了产业的振兴助力，更少不了两者相辅相成的巨大动力。

五、未来展望与结语

潮州饶平拥有丰富的历史文化底蕴，尤其以红色文化、茶文化和少数民族文化为特色。未来，潮州饶平可以进一步挖掘和弘扬这些文化元素，打造独特的文化品牌，吸引更多的游客和文化爱好者前来探索和体验。通过举办文化节、建立文化交流平台，将潮州饶平打造成一个文化繁荣、传统与现代相融合的地区，为居民和游客带来丰富多彩的文化体验。

潮州饶平在茶产业和制瓷业方面具有独特的优势和传统。茶产业和制瓷业是潮州饶平的传统产业，未来可以进一步提升产品品质，开拓市场，增加销售渠道。同时，结合旅游业的发展，将茶园景区和制瓷工坊纳入旅游线路，为游客提供茶叶品鉴和手工制瓷的体验活动，增加产业附加值和旅游收入。此外，潮州饶平还可以推动当地少数民族文化的发展，通过文化展览、庆典等形式，宣传和推广少数民族的传统技艺和特色产品，促进民族地区的经济发展。

在调研的过程中，我们发现潮州饶平有一批热爱本土文化并且积极参与发展的人们。经过深入交流和合作，我们深刻体会到他们对于传统文化的热爱、对于产业振兴的追求。他们充满激情和创造力，致力于推动潮州饶平的文化和产业发展。

外艺调研团相信潮州饶平的文化发展和产业振兴有着广阔的前景和巨大的潜力。通过合作与创新，保护和传承传统文化的精髓，结合现代化的发展要求，潮州饶平可以打造出独具特色的文化品牌和产业优势，为地方经济的繁荣发展做出更大贡献。我们对潮州饶平的未来充满信心，希望可以为其发展和振兴做出积极的贡献。经过此次调研，我们深刻认识到文化创新传承和产业振兴助力对于乡村振兴的重要意义，希望更多的青年能积极承担传承与发展的责任，让乡村振兴走得更稳、更远、更活力满满。

参 考 文 献

[1] 肖晓阳. 失落的茶文化——关于传承潮汕茶文化的调查报告 [J]. 重庆科技学院学报（社会科学版），2013（05）：140-142.

[2] 邓川，邓辉. 弘扬红色文化创新红色教育——关于推进红色文化进课堂的思考 [J]. 新课程研究（中旬刊），2014（10）：65-67.

[3] 黄景强，陈鹏程. 畲族文化发展现状及对策分析 [J]. 重庆科技学院学报（社会科学版），2009（01）：172-173.

[4] 潮州市人民政府官网. 推动茶产业转型升级 助力潮州高质量发展 [EB/OL].（2023-05-13）. https://www.chaozhou.gov.cn/ywdt/czyw/content/post_3844972.html.

[5] 肖玲. 对于县域旅游规划重点问题的探讨——以饶平县旅游规划为例 [J]. 热带地理，2002（02）：138-141.

[6] 曾文光. 潮州饶平：中国日用陶瓷出口之乡 [J]. 陶瓷科学与艺术，2011（06）：14-15.

调研特色乡村振兴模式，汲取经验促发展
——高州市杏花村社会实践项目

摘　要：本文研究了杏花村作为新时代乡村振兴样板的特点和经验。通过调查分析，我们发现杏花村在乡村振兴方面取得了显著的成就。首先，杏花村注重发展农业产业，并引入高效、可持续的农业技术。其次，杏花村积极推动乡村旅游发展，吸引游客并增加收入。此外，杏花村注重社区建设和公共服务配套设施的完善，提高居民的生活质量。这些成功经验可以为其他乡村振兴提供借鉴和启示。

关键词：杏花村；乡村振兴；样板

一、调研背景、目的及意义

（一）调研背景

高州市分界镇杏花村作为红色引擎助力乡村振兴的示范点，推进"五个三"（聚焦三大主线、抓实三大模式、发挥三大作用、实施三大行动、开展三大活动）工作举措，统筹推进组织、产业、人才、文化和生态振兴。杏花村是储良龙眼的发源地，也是全国最大的鳄鱼养殖基地。这里有着丰富的人文历史资源，如陈济棠旧居、知青园、民国大屋等，也有着美丽的自然风光，如飞马生态碧道、龙眼公园、鳄鱼景区等。这里是广东美丽乡村精品线路的特色景点，也是乡村振兴示范带"精彩 100 里"高州段西线的一部分。

1. 红色历史文化

杏花村是广东省第一个红色旅游示范村，有着丰富的红色文化资源，如知青园、陈济棠旧居等。

（1）知青园：知青园是杏花村的一大景点，展示了 20 世纪 60 年代末至 70

年代，知识青年响应党的号召，来到杏花村的生活场景。知青宿舍、宣传画、农具等再现了知青们当年的生产生活。

（2）陈济棠旧居：陈济棠是民国时期的军事家、政治家，曾任广东省政府主席、国民革命军总司令等职，是抗日战争的重要参与者之一。其故居保存完好，是一座具有岭南特色的回字形大屋，墙上有十字枪眼，反映了当时的动荡局势。

2. 实现乡村振兴

截至 2020 年 12 月底，对照脱贫退出标准，高州市 39 个贫困村的贫困户八项指标全部达标，贫困村十项指标全部达标，2 546 户 7 060 名建档立卡贫困户已全部脱贫退出，39 个省定贫困村全部摘帽出列。杏花村曾经是一个贫困村，通过发展红色旅游和龙眼产业，实现了脱贫摘帽，成为全国脱贫攻坚的典范。现如今杏花村还是广东省首批美丽乡村精品线路的重要节点，也是广东省第一个"红色+生态农业"示范点，以发展红色旅游为抓手，全面推进乡村振兴。

3. 以党建引领，推动村民共建共治共享

杏花村以党建引领，推动村民共建共治共享，构建社会主义核心价值观宣传阵地、陈济棠爱国文化长廊、知青文化园等，开展了"传家训、立家规、扬家风""好邻居、好婆媳""最美庭院"评选和创"十星文明户"等一系列文明创建活动，组建志愿服务队，培育了文明乡风、良好家风、淳朴民风。杏花村还建成了茂名市首家镇级人才驿站，定期开展招才、引才、育才服务。

（二）调研目的

（1）了解杏花村的红色历史文化，感受陈济棠等先贤的爱国情怀和革命精神，学习他们的优良品质和作风。

（2）了解杏花村的特色产业，如龙眼、鳄鱼、旅游等，探究它们的发展模式和效益，分析它们的优势和问题，提出建议和意见。

（3）了解杏花村的乡村治理，如民主协商、集体经济、公共服务、生态环境等，观察它们的运行机制和效果，探究它们的优缺点和改进空间。

（三）调研意义

1. 政治层面

农者，国之大本也。党的二十大对全面推进乡村振兴做出了专门部署，明确提出发展乡村特色产业，拓宽农民增收致富渠道。习近平总书记强调，产业是发展的根基。本实践团深入了解杏花村的乡村治理模式，探索杏花村乡村振兴与农业农村现代化的发展之路。

2. 经济层面

杏花村的特色产业主要有龙眼、鳄鱼、旅游三大产业。这些特色产业充分利用了自然资源和人文资源，形成了独特的品牌和吸引力；采用了先进的技术和管理模式，提高了产品质量和效率；实现了多元化和综合化的发展，增加了收入来源和附加值；带动了周边乡村的联动发展，促进了区域协调发展。本实践团调研杏花村，总结其成功经验，为其他乡村振兴提供示范。

3. 团队层面

深入学习贯彻习近平新时代中国特色社会主义思想，全面学习贯彻党的二十大精神，全面贯彻党的教育方针，引导广大青年坚定不移听党话、跟党走，努力成长为堪当民族复兴重任的时代新人。从群众中来、到群众中去，返回家乡深入了解发展历程，用实践活动给家乡振兴掀起一片波澜。

二、调研实施

（一）调研时间

2023 年 7 月 17 日。

（二）调研地点

广东省茂名市高州市分界镇杏花村。

（三）调研对象

杏花村作为新时代乡村振兴样板的特点和经验。

（四）调研方法

本次调研主要采用实地调研法、访谈调查法，主要分为以下三个部分进行：

（1）参观高州市分界镇杏花村。

（2）收集红色经典故事。

（3）采访村委会书记及相关工作人员。

（五）基本情况

杏花村是储良龙眼的发源地，也是国家级农作物品种试验站、全国最大鳄鱼养殖场所在地。杏花村原名上高村，是分界镇储良村委会辖下的一个自然村，属于茂名市重点打造的特色精品村之一。

杏花村开发了知青园，陈济棠旧居和粮仓，龙眼邮驿，鳄人往生态旅游区等旅游项目。

1. 储良杏花村知青园和知青饭堂

知青园是一个展示 20 世纪 60 年代末至 70 年代知识青年上山下乡历史场景的景点。在这里可以看到当年的知青宿舍、农具、宣传画等。

2. 高州陈济棠旧居

陈济棠旧居是一座于民国建立的具有岭南特色的回字形大屋。这座大屋青砖碧瓦，内分两层，墙体采用两层青砖加沙的防弹防盗系统建筑，四角外墙上檐有十字枪眼。房屋纵横 70 多米，建筑面积超过 5 000 多平方米，是茂名地区少见的旧民居。

3. 龙眼邮驿

龙眼邮驿是全国首个龙眼主题邮局，于 2021 年 7 月 8 日揭幕，是高州龙眼产业农旅融合的典范。龙眼邮驿位于杏花村的知青园内，是利用旧资源改造的邮局，外观呈现出民国时期的风格，内部设有龙眼文化展示区、龙眼特色产品销售区、龙眼主题邮品销售区等，为游客提供寄信、购物、观赏等服务。

4. 广东宏益鳄人谷生态旅游区

这是以鳄鱼为主题的综合性景区，景区规划用地 2 200 亩，分三期建设，集鳄鱼驯养繁育科普、鳄鱼产业链的展示、鳄鱼主题观光游乐于一体，融合一二三产业。景区内有各个品种的鳄鱼，还有人鳄互动体验区、湿地生态区、加工产业区等，是一个适合亲子互动、团体旅游的基地。

三、调研结果分析

杏花村自然人文资源丰富，有陈济棠旧居、知青园、知青饭堂、储良母树公园、分界河生态碧道等。自 2021 年以来，该村立足自身资源优势，把握乡村振兴示范线路打造的利好政策，大力开展人居环境整治及特色精品村建设，在产业发展、生态建设、精神文明和乡村治理等方面成效显著。杏花村以"公司+基地+农户"的模式发展产业。

（一）统筹联动特色引领，打造岭南特色精品村

杏花村充分保持村庄原始肌理，在保留修复陈济棠旧居、传统老建筑的基础上，按照白墙、黛瓦、黄院墙的岭南新中式风格，因地制宜对村庄进行艺术化、生态化、功能化改造。通过"党员、理事会、乡贤"三带头，采用奖补的形式，全面发动村民进行风貌提升，带动周边村连片改造。站在村子的高处，目之所及，风貌统一，风格独特，并以村主干道和碧道为主轴，建设了长 6.8 千米的"彩虹碧道"，成为乡村的一道亮丽风景线。

（二）整治人居环境，建设美丽乡村

杏花村将农村人居环境整治与中小河流治理、农房管控风貌提升等工作一起谋划，建设生态宜居乡村。杏花村户户通自来水，巷道实现硬底化，主干道、环村路黑底化 3.6 千米，安装路灯 180 盏，建有广场 2 个、村民活动中心 1 个、公厕 4 个；实施垃圾分类管理，建有垃圾分类科普长廊，配有分类垃圾桶 44 套、智能垃圾分类机 1 套；推进生态污水处理设施建设，建成水质净化池 3 个，配套管网 2.5 千米。该村提炼出污水处理"四化"经验：分区化——因地制宜建设了 3 个水质净化池，解决了单个水质净化池用地不足的问题，同时节约了管道铺设费用，提高了污水处理效率；景观化——在水质净化池种植美人蕉等观赏性植物，使污水池成为生态景观池；生态化——采用生物接触耦合人工湿地的无动力污水处理技术，具有低耗能、低成本、低维护的生态化综合优势；分类化——实施雨污分流，分类处理不同类型生活污水，减轻污水处理系统压力。拆除危旧房 68 间共 5 560 平方米，建成"小三园"78 个、"小公园"2 个，大小景点 16 处、花圃花带 3.2 千米、分界河碧道 2.1 千米。

（三）党建引领，塑造淳朴乡风

杏花村坚持党建引领，打造强有力的农村基层党组织，建设文化室和议事堂，推动村民共建共治共享。按全国文明村标准创建，以"一约四会"形式开

展村民自治，建成了社会主义核心价值观宣传阵地、陈济棠爱国文化长廊、知青文化园，开展了"传家训、立家规、扬家风""好邻居、好婆媳""最美庭院"评选和创"十星文明户"等一系列文明创建活动，组建志愿服务队，得到了村民的积极响应和参与，社会主义核心价值观得到了大力弘扬，培育了文明乡风、良好家风、淳朴民风。

（四）厚植人才优势，助力乡村振兴

随着乡村振兴战略持续推进，越来越多的年轻人活跃在农村创业创新的大舞台上。杏花村也在茂名市委组织部、高州市委组织部的帮助和指导下建成了茂名市首家镇级人才驿站，定期开展招才、引才、育才服务。随着科技的进步和农业生产方式的转变，农业自动化技术得到了广泛的应用。2020 年，杏花村与华南理工大学乡村振兴与发展研究院合作，共同建设粤西分院和智慧乡村云平台，实现数字赋能，校地合作，一线培养人才，助力乡村振兴，全力打造高州乡村振兴新模式。

（五）发展特色优势产业，走上致富路

杏花村以"公司+基地+农户"模式，推动土地流转，挖掘资源特色，发展龙眼、鳄鱼、旅游三大特色产业，民宿、餐饮、电商等新业态逐渐显现。全村产业规模达 5 亿多元，村民走上了产业致富路。

1. 龙眼产业方面

因为储良村独特的气候与沙质土壤滋养，村民种植的龙眼甜脆爽口、品质好，在 1992 年获得中国农业博览会金奖，以此奠定了储良龙眼地位。为了让产业链条不断延伸，进一步挖掘龙眼药用价值，龙眼干、桂圆肉、桂圆酥等一系列特色龙眼产品陆续出现。杏花村所在的分界镇是中国龙眼加工第一镇，广东、广西、福建、海南等省份和越南、泰国、老挝等国家的龙眼部分集中到分界镇加工。杏花村依托分界镇在龙眼产业上得天独厚的优势，引进了省级农业龙头企业丹唇公司加工龙眼，联合本地另一家省级农业龙头企业铭景公司，推进龙眼加工产业化、规模化、专业化、集聚化建设，建有农产品加工、产品展示、冷藏批发等功能区，有冷库 5 200 平方米、生产线 5 条、冷链运输车 5 台，还发展了龙眼加工传统作坊 5 个和龙眼加工小作坊数十个。

2. 鳄鱼产业方面

杏花村发展培育了占地面积 1 000 亩，全国最大的鳄鱼驯养基地，有鳄鱼二

三十万尾，开发了鳄灵膏、鳄鱼公仔、鳄鱼酒、鳄鱼干、鳄鱼护肤品等产品。近期计划与正大集团合作，对鳄鱼进行精深加工，优化鳄鱼旅游景区，打响鳄鱼产品品牌，打造集鳄鱼加工、旅游观光、休闲娱乐、美食购物、生态康疗于一体的鳄鱼产业景区。

3. 旅游产业方面

杏花村以4千米长的村主干道和2千米长的碧道为主轴，打造了陈济棠旧居、知青园、分界河生态碧道、杏花驿站、杏福田园、归园田居、曲水流觞、储良母树公园、第一代储良龙眼公园、现代观光农业采摘体验园、鳄鱼景区、3D彩绘古街等景观景点，配套设施有儿童游乐场、鳄鱼投喂平台、田园观光栈道、观景台等，催生民宿、餐饮、电商等新业态。

四、总结与展望

（一）总结

杏花村以其深厚的历史文化底蕴和在新农村建设方面取得的成果，成为乡村振兴的典范。本次调研让我们深刻认识到实施乡村振兴战略给当地带来了巨大的变化和发展机遇。杏花村的居民热烈响应政策，积极参与旅游业发展和龙眼产业振兴，不仅改善了农村的面貌，也改良了农业生产方式，提升了村民的生活水平。他们的奋力拼搏和付出，为实现共同富裕、建设社会主义现代化强国凝聚了强大的力量。

从社会主义新农村建设到乡村振兴战略的提出，新时代赋予了新使命，绘制了"三农"工作的新蓝图。实施乡村振兴战略是一项重要责任和长远任务，杏花村将继续坚持"高起点、高标准、高水平、高质量"的原则，逐步推进乡村振兴战略的实施。

乡村振兴战略的实施任重而道远，需要各方共同努力。政府部门应提供强有力的政策支持和引导，鼓励创新和资源整合。居民要增强自觉性和主动性，积极参与乡村振兴的各项工作。同时，加强农村人才培养和技能提升，促进农村经济的可持续发展。只有通过共同努力，我们才能实现乡村振兴的目标，让每个村庄都成为新时代乡村振兴的样板。

（二）展望

目前，杏花村仍存在美丽乡村规划待进一步改进和完善、乡村人才供需矛盾突出、村民对美丽农村建设主体意识比较淡薄等较为突出等问题。根据存在问题可从以下几个方面进行改进。

1. 整体规划，尊重群众，充分发挥村民的主体作用

从改变农业发展方式、培育新型经营主体、改善农村公共服务、加强乡村治理等方面进行顶层设计，勾勒新一轮农村改革发展路径。在政策上有更大突破和松绑，进一步加大财政投入力度，明晰财权和事权。在新农村建设中，哪些由国家投入、哪些由集体投入、哪些由村民投入应该进一步明确，并合理划分各级财权、事权。同时，制定和完善相关村规民约。村民是新农村的建设者、受益者、管理者。推进新农村建设，要坚持相信村民，依靠村民，让村民唱主角，努力激发广大村民建设新农村的积极性、主动性和创造性；充分尊重村民的主体地位，让村民参与规划、选址、建设、管理全过程，切实保护他们的知情权、参与权、话语权、决策权，从而调动村民的积极性，促进新农村建设稳步推进。

2. 坚持物质文明和精神文明相协调，推进城乡一体化发展，推动乡村振兴

实现民族复兴，既需要强大的物质力量，也需要强大的精神力量。中国特色社会主义是物质文明和精神文明全面发展的社会主义，中国式现代化是物质文明和精神文明相协调的现代化。

进一步推进农村公共教育体系建设，努力提高农民文化水平和劳动技能；加强农村公共卫生和医疗服务事业建设，积极维护农民身心健康；加强农村文化基础设施建设，繁荣农村文化事业；努力推进农村生态文明建设，加强环保知识宣传，提高干部群众生态观念，形成全民参与农村生态环境保护的良好氛围。

以"乡风文明提升行动"为抓手，加快推进文明村镇、文明家庭等农村群众性精神文明创建活动，大力培育文明乡风、良好家风、淳朴民风，进一步提升农民精神风貌。组织好"用文化力量激发群众振兴动力"主题活动、"送欢乐下基层"和全民阅读等公益性文化活动，鼓励农民群众围绕"乡村振兴"等主题，自编自演歌曲、舞蹈、小戏等节目，展现新时代农民摆脱贫困、奔向幸福生活的良好风貌。

3. 重视产业发展，持续稳定增加农民收入

"发展特色产业是实现乡村振兴的一条重要途径，要着力做好'土特产'文章，以产业振兴促进乡村全面振兴。"坚持产业先行、产村相融，形成产业促新村、新村带产业的良好格局。按照"种养加"一条龙、农工贸一体化的思路来考虑和规划农业，不断延伸产业链条；以市场为导向，充分发挥优势，提高农业综合效益；注重生态平衡、环境保护和可持续发展，在绿色、低碳、循环农业发展上下功夫，着力培育壮大农村产业，创造更多就业岗位，让农民在家乡留得住、有钱挣、过得好，就地就近实现增收致富。

参 考 文 献

[1] 习近平. 用好红色资源　赓续红色血脉　努力创造无愧于历史和人民的新业绩 [J]. 共产党员，2021（22）：4-6.

[2] 张慧婷，刘向军，刘国帅. 山西红色文化融入高校思政课的价值及路径 [J]. 山西大同大学学报（社会科学版），2023（10）：125-128.

[3] 宋之帅，刘安冬. 新时代红色文化融入大学生理想信念教育研究 [J]. 学校党建与思想教育，2023（23）：45-47.

聚焦广绣非遗，解析技艺传承与产业发展

——广府之绣社会实践项目

摘　要：广绣历史悠久，入选国家级非物质文化遗产。北京理工大学珠海学院6位女生组成的实践团，利用暑假时间，对广绣进行了社会调查，开展以广绣传统工艺为基础的新时代审美教育。实战团通过文献收集、参观相关博物馆、走访传承人、体验与练习广绣手法、发放调查问卷等方式，目睹和感受到了广绣的大气秀美，也了解到广绣的发展困境。地方政府、行业协会、高校以及大众应该积极行动起来，保护和推广广绣。希冀本调查报告能提高社会各方对广绣的认识，采取切实措施推广广绣，推动民族文化发展。

关键词：广绣；国家非物质文化遗产；文化

■ 一、了解广绣

1. 广绣

广绣起源于西汉时期，1983年考古团队在南越王陵墓中出土了绣纱、绣绢的残片，而关于广绣的记载最早出现于唐代。唐人苏鄂在《杜阳杂编》中记载："永贞元年（805）南海贡奇女眉娘，年十四，工巧无比，能于一尺绢上绣《法华经》七卷，字之大小，不逾粟粒，而点划分明，细如毫发，其品题章句，无有遗阙。更善作飞仙，盖以丝一钩分三股，染成五色，结为金盖玉重……"可见当时广州刺绣已达到了一定水平，并且得到官方认可。

广绣曾被西方学者赞誉为"中国送给西方的礼物"。海上丝绸之路，秦汉时期便已存在，唐朝中后期海上丝绸之路取代陆路成为中外贸易的交流主通道。隋唐时期，丝绸是主要贸易物品。唐宋两朝都曾在广州设立市舶司，主掌对外贸易并鼓励民间商人进行贸易。

明清时期，随着商业贸易的增长，大批的丝织品流向海外，丝织品开始由自

用商品逐渐发展为大宗出口商品。这一改变使得广绣开始适应西方审美，改变其技法和生产方式，逐渐适应商品化的需求，进入鼎盛时期。从这一时期起，广绣开始形成了艳丽、色彩丰富的特色，这一特色更符合当时的西方审美。通过使用各色丝线进行刺绣，成品夺目绚丽，并开创性地使用孔雀羽毛做线。同时，广绣中独特的金银线刺绣技艺深受大众的喜欢，技艺被运用至日常生活用品中，甚至是出口织品中。广绣如图1和图2所示。

图1 广绣（一）

清代，广州一度成为中西方经济、文化交流中心。这一时期，广绣商品化程度日益加深，广州地区绣坊、绣庄多达50家，并有绣庄自行设计样品供外商选择，甚至提供来图加工的定制服务。由此可见，广绣在明清时期便已初步实现了市场化。广绣作为出口商品主要涉及日用品、装饰品两种。作为日用品的短袖披肩在乾隆四十一年（1776年）出口量就已达10.4万条；而作为装饰品的大幅绣画，仅纳税额就有白银1.2两。由于广绣的绣工精致、风格独特，其也成了朝堂进贡的主要绣品，如北京故宫博物院中的广绣山水鱼鳞图、广绣贺路同春图等。

20世纪30年代的战乱导致市场萧条，广绣行业至此走向凋零，并且受到了严重打击，广绣商号停业，从业者改行谋生。中华人民共和国成立后，广绣进入了共和国成立初期的复兴阶段。

图 2　广绣（二）

2. 金银线绣

金银线绣，也称钉金绣、盘金绣，是广绣三大技术绣种之一（另外两种是丝绒绣和珠绣）。1957年，从明正德年间戴缙夫妇墓中出土的金线绣衣裙，是广州目前发现的该工艺最早的实物遗存。

翎毛夹金绣，是指广绣中绒、金、银等绣线材质混合使用的一种工艺手法，体现了盘金绣自成一体的工艺技术（见图3）。十三行博物馆馆藏民国初酸枝木雕龙纹广绣黑缎地盘金绣百鸟图四折屏屏风，整组屏风都采用了翎毛夹金绣的工艺手法，禽鸟的部分使用了丝绒绣的技法，而植物以及湖石则采用了盘金绣的技法。

金银线是一种棉线外包金箔或银箔的线，是广金银线绣的主要绣线，金银线绣工艺是将金线或银线依据绣稿摆放在绣地上，以成线固定，用不同的线表现物象的色、光、影，精品绚丽夺目。金银线绣虽不是广府独有，但相比其他地区，广绣金银线绣针法最为丰富，常用的有凸绣、平绣、贴花绣、烧绣、织锦、编绣6类。

金银绣线图技法，使得广绣作品焕发出独特魅力，华贵庄重，具有极强的视觉效果。制作上，常运用金银绣线的方式来展示代表吉祥如意等好兆头的图案，充分吸收西洋服饰的华贵艳丽艺术风格，同时搭配金银绣线的技艺，使得广绣作品光彩艳丽，具有强烈对比却又搭配和谐，形成了极具广府特色的地方风格。

图3 翎毛夹金绣

二、采访传承人

（一）梁可维

1. 个人介绍

梁可维出生于广州北亭村的广绣世家，作为广绣新生代的"花佬"（男绣工），他和姐姐梁晓曼从小就随母亲梁秀玲学习广绣。不同于姐姐在广绣技术上的深耕，梁可维先生作为新时代背景下的广绣新生代力量，致力于向青少年、学校宣传广绣，为广绣打开新生代大门。

2. 采访学习

初见梁可维，我们不禁震惊于他的年轻文气。这个高高瘦瘦、平时讲话细声细语的"年轻人"在讲起广绣时滔滔不绝，明亮的双眼和微微含笑的嘴角之间流露出了无尽的生命力。

"小时候别人看到我一个男孩，却在做着几乎是女孩子才做的针线绣活儿，因此我经常受到周围男孩子的语言攻击。"这些言语攻击曾一度让梁可维放弃甚至抵触广绣，可流言蜚语终究不抵热爱。在随着姐姐和妈妈开展公益活动时，看见那些对生活失去希望的人们，通过广绣重新找到乐趣和继续生活的勇气。他开始意识到他人的看法与议论都不是最重要的，最重要的是自己的内心——自己的热爱原来能给大家带来那么多的力量。

在广绣创新的路上，老一辈广绣传承人对新生代广绣传承人提供了不少的帮助与指导。如今，梁可维和梁晓曼成为广绣的第六代传承人。对于如何传承与创新广绣文化，他们有自己的想法："我们做的创新主要是想把广绣带回到人们的生活当中。"梁晓曼大胆将动漫形象带入广绣的世界，让不少"二次元"年轻人放下心中对广绣传统守旧的成见，使更多年轻人轻松地接受广绣。梁晓曼还认为，实用是最好的传承，广绣的发展方向应该是实用化。因此，梁晓曼将广绣与家居软装等结合，让广绣不只停留在博物馆的墙上，更"活"在我们的生活之中。同时，工作室还参加淘宝造物节，设计了广绣文创产品、广绣日用品等，让广绣产品赢得年轻人的喜爱。梁可维为传统广绣脱去沉重的架子，将其从实木屏风、木制摆件中解脱出来。他将广绣与日常生活首饰相结合，制作成让年轻人更容易接受的胸针、耳饰、项链等时尚单品（见图4），更具青年思维。

图4　广绣首饰

（二）谭展彬

1. 个人介绍

谭展彬1987年毕业于华南工学院（现华南理工大学）自动化系，广州市民协工艺美术委员会会员。他是民间艺术广绣抢救项目最早发起人，策划广绣长卷《岭南锦绣》，该作品获省首届民间工艺精品展金奖，鲁迅文学艺术奖与世界民协金飞鹰奖。

2. 采访学习

"我们一直有个宗旨，就是做美的刺绣，让这种工艺传承，让人看到就能接受。"在与谭展彬的交谈之中，我们了解到20世纪80年代，广绣曾面临传承困境。为了保护这项技艺，谭展彬协助母亲陈少芳组织刺绣作坊，打破传统思维，开创广绣新局面。1993年10月5日，谭展彬随广东省中华民族文化促进会北上主办濒临失传工艺展览，参观考察苏绣、蜀绣，悟出一条以"创作为主题，用精品救广绣"的战略之路，并秉承着"前人种树，后人乘凉"的理念，决心成为广绣的"种树人"。

"将这种新的工艺做出来以后，那么评判就交由社会大众来。目前来说，得到的评价还是比较好，对于自己来说也算是心安理得的。"谭展彬曾是一名理工科学生，他将理工生的思维带入广绣，找寻广绣生产新模式，打破束缚，顺应时代。他以"丝线色彩构成法"进行创作，促进了"现代陈氏广绣新风格"的形成。在绣工方面，他选择"零基础"学员，以减少传统思想对绣工的影响。

如图5所示，在广绣创新上，谭展彬突破以往龙严肃、怒目圆睁的形象，创造出一条慈祥和蔼、让人感到开心的龙。传统的龙是虾眼，他把虾眼去掉了，变成人眼，通过这只眼能将慈祥和开心传给观众；而龙的鳞片运用了四种针法走过，反咬针、捆咬针、捆插针、插插针，这样反咬很有硬度，龙鳞也显得够硬度。

图5 广绣作品

谭展彬作为广绣非遗抢救工作的发起人，仍在以自己的方式为传承广绣做着贡献。他说自己的前半生都贡献给了广绣，希望以后能保留广绣的面貌，保留一个时代的记忆，让后人有"树"可乘凉。

（三）王新元

1. 个人介绍

王新元出生于江西省的裁缝世家，从小热爱刺绣，深耕广绣20余年，其广绣作品和技艺，既有代代传承的非遗工艺，也有与时俱进的创新发展。作为年轻一代的广绣传承人，王新元一直致力于广绣的传承与创新，以不懈的努力很好地诠释了在非遗传承过程中如何做到"传承不守旧，创新不忘本"。

他凭借着对广绣技法的全面掌握以及对广绣艺术的深刻理解，在传统广绣工艺基础上创新，积极拓展广绣新的审美路径，将油画、摄影、雕塑、国画、书法的线条、结构、色彩、光影变化融为一体，将名画、青铜器、人物肖像等引入，不仅给人以全新的艺术感受，还将广绣带入更加广阔的展现空间。他还首创性地将广绣融入生活日常，让广绣"飞"出画框，将文创和广绣相结合，使广绣以更为生活化的方式走进千家万户，同时又增强了广绣这门古老技艺的生命力和可持续发展的能力。

2. 采访学习

劈丝，将蚕丝线一分为二。绣娘们用指甲灵巧地将丝线挑开，一指抓尾，一指拉开。这对于一个绣娘来说是最简单也是最基础的技艺，可这已足以让我们手忙脚乱。半透明的丝线，细小的针孔，让人眼花缭乱，不知丝线该去何处。

排线也同样难倒了我们。俗话说："看花容易绣花难。"坐在绣架旁，才能体会到广绣绣娘们用一针一线的光阴来织就每一幅独一无二的广绣的辛苦，每一件作品都来之不易。

在传承与弘扬广绣文化的同时，王新元以高度的社会责任感，积极参与各种公益活动和社会活动，大力推动广绣进校园、进社区、进商城、进车间、进博物馆、进乡村等活动，引导人们坚定文化自信，了解广绣文化，感受广绣之美。

他积极推动教学扶贫，前往毕节市赫章县威奢乡进行广绣培训教学，为60多个下岗人员传艺，为当地群众脱贫致富尽力，带动当地农村妇女拓展就业创业渠道，增收致富。他还将非遗带进车间，秉持着"让刺绣活起来，把广绣扬出去"的宗旨，带领车间工人亲身感受广绣带来的魅力，让非遗手艺在工厂车间得以弘扬传播。

此外，他还联合广州国际残障人文化交流中心面向全市残障人士开设公益性非遗广绣班课程，为残障人士传授非遗技能，提高其就业能力，搭建就业创业平台，形成"非遗进社区，就业家门口"的就业创业工作经验。

"每个时代有每个时代的印记，它们是不一样的。""让广绣这个技术，在世界各地遍地开花，作为一个传承人或是一个大师，你本身的一个担当也是社会给你的责任。""荣誉不是炫耀的资本。""广绣的希望在于年轻一代。"字字句句表达了王新元对广绣的热爱，字字句句表达了他对传承广绣复兴广绣的恳切。

三、调查数据及分析

（一）问卷结构

调查问卷结构表 1 所示。

表1 调查问卷结构

框架内容	编号	题项内容
样本背景信息题目	Q1	您的性别是
	Q2	您的年龄是
广绣认知度题目	Q3	广绣历史悠久，至今已有（　　）多年的历史
	Q4	2006年5月20日，广绣经中华人民共和国国务院批准列入第（　　）批国家级非物质文化遗产名录
	Q5	以下属于广绣针法的是？［多选题］
广绣偏好题目	Q6	您主要通过哪些途径了解非物质文化遗产广绣？
	Q7	以下哪些途径能激发您了解广绣的兴趣？
	Q8	广绣作为我国非物质文化遗产之一，您认为广绣的保护与传承有什么重要意义？
	Q9	您认为广绣文化传承目前的阻力是什么？
	Q10	广绣历经千年，沉淀历史风韵，您认为如何让广绣焕发新的光彩？
	Q11	您对让广绣融入现代生活，走进寻常百姓家有什么愿景和期待？

本次问卷调研共收到线上问卷 404 份，线下问卷 120 份。为方便数据统计，此数据分析结果仅以线上 404 份问卷为参考样本。

（二）样本构成基本分析

如表 2 所示，本次调研中，有效样本男女比例相对平均，集中于 18 岁以下及 18~25 岁的社会群体。这表明此次调研问卷主要数据来源于青年学生群体，60 以上的老年人参与调研数较少。

表 2　样本构成基本分析

名称	选项	频数	百分比/%
性别	男	156	38.61
	女	248	61.39
年龄	18 岁以下	138	34.16
	18~25 岁	168	41.58
	25~60 岁	77	19.06
	60 岁以上	21	5.2

（三）对广绣认知度分析

本次调研通过三道广绣知识问答题来测试大众对广绣的认知度。答对 1 题了解程度为低，答对 2 题了解程度为中，答对 3 题了解程度为高，全部答错了解程度为 0。

Q3 答对人数为 72 人，正确率为 17.82%；Q4 答对人数为 207 人，正确率为 51.24%；Q5 答对人数为 118 人，正确率为 29.21%，如图 6 所示。

根据调研统计数据，答对 1 题人数为 203 人，占比为 50.25%；答对 2 题人数为 79 人，占比为 19.55%；答对 3 题人数为 18 人，占比为 4.46%；答对 0 题人数为 104 人，占比为 25.74%，如图 7 所示。

由此可得，广绣了解程度为低的人占 50.25%；广绣了解程度为中的人占 19.55%；广绣了解程度为高的人仅占 4.46%；而广绣了解程度为零的人却高达 25.74%。根据统计数据可以轻易看出，大众特别是青年群体了解广绣的程度处于较低水平，甚至有相当一部分人不知道广绣的存在，由此可见广绣的普及率较低。所以对广绣的宣传、普及以及推广是十分有必要且有意义的，广绣仍有较大

图 6 Q3~Q5 答题情况

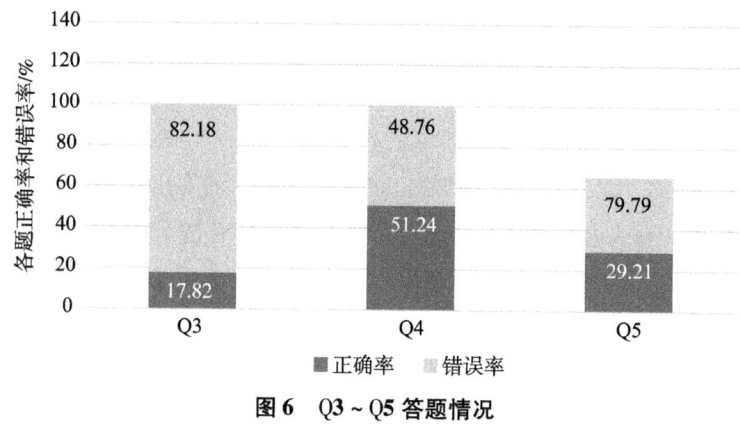

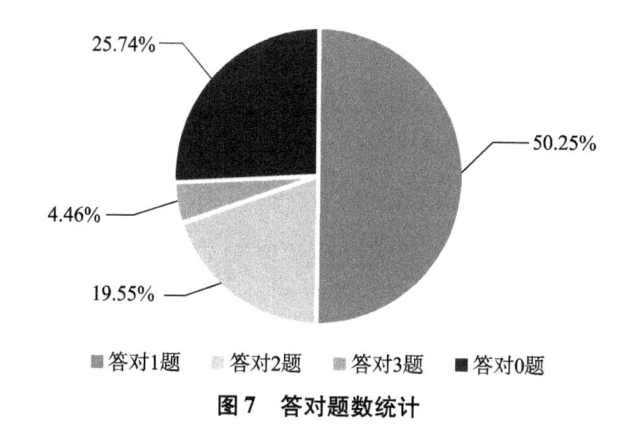

图 7 答对题数统计

的发展潜力以及下沉市场。

(四) 对广绣偏好分析

1. 了解渠道分析

根据调研数据统计得出，148 人是通过电视、新媒体等平台了解广绣的，占比 36.63%；63 人是通过报刊书籍了解广绣的，占比 15.59%；通过实地走访、体验了解广绣的共有 29 人，占比 7.18%；而通过长辈朋友的讲述了解广绣的仅有 28 人，占比 6.93%；而明确表示自己从未接触过广绣的有 136 人，占比 33.66%。

可以看出，了解广绣的主要渠道为电视、新媒体等平台；报刊、书籍为次要平台；而长辈朋友的讲述和实地走访、体验的宣传力度或是有效程度仍有待考察。本次调研数据主要来源于青年学生群体。在青年群体中，较为有效且传播范围较广的广绣传播渠道为电视、新媒体等平台。

2. 广告接触渠道偏好分析

希望通过参观广绣工作室并尝试制作绣品的途径了解广绣的，占70.79%；希望广绣出现在文化类著名节目中的，占40.84%；认为出现在考试题中能激发起了解广绣兴趣的，占33.17%；认为观看与广绣有关的经典纪录片能激发起了解广绣兴趣的，占47.77%；认为物美质优的广绣产品能够激发起了解广绣的兴趣的，占42.08%。

根据数据可以轻易看出，希望通过参观广绣工作室并尝试制作绣品等途径了解广绣的呼声最高。且有相当一部分人，希望通过观看广绣的纪录片或是自己较为喜爱的节目，来激发了解广绣的兴趣。

由此可以得出，广绣宣传可以通过定点的广绣体验工作室，给予大众学习了解广绣的机会；通过在各个媒体投放有关广绣的纪录片或是增加有关广绣的内容，提高广绣的曝光度；在具有广府文化特色的旅游景点、博物馆、文化体验馆，销售广绣产品；甚至是在考题中结合广府文化，设置涉及广绣的题目。通过以上民众接受且乐意的传播渠道，提高民众对广绣的了解程度、认知度、以及广绣在其心目中的地位。

3. 广绣传承分析

根据统计数据得出，广绣传承的意义在于：有利于促进非遗文化进一步繁荣和发展；有利于加强文化建设，提高我国文化软实力；有利于弘扬民族精神，增强人们的民族自豪感；有利于增强综合国力，促进中华文化走向世界，实现中华民族伟大复兴，如图8所示。由此可见，广绣传承是十分有意义且有必要的。

广绣传承目前面临的主要阻力有市场前景不好，广绣传承人老龄化，年轻人不愿意学，政府宣传力度不够。而民族意识不强，外来文化与现代文化冲突，传承技艺太难，为广绣传承阻力中较为次要的一环。由此可得出，目前广绣传承面临的困境主要来源于政府和传承人两方面。

广绣面对多元化环境，其传承渠道也需更新。调查数据显示，制作精良的纪录片和展览，对于广绣传承具有十分重大的意义。开创"广绣+旅游"的模式，将广绣融进特色旅游，开创广府文化新形式旅游，有利于广绣传承。通过制定相关法律法规，为广绣传承提供保障。通过开设广绣课程，推进广绣进校园，为广绣传承创新提供保障，为广绣培养下一代传承人。加强广绣文创产品创新，拓宽

促进非遗文化进一步繁荣和发展	62.62%
加强文化建设，提高我国文化软实力	64.6%
弘扬民族精神，增强人们的民族自豪感	53.71%
增强综合国力，促进中华文化走向世界	49.01%
实现中华民族伟大复兴	34.65%

图 8 广绣传承意义调研结果

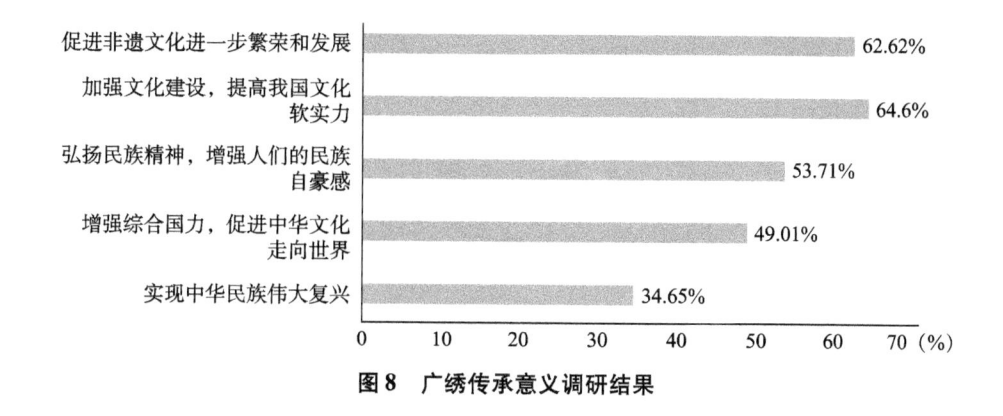

市场，一定程度解决广绣市场化、商品化问题，使之与当代文化潮流相结合并且改变人们对广绣的印象。

调查数据显示，对于广绣如何融入现代生活，大家不约而同提到了创新：通过与潮流品牌合作，打造潮流爆款；服装企业将其融入商品制作中，创造出新时代的广绣。对于广绣融入现代生活，大部分人表现出积极的态度，期待广绣能够越来越好，能够推陈出新，与现代潮流相结合，并推出更多的实用产品。

四、结论

实践团的社会实践产出成果：收集问卷共 500 余份，制作广绣微纪录片 1 部，制作广绣文化宣传片 2 部，制作广绣作品 1 件，完成调研报告 1 份。

调研结果显示，广绣目前面临的环境多元化。广绣面临的困境，也是许多非物质文化遗产面临的困境。公众对广绣的认知度和了解程度仍有待提升。政府在广绣非物质文化遗产传承方面的支持力度仍有待提高。虽然广绣目前仍面临着许多的困境，但是大众仍对广绣抱有积极态度，并且表示愿意学习，积极支持广绣。作为青年大学生，我们可以从自身做起，从各个渠道、各个方面宣传广绣，积极参与广绣相关推广活动。

广绣是中国传统文化中的璀璨明珠，是时代发展的印记，也是珍贵的历史文化。它代表着中国传统刺绣工艺的高超水平，是中国传统文化的重要组成部分。传承和发扬广绣，同时也是在增强文化自信。广绣传承需要支持，我们需要积极传承和发扬广绣，让它在现代社会中焕发新的活力。例如：通过提供广绣体验展览的方式，让公众了解广绣、参与广绣传承；推动广绣工业化、商业化，使其适应时代潮流；通过培训、开设学校课程等手段，让更多的人学习广绣技艺；建立相关的政策和法规，加强对广绣制作技艺的保护和传承，让广绣传统文化得以长期保存和传承。

参考文献

[1] 蓝海红. 广绣的历史发展与文化特质［J］. 岭南文史, 2018（02）: 72 - 76, 80.

[2] 李晋. 广绣金银线绣的工艺特征及地域特色［J］. 服装学报, 2022, 7（06）: 498 - 505.

[3] 孙秋霞, 梁彧, 梁晓曼. 为古老技艺镀上日常之美, 做年轻人喜爱的非遗产品［J］. 现代青年, 2022（01）: 32 - 33.

[4] 何楚玉, 胡秋华, 黄嘉祺. 粤港澳大湾区建设背景下非遗的经济发展研究——以广绣为例［J］. 中国集体经济, 2021（04）: 30 - 31.

[5] 何楚玉, 胡秋华, 丁石. 文化创意视野下非物质文化遗产的产业化发展研究——以广绣为例［J］. 现代商贸工业, 2020, 41（26）: 35 - 36.

[6] 杨晓旗. 十三行时期广绣艺术语言的"西化"转向［J］. 艺海, 2019（08）: 14 - 16.

[7] 蓝海虹. 广绣国家级代表性传承人——陈少芳［J］. 民族艺术, 2017（03）: 101 - 104.

洞察永兴文旅生态，规划服务设计蓝图
——遵义市湄潭县社会实践项目

摘　要：永兴古镇核心区有一街八巷。一街是现在的 326 国道，八巷是叶子烟巷、新街巷、工艺巷、新西街巷、文化巷、木炭巷、大院巷和学子巷。历经岁月沧桑，古镇肌理依然完整。现存有浙大教授楼、李氏古宅、欧阳曙宅等多处国家级重点文物保护单位。永兴古镇作为旅游古村落有许多问题，如地图不规范、位置信息缺失、交通不便、旅游服务不完整、相关旅游产品空缺、没有进行有效推广宣传。团队针对问题，提出改进文旅服务设计的建议，为游客提供全方位和个性化的服务，充分展示古镇的魅力，为古镇的发展和繁荣做出贡献。

关键词：文旅服务；视觉符号

一、调研介绍

（一）调研目标

调研团队来到遵义市永兴古镇进行实地调研，探索古镇的需求和用户在古镇游玩时的体验，希望结合文化、历史与自然风光等对永兴古镇景区进行旅游服务的改良设计，实现文旅的创意融合。

（二）调研方法、数据来源及分析手段

1. 调研方法

本研究采用综合性的研究方法，包括定性和定量研究，以全面了解服务提升与农文旅融合在湄潭县永兴古镇的效益。

定性研究：通过深度访谈、焦点小组讨论和参与式观察，与当地农民、企业经营者、游客以及政府相关部门工作人员进行互动，收集关于项目的经验和

意见。

定量研究：采用问卷调查和统计数据分析，收集有关文旅产品销售、就业机会、文化传承、社区改善和环境影响的数据，以量化项目的效益。

2. 数据来源

问卷调查：通过随机抽样方式，在务川县的不同地区分发问卷，以获取游客、农民和企业家的意见和反馈。问卷内容包括项目对他们的影响、满意度、消费行为等信息。

深度访谈：与务川县的关键利益相关者进行面对面访谈，包括政府官员、生产者、农产品加工商和游客。访谈涵盖他们对项目的看法、体验和建议。

次生数据分析：收集和分析已有的统计数据、政策文件和学术研究成果，以获取关于湄潭县农业、旅游和文化的历史和现状信息。

3. 分析手段

内容分析：对定性数据进行内容分析，整理和归纳出关键主题、观点和建议。

统计分析：对定量数据进行统计分析，包括描述性统计、相关性分析和回归分析，以评估项目对经济和社会因素的影响。

比较分析：将不同利益相关者的观点和反馈进行比较，以识别共性和差异性，为综合研究提供更全面的视角。

综合这些方法，本研究将提供提升品牌与提高农文旅融合项目效益的建议。本研究将为务川县和其他类似地区发展农文旅融合项目提供有益的经验和指导。

二、现状与问题

（一）永兴古镇现状

永兴镇位于贵州省湄潭县城东北部，东与凤冈县城接壤，南接天城镇、湄江街道，西邻鱼泉街道，北靠复兴镇，永兴距湄潭县城 20 千米，距遵义 78.65 千米，距贵阳 208.65 千米，距重庆 290 千米。326 国道、杭瑞高速、黔北高速及拟建的昭黔铁路交会于此，这里是黔北通往黔东和湘西的交通要塞，特别是随着杭瑞高速、黔北高速、昭黔铁路等交通路网的逐渐形成，永兴交通区位优势更加凸显。

永兴古镇核心区有一街八巷。一街是现在的326国道，八巷是叶子烟巷、新街巷、工艺巷、新西街巷、文化巷、木炭巷、大院巷和学子巷。历经岁月沧桑，古镇肌理依然完整。现存有浙大教授楼、李氏古宅、欧阳曙宅等多处国家级重点文物保护单位。

2006年，贵州省人民政府将永兴古镇命名为第二批省级历史文化名镇，同年，获得"中国商业名镇"称号；2012年，确定为全省100个省级高效农业示范园区，同年，被纳入全省100个省级省列30个示范小城镇之一。

（1）经济发展稳中有进。

2018年，全镇完成全社会固定资产投资13.44亿元，比上一年增长20%。成功入库5 000万元以上重点项目2个，完成招商引资项目5个，总投资3.1亿元，到位资金1.45亿元，资金到位率为47%。完成全镇财政总收入2937.35万元，同比增长11.8%；农村居民可支配收入达13 868元，同比增长9.3%。

（2）大力推进新型工业化。

截至2019年，全镇工商企业达198家，年产值8.5亿元，提供就业岗位2 000余个，规模以上企业12家。其中茶叶加工企业120家，米企业6家，带动本镇及周边乡镇增收，实现了人流、物流、资金流的汇集。

（3）大力推进新型城镇化。

截至2019年，国家级特色小镇规划基本完成，完成项目建设投资1.57亿元。完成2016年城镇棚户区改造异地安置工作，全面启动2018年城镇棚户区改造项目，完成637户的拆迁补偿安置协议签订，回迁安置房项目已动工。全年投入334.3万元用于实施乡镇的美化、绿化、亮化工程，城镇配套功能得到进一步完善，环境得到进一步美化，逐步达到了宜居、宜游、宜业的小城镇建设要求。

（二）永兴古镇存在问题及改进建议

（1）问题：景点导览服务缺失。

建议：为游客提供详细的古镇景点导览图和介绍，帮助游客更好地了解古镇的魅力。

（2）问题：缺少交通导引服务。

建议：为游客提供交通指南，包括公共交通线路、停车场信息以及租车服务，方便游客准确到达古镇。

（3）问题：没有购物和美食推荐。

建议：为游客提供有古镇特色的手工艺品、纪念品，并提供购物指南，推荐餐厅和小吃摊等，让游客充分感受当地风味。

（4）问题：没有相应的客栈和住宿安排。

建议：为游客提供客栈和住宿预订服务，包括客栈推荐、价格查询和预订手续，确保游客在古镇内享受到舒适的住宿环境。

（5）问题：缺少特色活动和体验。

建议：组织丰富多彩的特色活动，如传统民俗表演、手工艺品制作、茶艺表演等，让游客深度参与古镇文化的体验和交流活动。

（6）问题：没有游客服务中心。

建议：设置游客服务中心，提供咨询、导览、急救和失物招领等服务，帮助游客解答问题和解决困难。

（7）问题：缺少宣传推广服务。

建议：通过各种渠道和媒体，宣传推广古镇的历史文化、旅游资源和特色活动，吸引更多游客前来参观和体验。

（8）问题：没有环境保护和文化保护意识。

建议：制订环境保护和文化保护计划，保护古镇的生态环境和历史遗迹，同时加强文化遗产的传承和保护工作。

三、调研结果

对永兴镇文旅服务进行改良设计是为了给游客提供印象深刻的文化历史打卡点、创新视觉表现等，让游客和当地居民更深刻地感受永兴古镇的魅力。团队综合考虑以下方面：如何更好地体现古镇历史、强化古镇印象、提供古镇服务等。

古镇文化规划：分析当地文化、经济结构，策划加快转型文化小镇规划方案，为游客提供的古镇景点导览图和介绍，融入古镇茶文化与红色基因特色，全方位展示古镇魅力。

环境与文化保护与还原：制订环境保护和文化保护计划，保护古镇的生态环境和历史遗迹，同时加强文化遗产的传承和保护。

古镇视觉形象提升：通过门牌升级、环境治理提升市容，打造永兴古镇品牌形象；设置古镇文化装置，增加旅游趣味性；设计宣传海报提高古镇宣传力度。

宣传推广服务：通过各种渠道和媒体，以海报、视频、推文的形式宣传推广古镇的历史文化、旅游资源和特色活动，吸引更多游客前来参观和体验；融合文化、特产资源，打造古镇特色文化，以品牌推动古镇商业经济发展，宣传推广古镇形象。

参 考 文 献

[1] 秦改梅．文旅"出圈"，服务更需出彩［J］．科学之友，2023（5）：1.

[2] 彭芳蓉．文旅融合让多彩贵州文采飞扬［J］．当代贵州，2019（44）：14－16.

[3] 陈思亦，喻寒．贵州民俗旅游资源开发与保护探究［J］．旅游纵览，2023（15）：83－86.

[4] 王珊．贵州省乡村旅游发展路径研究［J］．漫旅，2023，10（11）：29－31.

[5] 黄铄．贵州旅游业发展现状与优化对策［J］．旅游纵览，2023（13）：185－187.